本书为延安大学2014年博士科研启动项目“北宋府州折氏家族墓志研究”（编号：YDBK2014-02）成果

本书为国家社会科学基金重大项目“辽宋西夏金元族谱文献整理与研究”（编号：19ZDA200）阶段性成果之一

宋代麟府路碑石整理与研究

高建国　著

A Compilation and Study
of the Hearstones of Lin–Fu Military
District of Song Dynasty

中国社会科学出版社

图书在版编目（CIP）数据

宋代麟府路碑石整理与研究 / 高建国著．—北京：中国社会科学出版社，2021.10

ISBN 978-7-5203-9184-9

Ⅰ.①宋… Ⅱ.①高… Ⅲ.①碑刻—研究—榆林—宋代 Ⅳ.①K877.424

中国版本图书馆 CIP 数据核字（2021）第 187618 号

出 版 人 赵剑英
责任编辑 林 玲
责任校对 石建国
责任印制 李寡寡

出 版 中国社会科学出版社
社 址 北京鼓楼西大街甲 158 号
邮 编 100720
网 址 http://www.csspw.cn
发 行 部 010-84083685
门 市 部 010-84029450
经 销 新华书店及其他书店

印 刷 北京君升印刷有限公司
装 订 廊坊市广阳区广增装订厂
版 次 2021 年 10 月第 1 版
印 次 2021 年 10 月第 1 次印刷

开 本 710×1000 1/16
印 张 15.5
字 数 231 千字
定 价 89.00 元

自　　序

金石文是古人用来记述功绩的一种文体，《吕氏春秋》说夏禹曾将“功绩铭于金石”，被认为是最早的金石文。按照时代和文字载体的不同，金石文又有“金文”和“石刻文”的区别，金文指刻在钟鼎、青铜器上的文字，主要流行在先秦时期；秦汉以来，石刻文开始流行，根据其用途和内容又大致可分为三类：墓碑、宫室庙宇碑记和功德碑。墓碑又细分为碑、碣、神道碑和墓志铭，前三种是立在地面上、给过往人看的；墓志铭则深埋地下——无论世事、地理如何变迁，千年之后世人犹可通过墓志铭了解志主的生平。故自北宋赵明诚撰《金石录》开其端，历经乾嘉考据学派推崇，史学家愈发认可了其所具有的史料价值。国学大师王国维先生曾提出研究历史需注重二重证据法：“吾辈生于今日，幸于纸上之材料外，更得地下之新材料。由此种材料，我辈固得据以补正纸上之材料，亦得证明古书之某部分全为实录，即百家不雅训之言亦不无表示一面之事实。此二重证据法惟在今日始得为之。”当然，备受史学家推崇的金石文也有先天性的缺点：金石文原为表功而兴，故历来的金石文、尤其是墓志铭文掩恶褒善的性质非常的突出。早期的墓志铭文由子孙或亲属写，后来发展到请人代写，尤其是请当世文学名家撰写而给予丰厚酬金。老百姓常说，拿人手软，吃人嘴短。拿了人家的钱，怎么好意思再去提人家祖宗的过错呢？所谓“谀墓”之词，即此谓也。当然，尽信书不如无书，看待金石文也应如是而论，要与文献印证着看。

金石文有一个特点，即容易被埋没而不易被发现，墓志铭文作为一种随葬品从镌刻完成后就深埋地下；神道碑和其他建筑物的碑记，虽属地表文物，但随着世事和地理的变化也难免深埋地下或风化的命运。无论是墓志，还是神道碑以及其他建筑物的碑记，一旦被埋地下，如果没有水冲、

盗墓、考古发掘等因素，其结果只能是永久沉睡。

麟府地区（今陕西省神木市、府谷县）历史悠久，秦汉时期即有设官置县记载。但由于远离历代中原王朝政治中心，又处于历史时期游牧文化和农耕文化交错地带，所以直到唐末五代以前，麟府地区并没有留下多少文字记载。直到一个鲜卑部族迁居此地并且雄起后，麟府才真正成为一块人杰地灵的宝地。这个部族，就是鲜卑族裔折氏——唐末五代时期，鲜卑、突厥、回纥、吐谷浑等历史民族先后消亡于历史舞台，代之而起的是一个以羌族为主体、混合了众多消亡民族的党项族，故而折氏又以党项五大姓之一著称于五代、北宋的历史中。五代、北宋时，麟府地区仍然是中原王朝的边地，但宋朝实施了独特的管理政策，允许折氏世袭府州知州，又置麟府路军马司管理麟州、府州和丰州军政。由于折氏自身的强大和朝廷的有意扶持，府州折氏在麟府地区兴盛两百多年。在此期间，府州折氏文风渐开，日益朝着汉文化的道路迈进。同时，麟府地区各族人口也不断聚集，杨氏、张氏、高氏、王氏、徐氏、白氏、宗氏等家族也日益成为地方大族。地方大族虽然不能代表麟府地区的全部历史，但大族有着普通民众无法比拟的经济和文化能力，能够刻石纪事留名千古。千年之后，这些石刻重见天日，为后人了解千年前麟府地区的历史文化提供了不可多得的历史资料。

本书搜集整理了麟府地区唐末五代至北宋时期目前已知31篇墓志碑铭（见附表）。其中有碑石实物者共计18篇，有拓片无实物者6篇，著录于文献者7篇。体例上分为上、下两编，上编为专题研究，汇集了笔者近年来围绕府州折氏墓志碑铭撰写的11篇研究文章，对麟府地区现存墓志碑铭进行了较为全面的学术研究。下编碑石整理，对31篇墓志碑铭原文进行了精细整理，现存有实物的尽量依据原石抄录、核查，同时校以拓片。没有传世的墓志，主要依据文献记录。志文整理，以“」”符号代表换行书写，原文在“皇”“天”“国”“公”以及年号等特殊字后的空格一律去除。有关碑石铭文的篇名、撰写时间、收藏、著录等情况附录于后。希望本书的出版能为麟府社会历史文化的发扬、传承起到一点微薄之力。

是为序！

2020年12月30日

附表

序号	篇名	撰写时间	现状	备注
1	折嗣伦碑	911	有著录	阙文
2	折御卿墓志铭	1056	有拓片	残
3	折惟正墓志铭	1005	藏府谷县文物管理委员会	有盖
4	杨琪墓志铭	1051	有著录	
5	折惟某墓志铭	1056	藏府谷县文物管理委员会	残
6	李夫人墓志铭	1111	藏府谷县文物管理委员会	盖佚
7	折继闵神道碑	1119	藏西安碑林博物馆	
8	慕容夫人墓志铭	1069	藏府谷县文物管理委员会	有阙文
9	折继新墓志砖	不详	有拓片	砖质
10	折继全墓志砖	不详	有拓片	砖质
11	高世忠墓志铭	1082	藏榆林文物研究所	有盖
12	宗延英墓志铭	1082	藏府谷县文物管理委员会	
13	张构墓志铭	1106	有著录	有著录
14	折克柔墓志铭	1111	藏府谷县文物管理委员会	
15	折克俭墓志铭	1111	藏府谷县文物管理委员会	
16	折克臣墓志铭	1111	藏府谷县文物管理委员会	有阙文
17	折可适墓志铭	1111	有著录	
18	徐德墓志铭	1115	藏神木市博物馆	
19	折克行神道碑	1119	藏西安碑林博物馆	有阙文
20	折克行神道碑碑阴	1119	藏西安碑林博物馆	有阙文
21	王熙墓志铭	1122	藏府谷县文物管理委员会	
22	张括墓志铭	1123	有著录	有著录
23	白智墓志铭	1125	藏府谷县王家墩乡马家塥	
24	折克禧墓志铭	1130	藏府谷县文物管理委员会	
25	折可大墓志铭	不详	有拓片	残
26	折可存墓志铭	1130	藏府谷县文物管理委员会	
27	曹氏墓志铭	1130	藏府谷县文物管理委员会	
28	折可復墓志砖	不详	有拓片	砖质
29	陈氏墓志石	不详	有拓片	
30	杨宗闵墓碑	不详	有著录	
31	杨震墓碑	不详	有著录	

目　录

上编　专题研究

下编　碑石整理

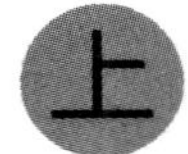

上编

专题研究

北宋府州折氏文献考论

北宋时期河东麟府路处在宋、辽和西夏的边境地区，是宋和西夏的军事前沿。麟府路以府州（今陕西省府谷县）为核心、以麟州（今陕西省神木县杨家城）、丰州（今内蒙古准格尔旗那日松镇二长渠村）为边郡，与鄜延路、环庆路、泾原路、秦凤路等共同构成北宋防御西夏的军事阵地。而据守知府州军州事、担任御辽抗夏重任的，是一个鲜卑族裔、史称党项的世代将门折氏家族。鉴于府州特殊的军事位置，以及折氏在五代时期对中原的忠心、折氏在宋初消灭北汉时期的特殊功勋，宋朝给予了折氏世袭知府州军州事的特殊礼遇。从唐末五代兴起，历北宋一朝，折氏据守府州几近三百年，出了四任节度使、十二任知州，并且代出名将，尽忠报国，是北宋民族团结和爱国主义的典范。

北宋末年，末任知州折可求在金军的四面围困和以子要挟下，无奈选择了弃宋降金，在历史上留下了骂名；更因折氏无力据守，府州被西夏军攻破，折氏族人四散而走，再无能力恢复祖业。因此有关北宋时期府州折氏的记载，只在宋人著述和元人修纂的《宋史》当中有些许保留。明朝时期府州虽然保留有“折国公祠”，而关于府州折氏的历史研究，直到明清以来兴修地方志才有所兴起。清代乾隆时期、民国时期，折氏祖坟陆续出土了几方墓志，但并没有引起史学界足够的重视。1976 年，陕西省考古学家戴应新先生在折氏祖坟寻获两方重要墓志，为史学界提供了府州折氏研究的重要史料，从此陆续有相关史学文章发表。2012 年，折氏祖坟遭毁灭性破坏，其中几方墓志被府谷县文物管理委员会收藏，相关的整理工作正在进行中。鉴于折氏在五代、北宋的特殊地位，笔者不揣浅陋，希望从传世史料、出土墓志、论文著作三个方面，对有关府州折氏的历史文献做一番考论。

一　传世史料

府州折氏崛起于唐末，自折宗本担任振武军缘河五镇都知兵马使始，历折嗣伦至折从阮而大放异彩。折从阮原名折从远，因避后汉高祖刘知远讳而更名从阮。他对于五代时中原王朝几个走马灯式的朝廷可谓忠心耿耿，在内无援助、外有辽兵压境之际，据险自守，居然使得府州没有落入契丹人囊中，维持着中原王朝西北边陲的军事安全，从而获得了后晋、后汉、后周历代皇帝的青睐。折从阮生前受封永安军节度使，后又迁入中原历任四镇节度使，《旧五代史》为他单独列传，简述了自折嗣伦以来折氏与府州地位的升迁——这也是传世史料中第一次正面记载府州折氏。[①] 后来欧阳修修撰的《新五代史》也有《折从阮传》，该文基本沿袭了《旧五代史》的内容，字数较前书略少。[②]

《宋史》是记录折氏人物列传最为详细的传世文献。在《折德扆传》后还附录了其子孙折御勋、折御卿、折惟昌、折惟忠、折继闵、折继祖、折继世、折克行、折可适九人的简传——这部分传记，也成为清代以来诸版《府谷县志》折氏人物传记的史源。[③] 在《宋史》的相关列传部分，如《李处耘传》《张亢传》《张岊传》《种谔传》等部分也有关于府州折氏的零星记载。元人修的《宋史》，对折氏给予了很高的评价：谓其“自从阮而下，继生名将，世笃忠贞，足为西北之捍，可谓无负于宋者矣”[④]。元人修《宋史》时，折氏早已衰落，在当时几乎没有什么政治影响力。因此元人对折氏的记载与褒奖，应是出于对历史的尊重，其对折氏的评价也是极为中肯的。只是《宋史》顾忌到折可求的降金，因此并没有为他列传。乾隆本《府谷县志》就指明“本传以可求降金，为贤者讳，特从黜削之例欤”[⑤]。这一点，反倒不如元初所修《元一统志》的记载。该书“葭州宦

① 《旧五代史》卷125《折从阮传》，中华书局1976年标点本，第1647—1648页。
② 《新五代史》卷50《折从阮传》，中华书局1974年标点本，第569—570页。
③ 《宋史》卷253《折德扆传》，中华书局1977年标点本，第8861—8868页。
④ 《宋史》卷253《折德扆传》，中华书局1977年标点本，第8875页。
⑤ （清）郑居中纂：《府谷县志》卷6《人物》，上海古籍出版社2014年整理本，第496页。

迹”部分自折从阮至折可求字数虽然寥寥，可“金人犯河东，可求力守城卒完。久之夏人来攻，可求孤城无援，城遂陷，死之”的记载，对折可求降金充满了谅解与同情，既不同于《宋史》直接忽略折可求的态度，又没有南宋时期多种史料对折可求降金后被毒杀的幸灾乐祸态度。[①] 同时，《元一统志》还列有折可适、折彦质父子的传记。《宋史》虽然说折彦质另有传记，却最终丢失不记。所撼者，《元一统志》所记内容过于简略，不可能是《宋史》折氏人物列传的史源。

笔者愚见，《宋史》折氏列传内容，基本来源于《宋会要》和《续资治通鉴长编》两书。《宋会要》在“方域”部分，有“府州”一节，专记府州与折氏历史，内容比《宋史·折德扆传》要多出一倍。[②] 但是《宋史·折德扆传》的体例却与《宋会要》不同，而是沿袭了宋人所著《东都事略》的套路。[③]《东都事略》是北宋末年成书的，故其人物截止到折克行、折可适。尽管字数比《宋史》少的可怜，但其所记人物的体例，自折德扆、折御勋、折御卿而下至折克行、折可适，明显是《宋史》折氏人物传记体例的滥觞。

《续资治通鉴长编》，南宋人李焘（1115—1184）撰。他积四十年之功，仿司马光《资治通鉴》体例，以年月系事，洋洋洒洒，撰成九百八十卷的巨著。该书中有大量关于府州折氏的记载，有明确的年月日，前后对照，又可以看到所记史实的前因后果。为配合府谷县折氏文化研究会的工作需要，笔者将其中有关府州、麟州、丰州和折氏的内容进行了专门辑录以便于检索。

关于折氏以及府州的记载，还散见于《旧五代史》《新五代史》《宋史》相关本纪列传，以及《太宗皇帝实录》《太平寰宇记》《册府元龟》《武经总要》《资治通鉴》《舆地广纪》等书。而关于折可求、折彦质的记载，散见于《三朝北盟会编》《建炎以来系年要录》《中兴小纪》《靖康要录》等书中。已故西夏史学家韩荫晟先生搜检了大量南宋史料，从而撰成

---

① （元）李兰肦：《元一统志》卷4《葭州》，中华书局1966年版标点本，第427页。

② （清）徐松辑：《宋会要辑稿》第16册《方域二一·府州》，上海古籍出版社2014年标点本，第9695—9700页。

③ （宋）王称：《东都事略》卷28《折德扆传》、卷104《折可适传》，齐鲁书社2000年标点本，第222—224、891页。

《补〈宋史·折彦质传〉》一文。[1] 所憾者，该文史料搜罗极为精细却多数未标出处。宋人文集、笔记中，也有丰富的有关府州折氏的记载，比如《隆平集》《玉壶清话》《欧阳修文集》《李纲文集》等。

传世文献中关于府州折氏的记载，主要集中在《旧五代史》《东都事略》《宋会要辑稿》《续资治通鉴长编》和《宋史》中。从总体上来看，传世文献中关于府州折氏的记载，数量并不是很多，特别是大量宋人文集中，零星分散地记有相关内容。这个特点，部分上限制了学术界对于府州折氏研究的关注度。

二　出土墓志

折氏坟园陆续出土的家族成员墓志构成了府州折氏文献的重要源头。折氏在府谷县有两处坟园，均在今府谷县西孤山镇地方。从折氏先祖至折宗本、折嗣伦、折从阮、折德扆、折御勋、折御卿等，尽葬于孤山镇东李家洼村，俗名东堬头。嘉祐元年（1056），府州知州折继祖再堪坟址，选定今孤山镇南杨家沟，俗名西堬头——北宋前期此地名为天平山，属府州府谷县将相乡安仁里；至后期，安仁里改名为崇勋里。折御卿而下至折惟忠，原本也葬于东堬头；嘉祐元年（1056）折继祖改葬其父折惟忠，同时将其祖父折御卿的坟墓也一并迁入。折惟正是折继祖的伯父，他的墓志石出土于西堬头；有洛苑使官衔的另一名“惟”字辈成员的墓志也出土于西堬头，说明折继祖将“惟”字辈成员也一并迁葬、安葬于西堬头坟茔了。从此以后，府州折氏成员尽葬于此，仅政和元年（1111）随同折克行一起下葬的族人就有百余人。

现知惟有一个例外——就是折惟忠之妾李夫人。她在折惟忠去世后曾改嫁，后为其子、知州折继祖寻回。为恪守礼法、不乱嫡庶之分，李夫人去世后，其孙折克禧将其安葬于西堬头东小柏墕之地。

从后来记载情况看，折氏祖坟在西夏攻破府州城后，地面建筑多被破坏，但地表还是散落了一些碑石遗物。清乾隆三十三年至四十五年的府谷

① 韩荫晟：《补〈宋史·折彦质传〉》，《宁夏社会科学》1981 年第 1 期。

知县郑居中，“因公过其地，见有倾圮古碑，半埋土中，饬役出之，以水洗剔其字，知为折国公墓……”[①] 乾隆四十五年到任府谷的知县、蒙古正镶黄旗人麟书，“诚敬古宋忠臣之墓，每逢清明节亲诣祭奠。又，四十八年，见墙垣颓圮，整理倍厚，修建门栏，禁人践踏，调正神路树松六株，取诸侯用六之意，以表景仰勋旧、万年不朽之意耳”[②]。在府谷地方官府的保护之下，折氏祖坟内保留了部分碑石遗物。按照墓志、碑石被发现和出土的时间顺序，本文将折氏墓志分为原有墓志和新近出土墓志两部分叙述。

（一）原有墓志

1.《折嗣伦碑》

折嗣伦，生卒年不详，享年五十岁，约生活于唐懿宗、僖宗、昭宗、哀帝四朝时期。折嗣伦是折氏在府州事业的奠基者，曾官麟州刺史。

此碑为清代乾隆时期府谷知县郑居中发现于折氏祖坟，郑居中命人原地保护，同时抄录碑文，除编入其主纂的《府谷县志》外，又新镌志石、立于府谷县新建折国公祠内。国公祠早已不存，折氏祖坟亦已遭毁灭性破坏，原碑与郑氏所镌之碑均已不知去向，碑文惟赖乾隆本《府谷县志》《金石萃编》《全唐文》内郑氏录文存世。郑氏虽已考知志主为折从阮之父，但仍以志文“昔先王求枚嗣祚也”一语为准，认定志主名为折嗣祚；又因志主生活年代和官职，定其名为“唐折刺史墓碑”。[③] 因碑首曾篆刻“麟州府谷镇之碑”，《金石萃编》编者王昶虽已考定“折嗣祚”当为“折嗣伦”，但仍以《刺史折嗣祚碑》为名，《全唐文》因之。至《折氏家族史略》，始改定其名为《刺史折嗣伦碑》。为求统一命名体例，笔者今将其定名为《折嗣伦碑》。

《折嗣伦碑》约刻于905年前后，是目前所知在府谷县折氏祖坟内发现的最早一方墓志碑石。文意虽断断续续，但从中可窥见折氏早期历史之一二。据《金石萃编》：“碑高九尺，广三尺七寸，前面已缺，仅存二十八

---

① （清）郑居中纂：《府谷县志》卷7《墓塚》，上海古籍出版社2014年整理本，第547页。

② （清）郑居中纂：《府谷县志》卷1《古迹》，《中国地方志丛书》，台北：成文出版社有限公司印行1970年版，第111页。

③ （清）郑居中纂：《府谷县志》卷7《古蹟》，上海古籍出版社2014年整理本，第557页。

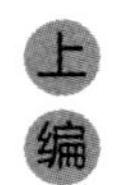

行，正书，字数剥泐无可考，在府谷县。”① 从《府谷县志》和《金石萃编》现存碑文来看，文字断续，可见郑氏发现时碑文确实剥蚀严重。惟《金石萃编》在收入时，行文有大字、小字之分，大字似为正文，小字似为注，但与大字可连读而下，不知何解？

2.《折御卿墓志》残文

折御卿（？—995），北宋名将，曾助宋太宗灭北汉、讨继迁，战功卓著；更于至道元年（995）春，在府州北境子河汊大破契丹西南面招讨使韩德威数万军队；当年冬，折御卿病死沙场，尽忠而亡，令宋太宗念念不忘。折御卿袭兄折御勋之职为府州知州，官至永安军节度使。

1976 年，考古学家戴应新在府谷县折氏祖坟旁发现《折御卿墓志》残石数块，合而读之，仅获百余字。而据当地人刘玉华讲，此碑在 20 世纪 50 年代出土时完好无损，因被弃置道旁二十余年而致破碎不全。《折氏家族史略》录有其碑残文及考释。②

3.《李夫人墓志铭》

《李夫人墓志铭》碑呈正方形，高、宽均为 68 厘米，厚 17 厘米，有宽 2 厘米的花边。碑身右侧题有“宋故福清县太君李夫人墓志铭并序”字样，共 32 行，满格 32 字。撰文者为从事郎、宋府州观察推官杨大荣，书丹并篆盖者为李夫人曾孙婿、东头供奉官、权麟州横阳堡兵马监押张天成。

1975 年，当地村民刘玉华等人在府谷县傅家塬公社修梯田时发现古墓一座，墓室已毁，只留下墓志铭一盒，志盖篆体三行“大宋福清县太君李夫人之墓”，志石与志盖之间用四叠铁钱撑住。墓碑左右两边立空腹铁牛、铁猪各一。铁牛、铁猪后下落不明。1976 年戴应新至府谷县调查，刘玉华将志石送交。戴应新于 1978 年发表了该志文的拓片及简单释文③，志文后收入其所著《折氏家族史略》一书，但志石却下落不明。直至 2005 年，当地补修观音届取土时，意外挖到原志石。志石先被镶贴在观音庙的墙壁上，现存府谷县文物管理委员会，惟志盖不存。

① （清）王昶辑：《金石萃编》卷 119，中国书店 1985 年影印本，第 3 册。
② 戴应新：《折氏家族史略》，三秦出版社 1989 年版，第 94—95 页。
③ 应新：《府谷县出土李夫人墓志铭》，《文物》1978 年第 2 期。

李夫人（999—1072），北宋开封人。她十三岁时嫁给折惟忠为妾，二十二岁时生下折继祖，为折惟忠第三子。后来折惟忠年老有病，将众妾放归。李夫人随其父回开封，并且改嫁苏州富豪田氏。折惟忠之后，其长子折继宣、次子折继闵、三子继组相继袭职。折继祖知府州后，思念母亲，令人到京师寻访，并最终访得李夫人下落。折继祖遣侄子到苏州请求田氏，恳请李夫人回归府州，田氏应允。三十八年后，李夫人再次回到府州，母子团聚。折继祖向朝廷上奏，用自己的官爵为母亲李夫人请封，朝廷特旨，封其为福清县太君。政和元年（1111），折可大葬其父折克行等。按照祖制，作为妾的李夫人是不能进入祖坟安葬的。其孙折克禧请于府守折可大，在折氏祖坟附近另外择地，将其祖母李夫人安葬。

4.《折继闵神道碑》

《折继闵神道碑》碑体高大雄伟，高 2.22 米、宽 1.07 米、厚 0.27 米，青石质，有文 35 行，每行满格 92 字，碑身右侧题“□□□□果州团练使麟府路驻泊兵马钤辖知府州军州事赠太尉折公神道碑”。该碑约为政和末年（1117）折继闵之孙折可求请准宋徽宗而立，由当时朝臣张叔夜撰文、蔡靖书丹并题盖。该碑由考古学家戴应新于 1976 年在府谷县杨家沟西埇头折氏祖坟内清理而得，现藏陕西省西安市碑林博物馆。

折继闵（1016—1050），字广孝，北宋府州人，第七任府州知州，是府州知州折惟忠次子。折继闵以父荫入官，宝元二年（1039），袭职为府州知州，年方二十四。折继闵担任府州知州时，正值西夏元昊称帝（1038）后与宋王朝从积极用兵再到走向和平的时期，故折继闵多次率军与西夏作战，志文称折继闵在职十一年，大小三十余战。折继闵一生中最为辉煌的是他组织的府州保卫战。元昊称帝后连续发动三川口战役（1040）和好水川战役（1041），大获全胜之际，乘势引兵来攻麟府丰三州之地。庆历元年（1041）秋，元昊围攻麟州三十一日不克，转而围攻府州。当时，折继闵的上级、管勾麟府路军马公事康德舆懦弱畏敌，坚令闭城不战。知州折继闵凭借府州城的地利，组织部属积极防御。七日后，元昊见攻城无望，解围而去。在新任管勾军马司公事张亢的支持下，折继闵先后修筑了多个军事堡寨，将西夏军赶出府州境内，府州城保卫战取得胜利。

折继闵在三十五岁时就英年早逝，娶三位夫人，刘氏、慕容氏和郭

氏。生子六人，女儿九人。其次子折克柔、三子折克行、孙折可大、折可求先后袭职知府州事。

5.《折继新墓志》《折继全墓志》

折继新、折继全二人名不见史传，事迹不显，仅从名字和志文内容分析，为折氏"继"字辈成员，其父折惟质，事迹亦不显。据《折氏家族史略》，二人的墓志均为陶砖质，呈正方形，边长 28 厘米，厚 5 厘米，分别于 1975 年、1976 年出土于府谷县西㙦头折氏祖坟。志文格式相同，竖行阴刻行体铭文三行，正中一行字体稍大。折继新志文为："大供奉讳继新，讳惟质供奉之长子"；折继全志文为"五殿直讳继全，讳惟质供奉之第四子"。据志文，继新、继全当为惟质长子、四子，父为子立志，二人系夭亡。

6.《折克行神道碑》

《折克行神道碑》碑体丰硕，高 3.26 米、宽 1.40 米、厚 0.45 米，青石质，碑身两面刻字，正面记折克行家世武功，碑身右侧题有"□□□州诸军事□□□□□秦州管内观察使充太原府路兵马钤辖知府州军州事兼管内劝农使兼麟府州管界都检使兼河东十二将上柱国高平郡开国公食□□□□□□□□□□□□□□□□□□□□□□□□□□神道碑"字样，撰文者为朝散郎毛友，书丹者为翰林学士宇文虚中。背面分上下两部分，上部是给折克行拟定谥号的呈文，下部开列折克行统辖的各寨寨主姓名。该碑久经风雨剥蚀和人为破坏，正面存字 19 行，另有 9 行字漶泐不存，背面也缺字不少。该通碑石正面碑文早在雍正《府谷县志》中即有著录，乾隆年间，府谷知县郑居中再次考察又发现了原碑，并将碑阴文字抄录于乾隆《府谷县志》中。1976 年，戴应新于陕西省府谷县杨家沟西㙦头折氏祖坟内清理时，再次发掘出原碑，碑石现存陕西省西安市碑林博物馆。

折克行（？—1107），字遵道，北宋府州人，府州知州折继闵第三子，为北宋西北名将。元丰元年（1078），其兄折克柔因目疾主动辞职，折克行袭职为府州知州，直至约大观元年（1107）。折克行守边三十年，其时，正值神宗以来朝廷对西夏积极经营之时，故折克行多次率兵出境斗敌，曾参加过熙宁四年（1071）、元丰四年（1081）宋军两次五路伐夏的战役，战功卓著。哲宗朝以来，折克行又多次率兵出界，在绍圣五年（1098），生擒西夏左厢钤辖令玉儿没崖等多名部族首领。元符二年（1099），又捉到西夏钤辖哩旺扎布；同年，主持进筑河东八城二寨，打通了麟府路与鄜延路的交通要道。折克行善抚部众，州境党项各部族呼其为“折家父”。折克行一生战功卓著，官至秦州观察使；去世后，朝廷封赠安武军节度使，追谥“武恭”。三子，长子折可大，袭父职知府州；次子折可求，继其兄折可大袭职知府州；三子折可存，曾参与宋军与西夏的最后一场大战即统安城之战，在宋军镇压江南农民起义的过程中，率部擒获宋江、方腊，后病卒。

7.《折可大墓志》残文

《折可大墓志》残文是1976年戴应新于府谷县西谕头折氏坟园清理一座大墓时发掘所得，青石质，仅存九字“户赠耀州观察使折公”，右侧有阴刻花边。志文不见志主姓名，戴应新据《折继闵神道碑》所记折可大的赠官名号，考订志主为折可大。今其残志下落不明，《折氏家族史略》有录文。

折可大，府州知州折克行之子，大观元年（1107）至政和六年（1116）间袭父职知府州事，曾于政和元年（1111）举族丧二百多人共葬，并于政和五年（1115）向朝廷进马。

8.《折可存墓志铭》

碑呈长方形，高75厘米，宽78厘米，厚8厘米。碑身右侧题有：“宋故武功大夫河东第二将折公墓志铭”，刻写于北宋灭亡后的1130年，书撰者为折可存的女婿、华阳人范圭，立碑者为折可存的仲兄折可求。

折可存（1096—1126），字嗣长，北宋府州人，折克行子。以父荫补右班殿直，后为其兄统制官可求属官。宣和元年（1119）统领六路边军的童贯命熙河经略使刘法出师取夏朔方地，麟、府亦随军出兵，可存杀敌有功，升閤门宣赞舍人。宣和二年（1120），浙江方腊起义，宋廷以童贯为“江淮荆浙宣抚使”，率秦晋番汉兵前往镇压，时可存为河东第四将，率其部属，从军南下。可存领其他三将兵（东南第一、第七将和京畿第四将），冒矢突阵，力擒方腊，晋为武节大夫。班师过汴，又奉徽宗之命捕得横行京东一带的草寇宋江，升武功大夫。后，太原府知府张孝纯任可存为河东第二将。金兵攻雁门，可存赴援，驻守崞县。宣和七年（1125）城破被俘，羁押应州（山西应县）。靖康元年（1126），从俘虏营逃出，投奔宋中山府（河北定县，靖康二年陷于金），九月四日病殁，年三十一。庚戌岁（宋建炎四年，金天会八年，1130）葬府州西天平山克行墓东。此前两年（1128），其兄折可求降金。

这通碑志，于1939年出土于府谷县杨家沟折氏坟园。1942年，著名历史学家、时为浙江大学教授的张荫麟先生，发表了题为《〈宋故武功大夫河东第二将折公墓志铭〉跋——宋江史料之新发现》一文，载在当年5月28日重庆《益世报》的第四版“文史副刊”第七期，并将志文内容作了附录。抗战时期，府谷县新修县志，也将其作了全文附录，这是志文在1949年前的两次公开发表。1951年，台湾《文史哲学报》第2期又一次发表了本篇志文。1953年，历史学家张政烺先生发表《宋江考》一文于《历史教学》，随文摘录了有关征方腊和宋江的志文。1978年，《北京大学学报》第2期发表了宋士彦从北大图书馆所藏的《折可存墓志》拓片录出的原文。原文公布后，立即成为学术界关于宋江是否是投降派问题激烈争论中的一段关键史料。1978年6月8日，《光明日报》刊登了吴泰先生撰写的《历史上的宋江是不是投降派?》一文，随后著名宋史学家邓广铭与张国光先生等人，就本志文的史料价值、历史上的宋江和小说中的宋江是否为同一人、宋江是否曾经投降、宋江是否先降又反等问题，展开激烈争论，几年之内，学术界百花齐放，发表的争论论文达到十几篇。直至2001年，李裕民先生发表的《宋江余党二次造反考——史斌与宋江史事新探》一文，依然是对以上问题的解读。于此同时，学术界也发表了一系列比较中性的论文，如1980年，《重庆师范学院学报》发表何明新、黄中模合署的《重读〈折可存墓志〉》一文。学术界的争论，都没有离开对本志文内容的解读和史料价值的判断。

然而，就在学术界对本志文争论不休之时，原志石却没有得到较好保护，长期当做洗衣板使用，致使石面字迹模糊不清，无法拓片和录文，志石现存府谷县文物管理委员会。志石出土不久，有人将其作了拓片并分赠友人。台湾牟润孙先生曾得一拓片，作《折可存墓志铭考证兼论宋江之结局》一文。又，北京大学图书馆存一分页拓片，笔者曾亲借阅。

9.《折可復墓志》《陈氏墓志》

折可復为府州知州折继闵第四子折克俭长子，其名不见于经传，但在1976年出土的《折继闵神道碑》中，折可復一名排在折继闵诸孙之列。

又，据新近出土的《折克俭墓志铭》记载，确知折可復为折克俭长子，官至左骐骥使、鄜延路第三副将。

据《折氏家族史略》，折可復夫妇墓志于1976年出土于府谷县西埇头折氏祖坟一砖石墓内，折可復墓志为砖质，上下长29.5厘米、左右宽24厘米、厚5厘米，志文为“武功大夫、四骐骥长子可复、男四人”；陈氏墓志为青石质，长29.5厘米、宽25厘米、厚5厘米，志文为“四骐骥之长子、可复县君陈氏”。二方墓志均为竖写阴刻行体字。墓志石、砖今已不存，戴应新拓得拓片二幅。

10.《曹氏墓志铭》

碑石略呈正方形，青石质，高74厘米，宽76厘米，厚17厘米。志文16行，满格16字，碑身右侧题有：“宋故谯国曹氏墓志铭并序”，刻写于1130年，1939年出土于折氏西埇头祖坟，志石现存府谷县文物管理委员会。

曹氏（1103—1123），折彦文之妻。曹氏是皇亲，为宋仁宗皇后之弟曹佾曾孙女，是忻州知州曹普与折彦文姑母的长女。曹氏十七岁嫁给折彦文，二十一岁时因难产死亡。此碑系由其夫折彦文亲自书撰，是现存折氏成员少见的书法作品。

（二）新近出土墓志

1.《折惟正墓志铭》

碑呈正方形，高、宽均为68厘米，厚16厘米。碑身右侧题有：“故庄宅使延州管界沿边都巡检使金紫光禄大夫检校尚书□□射兼御史大夫上柱国平恩县开国伯食邑九百户折公墓志铭并序”，撰文者为将仕郎、守寿州霍丘县尉智周，书丹并篆额者为知宅案司李赍，刻于北宋景德二年（1005）。同时还出土有志石的志盖，大小与志石同，篆刻“折公之墓”四字，环以八卦图案。志盖、志石现存府谷县文物管理委员会。

折惟正（964—1004），字可法，北宋府州人。至道元年（995），其父永安节度使折御卿薨，三十二岁的折惟正袭职，权洛苑使、知府州事。至道三年（997），折惟正奉诏入朝，留任掖庭，所袭父职授予其弟折惟昌。又改任郑州兵马大都监，参与北击契丹的军事活动。又迁授庄宅使，不久又授延州管界沿边都巡检使。景德元年（1004），折惟正于延州传舍去世。

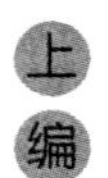

笔者曾撰《宋〈折惟正墓志铭〉与府州折氏的几个问题》一文，志文内容已经公布。①

2.《大宋故洛苑使墓志铭》残文

残碑呈长方形，高 43 厘米，宽 35 厘米，厚 10 厘米。残碑右侧题名仅剩“大宋故洛苑使”六个字，字体稍大，端正工整，字迹清楚。惜志文仅存 67 字，且不见志主姓名。但是，此残碑书法与 1976 年戴应新所得《折御卿墓志铭》如出一辙，且落款立碑人为同一人——《折御卿墓志铭》的立碑人为“孙如京使康州刺史知府州军州事兼管内劝农事兼麟府”，此志立碑人为“姪如京使康州刺史知府州军州事兼管内劝农”，所不同者，前称孙，后称姪；并从残文来看，立碑时间与折继祖迁葬其祖父折御卿的嘉祐元年（1056）相符，可确定立碑人为府州知州折继祖。残文又称志主有子曰“继融”，则其为折氏“惟”字辈成员，折继祖于“惟”字辈成员的关系，正为侄子辈，与志文所记相符，可确证志主身份为折氏“惟”字辈成员。

折氏“惟”字辈见于史传的有折御卿四子折惟正、折惟昌、折惟忠、折惟信，以及折惟崇，又有见于前文所述墓志的折惟质。其中《折惟正墓志铭》已经出土，折惟昌、折惟忠曾相继为府州知州，折惟昌官至兴州刺史，折惟忠官至简州团练使，而本志文志主官阶不过洛苑使，可排除折惟昌和折惟忠的可能。折惟质的官阶，在其子的墓志中为大供奉，又低于洛苑使。而折惟崇的官阶，在大中祥符七年（1014）时，仅仅为殿直，远远低于洛苑使。②

永安军节度使折御卿还有一子，名为折惟信。折惟信生活的年代，正值西夏李继迁崛起之时，府州作为宋朝河东屏藩，战争较多，府州折氏在这个时期，牺牲也较大。宋真宗咸平二年（999）秋，河西黄女族首领蒙异保及府州所辖熟户啜讹，引西夏李继迁之众犯麟府境。李继迁率众由今神木县万镇进至松花寨（今神木县花石崖），折惟信与兄府州知州折惟昌及从叔巡检使折海超率兵迎击，夏兵众多，宋军势孤，其兄折惟昌左臂中

---

① 高建国：《宋〈折惟正墓志铭〉与府州折氏的几个问题》，载《宋史研究论丛》第 14 辑，河北大学出版社 2014 年，第 510—525 页。

② （清）徐松辑：《宋会要辑稿》第 16 册《方域二一 · 府州》，上海古籍出版社 2014 年标点本，第 9698 页。

箭落马，得禅将马突围而走，折惟信与叔折海超阵亡。当折惟信战殁之时，其官阶为供奉官。根据宋代官制，供奉官分西头供奉官和东头供奉官两阶，但都属于低级官阶，比洛苑使低了七资。折惟信战死疆场，根据宋代官制，因军功褒赠官阶一次最多升七资——供奉官升七资正为洛苑使，笔者推测志主可能为折惟信。但，志文载志主为“令公长子也”，如志主为折惟信，则令公当谓尚书令折御卿。然折御卿长子为折惟正、次子折惟昌，折惟信当为其三子。目前所见折氏惟字辈成员，仍有折惟质者，然惟质史籍无名，且其长子是继新而非继融，则本志志主为“惟”字辈哪个成员呢？姑且存疑。

3. 《慕容夫人墓志铭》

碑略呈正方形，高 94 厘米，宽 92 厘米，厚 21 厘米，周边有宽 5 厘米的精美花边。碑身右侧题有：“宋故夫人□□□□□□（慕容氏墓志铭）”。慕容氏（1029—1066），北宋太原人，折继祖之妻。其高祖慕容延钊、曾祖慕容德丰均为成州团练使，祖父为慕容惟素，内殿承制、閤门祗候。其父为□允，内殿崇班。慕容氏十七岁时嫁给成州团练使折继祖，恭执妇道，合家称欢。皇祐初年（1049），慕容氏入朝觐见，容止可观，进退有度，略无惧色，受到宋仁宗及太皇太后礼遇，赏赐丰厚。朝辞之日，面奏其夫继祖之姐，早年亡夫，携三子守义近二十年，奏乞宋仁宗赐其子官职，奉养母亲，得到仁宗应允。慕容氏生三子两女，男为克仪、克僖、克静。治平三年（1049），卒于府州，享年三十八岁。熙宁二年（1069），葬于府州将相乡安仁里天平山折氏祖坟。

4. 《折克柔墓志铭》

《折克柔墓志铭》志石、志盖俱存，志盖篆书“宋故皇城使忠州刺史致仕折公墓志铭”，略呈正方形，高 90 厘米、宽 92 厘米；志石高 89 厘米，宽 92 厘米，均为青石质地。志文刻写于北宋政和元年（1111），2012 年，出土于府谷县杨家沟西瑜头折氏祖坟，现存府谷县文物管理委员会。笔者曾撰《北宋〈折克柔墓志铭〉考释》一文，对于志文内容进行了详细解读。[①]

折克柔（1042—1103），字立之，北宋府州人。折克柔是折继闵的次

① 高建国：《北宋〈折克柔墓志铭〉考释》，《河北大学学报》2013 年第 2 期。

子，以荫入官。熙宁四年（1071），北宋大军征讨西夏，折克柔隶属前军。大军抵达啰兀城（今陕西米脂县镇川），折克柔率众先登，军声大振。又奉主将令，旁出二十里，掠一强族，扫清运送军粮的障碍，因功迁西头供奉官。同年九月，折克柔袭叔父职，除银青光禄大夫、检校工部尚书兼御史大夫、上柱国、文思使、知府州兼麟府都巡检使。折克柔临政有方，羌人归附，边境安宁，蕃汉户耕牧乐业。

元丰元年（1078），朝廷迁授折克柔持节忠州诸军事、忠州刺史。折克柔因目疾暴作，上书辞职，请以其弟折克行袭职。朝廷虽准折克行代授，但直到元丰七年（1084），才准折克柔致仕，从此里居燕闲近二十年。崇宁二年（1103），折克柔卒于府州，享年六十有二。政和元年，安葬于府州将相乡安仁里祖坟。

5.《折克俭墓志铭》

碑呈正方形，高、宽均为94厘米，厚14厘米，有宽2.5厘米的花边。碑身右侧题有："右骐骥使河东路第八将护军武功县开国男食邑三伯户赠右金吾卫大将军折公墓志铭并序"，刻写于北宋政和元年（1111），2012年出土于府谷县西埇头折氏祖坟，现存府谷县文物管理委员会。

折克俭（1048—1098），字仲礼，北宋府州人。幼年丧父，性格沉厚寡言。仪表非凡，嗜读诗书，勤奋好学，与儒生交往，异于一般富贵子弟，得"千里驹"的美誉。后来经过长辈提醒，始习骑射，立志报国。

折克俭于熙宁四年（1071）北宋出击西夏的军事行动中，随兄长折克柔一同出战，从此步入军旅。直到绍圣二年（1095），折克俭一直战斗在北宋与西夏冲突的最前线，屡立战功，累积功勋。绍圣二年（1095），升任河东第四副将，忻州驻扎。因感河东地处内地，远离边关，屡次申请再次赴边，为国效劳。从绍圣四年到五年，折克俭又两次随军出征西夏，所获甚多。被代理经略孙览保奏，迁任河东路第八将，晋州驻扎。绍圣五年（1098），折克俭病逝于晋州任内，享年五十一岁。政和元年（1111），折克柔之子折可大葬父，折克俭被迁回祖坟安葬。

6.《折克禧墓志铭》

碑呈长方形，碑身有残缺，高97厘米，最宽处120厘米，厚13厘米。碑身右侧题有："宋故武功大夫赠康州团练使折公墓志铭"，刻写于北宋灭亡后的1130年。

折克禧（1057—1115），字佑之，折继祖之子，北宋府州人。折克禧十岁丧母，十五岁丧父，从小特立独行，不与群儿游戏。刻苦学习兵法，每天练习骑射，学得一身好本事。元丰四年（1081），宋朝出动五路大军进讨西夏，其从兄府州知州折克行将子弟部伍兵西征。二十五岁的折克禧随出战，克复宥州（治所在今内蒙古鄂托克前旗境内）。兵会积庆川，西夏兵还没有摆好阵列，折克禧率军冲阵，跃马先登。折克行大喜，并保奏为随行指使。元丰五年到七年，折克禧又两次随军出战西夏，累功进阶官六等、授官为监宁化军甲仗防城库作院（宁化军在今山西宁武县境内）。

元祐四年（1089），折克禧任差代州土登寨。在任时，修葺工事，申严巡守，边境安宁。绍圣元年（1094），折克禧官宁化军巡检。当时出现了守边弓箭手逃亡的情况，折克禧通过怀柔的办法，使很多人又回来入籍。元符二年（1099），折克禧受命摄河东第五将，巡行河外八城工役。不久，又升任神泉寨（今陕西佳县西曹家庄古城）知寨。有一次西夏偷袭，守边宋将见敌人兵多不敢出战。折克禧单骑出城，不仅折服了西夏兵将，也让同袍诸将大为叹服。

崇宁五年（1106），朝廷又任命折克禧为麟州兵马都监兼在城巡检。四年后，折克禧想退休，朝廷给他一个散官养老，让他去监中山府北岳庙。政和五年（1115），五十九岁的折克禧走到了人生尽头，病逝于家。因子贵，朝廷褒赠康州团练使。

折克禧能让贤，当其父折继祖去世时，折克禧力排众议，遵从父命，将知府州事一职传给了从兄折克柔。后来，和从兄、知府州事折克行关系也很好。麟州兵马都监一职，就是折克行替他保奏而得到的。

7.《折克臣墓志铭》

该志2012年出土于府谷县西瑜头折氏祖坟，出土时已经破损，经拼合后右下角仍有残缺，不过志文大体能够通读。志石现存府谷县文物管理委员会。

折克臣（1033—1070），字艰甫，北宋府州人，官至东头供奉官、郴州管界巡检使。其父折继宣，明道二年（1033）袭职知府州事；宝元二年（1039），因故被降职为楚州都监。折克臣以父荫入官，年幼时丧父，养于仲父折继闵。庆历四年（1044），陕西、河东宣抚使范仲淹至河东，折克臣年方十二岁，出语不凡，得到范仲淹的赏识。随后，即隶折继闵为指

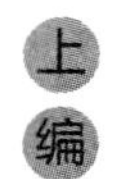

使。皇祐间（1049—1053），以朝廷大享明堂而迁官右班殿直。嘉祐初（1056），离开府州，调任监并州仓。宋英宗即位（1063），迁右侍禁，改任监代州仓，不久转左侍禁。治平（1064—1067）初，任真定府平山县警寇，又迁东头供奉官，改任郴州管界巡检使。熙宁三年（1070），三十八岁的折克臣病卒于郴州官舍。

三　论文著作

《折嗣伦碑》碑文虽然在清代乾隆时期就流传开来，但有关折氏的学术研究却迟迟没有进展。清代雍正朝、乾隆朝两版《府谷县志》、民国时期府谷人王为垣私撰的《府谷乡土志》，都曾对传世史料中关于折氏人物的部分予以了摘录和转述。王为垣虽然指出府谷历史上的大姓，有宋代折氏、明代尤氏，但并没有进行深入探究，所以还算不上学术研究。

引发学界关注折氏研究的，是1939年《折可存墓志铭》的出土。据《重读〈折可存墓志〉》一文统计，从1942年起至1978年，该篇墓志铭文先后五次被公布，相关研究文章也较多，其中不乏历史学名家张荫麟、张政烺、邓广铭等先生。[①] 实际上，台湾史学家牟润孙曾于1950年，利用该篇墓志撰成《折可存墓志铭考证兼论宋江之结局》一文，随文也曾附录了该篇墓志铭。[②] 需要指出的一点是，这些相关研究，都有从宋江农民起义这个视角入手、将其当作宋江研究的一个重要史料来看待的倾向。

最早对府州折氏进行专门研究的，是日本学者畑地正宪先生。他早在1973年就发表了《五代、北宋时期之府州折氏》一文，分为府州折氏的出身、五代王朝与府州折氏、北汉与府州折氏、折氏与边境行政、折氏与马贸易五个方面，对府州折氏最早进行了专题研究。另外畑地正宪先生还发表了《关于宋代的麟府路》一文，分别从麟府路的设立、麟府路经营和

① 何明新、黄中模：《重读〈折可存墓志〉》，《重庆师范学院学报》1980年第3期。

② 牟润孙：《折可存墓志铭考证兼论宋江之结局》，《注史斋丛稿》，中华书局1987年版，第196—220页。

土豪势力、关于丰州王氏和麟府路的蕃汉交易四个方面进行了探讨。[①]

1976年，陕西省考古学家戴应新对府谷县境折氏坟园进行了考古调查。其中发掘出比较完整、史料价值珍贵的神道碑两通，即《折继闵神道碑》和《折克行神道碑》。同时还发现折御卿墓志残石、折可大墓志残碑、陈氏墓志残石、折继新、折继全墓志残砖、折可復墓志残砖等若干块。另外，戴应新还从当地村民刘玉华手中得到1965年出土的李夫人墓志石一方。随着这次考古成果的发布，国内学界关于府州折氏的专门性研究开始出现。1979年4月，中国考古学会成立，戴应新《北宋〈折继闵神道碑〉疏证》一文收入1980年出版的《中国考古学会成立论文集》中。[②] 1981年，《宁夏社会科学》试刊号刊载了西夏史学家韩荫晟《麟府州建置与折氏源流》一文，其中，韩先生坚持府州折氏源属党项羌。[③] 韩先生随后又发表《麟府州折氏述论》一文，重申了这个观点。[④] 韩荫晟又于1993年发表《补〈宋史·折彦质传〉》一文，拾捡了传统史料中关于折彦质的记载，弥补了《宋史》当中没有《折彦质传》的缺憾。[⑤]

1987年，《文博》刊载了戴应新《〈折克行神道碑〉考释》一文。[⑥] 1989年，第一部关于府州折氏研究的专著《折氏家族史略》一书，由三秦出版社出版，作者戴应新[⑦]。该书分十个章节：一，守卫边陲三百年；二，麟、府州的建置与地理形势；三，折氏族源考略；四，折氏人物传略；五，西夏攻占麟、府与折氏远徙；六，麟、府、丰三州所辖诸堡寨；七，麟、府、丰三州人口驻军与馈运问题；八，折氏坟墓调查试掘记；九，府州折氏碑石及有关资料；十，大事记。可以说，《折氏家族史略》一书是第一部以府州折氏为主题的历史研究论著，也是一部基于墓志碑铭、结合史籍记载的历史论著。在当时的件下，该书的研究是值得肯

---

① ［日］畑地正宪：《五代、北宋时期的府州折氏》，《史渊》第110辑，九州大学文学部发行，1973年；《关于宋代的麟府路》，《东洋史研究》第51卷第3号，1992年。

② 戴应新：《北宋折继闵神道碑疏证》，《中国考古学会成立论文集》1980年。

③ 韩荫晟：《麟府州建置与折氏源流》，《宁夏社会科学》（试刊号）1981年。

④ 韩荫晟：《麟府州折氏述论》，载李范文《首届西夏学国际学术会议论文集》，宁夏人民出版社1998年版，第35—49页。

⑤ 韩荫晟：《补〈宋史·折彦质传〉》，《宁夏社会科学》1993年第5期。

⑥ 戴应新：《折克行神道碑考释》，《文博》1987年第2期。

⑦ 戴应新：《折氏家族史略》，三秦出版社1989年版。

定的。

戴应新的考古学成果发布后，有关府州折氏研究的论著和文章进一步增多。需要注意的是西北民族史学者周伟洲先生所著《唐代党项》一书，该书在书末专辟一节“麟府等地的党项折氏”。周伟洲先生认可了《刺史折嗣伦碑》《折克行神道碑》和《折渭州墓志铭》的提法，坚持了府州折氏族源鲜卑的主张。对于府州折氏的迁徙，作了两种推测：“一是十六国居湟水流域的鲜卑折掘氏，到唐安史之乱前后，吐蕃势力北上，四川西北、甘南、青海的党项纷纷内徙，鲜卑折掘氏也随之迁移，最后定居于麟、府一带，改姓折氏，因其与党项诸部长期杂居，共同生活，逐渐党项化，成为党项诸部之一。”“另一种可能，则如上引《折嗣祚碑》所说：折氏祖先‘武德中，诏府谷镇遏使，不改善政……’即是说，府州折氏早在唐武德年间即居府谷。后党项内徙至此，与之杂处，逐渐党项化，成为党项大姓之一。”① 对于府州折氏在唐末、五代的活动，该书也作了叙述。

围绕府州折氏问题，四川省社科院历史所的周群华先后发表了三篇文章，《五代北宋时代的府州折氏——兼论宋朝对麟府丰三州的治理政策》②、《宋麟府丰三州的建置及其战略地位》③ 以及《“折家将”与辽、金和“杨家将”的关系述论》④。《五代北宋时代的府州折氏——兼论宋朝对麟府丰三州的治理政策》一文，探讨了宋朝对府州折氏统治政策形成的原因、具体的统治办法以及府州与朝廷之间马匹贸易关系等问题。但该文在最后说：“要之，府州折氏名义上是宋朝地方官，受朝廷任免，实质上却似一个地方小政权。”⑤ 此论颇有值得商榷之处。《宋麟府丰三州的建置及其战略地位》，从麟府丰三州的建置、堡寨说到河东路在宋朝边防上的重要性，进而深入探讨了河东前沿阵地麟府丰三州的战略地位。该文最后说：“麟、府的存在，不只是河东路的前沿阵地和坚固屏障，而且也是插入夏、辽邻

---

① 周伟洲：《唐代党项》，广西师范大学出版社 2006 年版，第 135 页。

② 周群华：《五代北宋时代的府州折氏——兼论宋朝对麟府丰三州的治理政策》，《甘肃民族研究》1990 年第 3 期。

③ 周群华：《宋麟府丰三州建置及其战略地位》，《四川文物》1995 年第 6 期。

④ 周群华：《“折家将”与辽、金和“杨家将”的关系述论》，《社会科学研究》1990 年第 6 期。

⑤ 周群华：《五代北宋时代的府州折氏——兼论宋朝对麟府丰三州的治理政策》，《四川文物》1995 年第 6 期。

近地区的一把利刃，尤其对西夏的入侵，麟府起着侧击和牵制的巨大威慑作用。"[①] 这个观点颇有见地。《"折家将"与辽、金和"杨家将"的关系述论》一文，结合史料，论述了府州折家将与辽和金的军事冲突，其中，该文对于折可求降金所持的历史态度，值得赞赏。但是该文在论述折家将与杨家将之间的关系时，没有就折太君的历史和故事进行辨析，径直将其作为信史，以作为折杨联姻的依据，需要深思。

汤开建在党项部落迁徙和地域分布方面的研究，史料搜罗宏富，分析细致。其在《五代辽宋时期党项部落的分布》一文中，对于府州折氏及府州境内的党项诸族的分布，作了详细的考述。该文称"折氏原为鲜卑遗裔，《折克行神道碑》称：'出河西折掘姓'，党项入河东，声名渐盛，折氏亦以党项名之，此古鲜卑族在党项部落留存的痕迹"[②]。

1998 年，陕西师范大学李裕民发表《折氏家族研究》一文，分上篇和下篇两部分。[③] 上篇主要论述了府州折氏的政治历史，包括"折氏家族的兴起（唐末至 950 年）""助后周、宋平北汉（951—979）""抗击契丹的折氏家族（980—1004）""长期与西夏苦战的折氏（1005—1124）""抗金战争中的折氏（1125—1139）""折氏的衰落"六个方面。下篇探讨了"知州传袭的特点""宋廷对折氏的政策""折氏的经济""折氏的家风""折氏的婚姻"与"折氏的丧葬"六个问题。

1999 年，台湾举办了"'中华民国'史主题第五届讨论会——'国史'上中央与地方的关系"学术讨论会。来自辅仁大学历史系的陈君恺发表了一篇名为《北宋地方世袭政权府州折氏与中央政府关系初探》的长文。[④] 这篇文章分前言、府州折氏的崛起与归宋、政治局戏与府州折氏世袭体制的确立、互动关系与府州折氏特殊体制的维持、宋金战争期间的府州折氏与"中央政府"和结语六个部分。文章主要以五代以来府州折氏与中央政府的互动关系为中心，探讨了府州折氏世袭知州这一特殊体制长期存在的原因。陈君恺先生搜罗、利用了传统史料中几乎所有关于府州折氏

---

① 周群华：《宋麟府丰三州建置及其战略地位》，《四川文物》1995 年第 6 期。

② 汤开建：《五代辽宋时期党项部落的分布》，《西北民族研究》1993 年第 1 期。

③ 李裕民：《折氏家族研究》，《陕西师范大学学报》1998 年第 2 期。

④ 陈君恺：《北宋地方世袭政权府州折氏与中央政府关系初探》，载《'中华民国'史专题论文集第五届讨论会》第 1 册，台北"国史馆"印行 2000 年版，第 585—621 页。

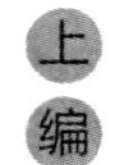

的史料，分析细致、论证严谨。在有关府州折氏研究的学术文章中，陈君恺先生的这篇长文极具分量。

李子亮《北宋麟府丰三州守臣索隐》一文，以年谱的形式，详细地列出了麟府丰三州的守臣名单，极大地方便了史学研究者的查阅检索。其中，麟州从宋太祖建隆元年（960）至钦宗靖康二年（1127），列出24位、26任守臣姓名。府州自宋太祖建隆元年（960）至钦宗靖康二年（1127），列出13位守臣姓名。丰州自宋太祖开宝二年（969）始为宋所有，庆历元年（1041）为元昊攻破，仁宗嘉祐六年（1061）复入宋土，直至宋末（1127），共列出13位守臣姓名。①

张海君《中央与地方权力的博弈——以宋代府州为中心》一文认为，府州折氏的衰落乃是由于注重清除地方割据势力的北宋政府不断加强对府州控制的结果。②

赵海霞《鲜卑折掘氏与党项折氏》一文，以《刺史折嗣伦碑》《折继闵神道碑》《折克行神道碑》和《折可适墓志铭》为基础，结合史料分析，认为府州折氏本鲜卑折掘氏，西迁后又东迁，至唐末，融入党项部落，并且据有麟府之地，以折氏之名开始崛起。③ 该文试图弥合府州折氏源于鲜卑和党项的两种不同说法，这样的探讨本身具有积极意义。

李裕民《折太君考》一文，详细地检讨了折太君在文献中的记载情况，最后得出“目前所见资料，还不能断言杨业之妻就是折太君。戏曲、小说中的佘太君可能是由王承美之妻折太君的事迹演绎而来，清代地方志则是受戏曲、小说影响而记入。此说是否正确，尚待将来出土文字资料验证”④。相比之下，宁夏大学王天顺《府州折氏及其与杨家将的关系》一文，对清代以来地方志中出现的佘太君事迹没有进行文献上的检讨，并在史实论述中，有拉戏曲、小说之文作论据之嫌。⑤ 郝树侯《折太君—佘太

① 李子亮：《北宋麟府丰三州守臣索隐》，《延安大学学报》2001年第1期。

② 张海君：《中央与地方的权力博弈——以北宋府州为中心》，《合肥学院学报》2010年第6期。

③ 赵海霞：《鲜卑折掘氏与党项折氏》，《西北民族研究》2011年第2期。

④ 李裕民：《折太君考》，载蔡向升《杨家将研究》，人民出版社2007年版，第97页。

⑤ 王天顺：《府州折氏及其与杨家将的关系》，载李裕民《首届杨家将历史文化研讨会论文集》，科学出版社2009年版，第155—163页。

君及其家世》不仅全信佘太君之故事，还为折杨结婚时麟、府分属北汉和宋两朝的矛盾打圆场，殊难置信。

2013 年，中国人民大学白云以《党项府州折氏发展考述》为题，完成了硕士学位论文。该文分五章，分别对折氏的出身、五代折氏的发展、北宋时期折氏在府州权利的延续、折氏与边境行政、府州与麟州、丰州的关系进行了论述，题目鲜明地显示出作者对折氏族源等问题的倾向。该文运用了现在学界公开的 12 方折氏成员墓志，利用文献检索的办法对折氏历史发展中的几个问题进行了考述，个别问题颇有价值。如该文第五章“府州与麟州、丰州的关系”，这个着眼点本身就很好。但该文显而易见的不足在于没有弄清楚学界研究情况，运用传统史料时又遗漏了一些重要的著作，如在论述折氏族源时，作者只用了《新五代史》和《古今姓氏书辨证》，而漏掉了成书更早的宋本《广韵》和《姓解》。

另外，有关宋辽、宋夏、宋金关系的一些著作中，也不断出现府州折氏的论述。如李华瑞《宋夏关系史》、杨浣《辽夏关系史》、陶晋生《宋辽关系史研究》等。不过这些书籍，并非是专门研究府州折氏的，故存而不论。

府州折氏以地方土豪身份崛起于唐末的政治舞台，在团结党项各族、稳定中原西北边陲的斗争中起到了积极的历史作用；他以五代旧镇的身份臣服于新建的北宋王朝，并在此后的政治局面中与中央维持了良好的关系，从而免予罢黜节镇的历史命运，得以继续世袭府州，成为北宋王朝政治上的一大特殊案例。从北宋朝野的记载来看，中央对于折氏的忠诚度和战斗力，是极为满意的。但随着北宋的灭亡，折氏终不免国破家亡的悲剧，最终退出了历史舞台；而关于折氏的历史记载，也一并尘封于故纸堆中。

史学界间或也有关于府州折氏的论述，但随着近年来出土文献数量日益增多，有关府州折氏的研究有了进一步系统而深入探讨的余地。鉴于对此问题的熟悉，笔者草就此文，建议府谷县政府、折氏文化研究会应该就现存折氏墓志进行考古学的保护、制作拓片、录文、摄像、汇编成《折氏墓志》或《府谷金石录》，并进行文献学的考释和校订，以专著形式向世人展示折氏的历史真实以及府谷县文保事业的发展，同时推动相关学者运用墓志文献解读陕北历史文化等研究工作进一步发展。

北宋府州折氏与党项族的关系

——兼论唐末五代时期陕北地区的民族变迁

陕北地区在历史上是中原农耕民族和北方游牧民族激烈碰撞、水乳交融发展的“绳结区域”。据周伟洲先生《历史时期陕北地区的民族与民族融合》一文研究显示，历史上曾活动于陕北地区的少数民族即有鬼方、猃狁、白狄、义渠、匈奴、鲜卑、敕勒、丁零、高车、羌、西域胡（包括月氏胡、龟兹胡）、高丽胡、卢水胡、稽胡、突厥、铁勒、吐谷浑、党项、女真、蒙古、回等二十多个民族；[①] 根据近年出土墓志来看，其实还有部分吐火罗人、回纥人、契丹人在陕北也留下了生活的足迹。可以说，陕北就是中国民族熔炉的一个典型缩影区域。这种民族融合性至今的外在表现都很明显，比如陕北的呼延姓、拓姓、慕姓、折姓比比皆是。

在以上活动于陕北地区的历史民族中，党项族是以羌族为主体，融合了西北各地所居的其他民族而形成的，它在陕北留下了浓墨重彩的一页。这个在隋唐时期只被中原王朝称为“小蕃”的部族，在陕北黄土高原上繁衍发展，最终形成一个强大的新的民族，并且在唐末五代以及宋金时期独立于中原王朝的西北边疆。北宋时期，陕北因宋夏关系的曲折发展，战事频发，而党项族内部也分裂出附宋守边和抗宋自立的两种政治力量。前者的代表是立足麟府、前后传承达十代之久的折氏家族，后者的代表是立足朔方、最终自立的夏州李氏集团。

府州折氏与夏州李氏既为一族，俱列党项五大姓氏之属，但为什么在后来的发展上却选择了两条截然不同的发展道路呢？庆历元年（1040），

---

① 周伟洲：《历史时期陕北地区的民族与民族融合》，《西北民族论丛》第12辑，社会科学文献出版社2015年版，第14—52页。

建国不久的夏王元昊率军围攻府州，时任知州折继闵率军誓死抵抗，明言“吾州世与寇为仇”[①]。折继闵所谓的“世仇”，到底是什么仇恨？概言之，府州折氏与党项族到底是什么关系？这个问题看似一个小问题，其实有关唐末五代以来陕北地区民族变迁。为此，笔者拟对折氏与党项族特别是与夏州李氏的关系作一探究，同时对唐末五代时期的陕北民族面貌进行简单研究。

一　府州折氏的族源

府州折氏是唐末五代时期崛起的地方土豪家族，从五代至北宋时期，这个家族一直忠于中原，为国守边，从而取得了永安军节度使的藩镇地位。北宋建立后，因折氏领袖折德扆展现出的臣服姿态和较强的军事力量，宋太祖特许其子孙世袭“知府州事”，继续戍守中原王朝西北大门。府州折氏家族绵延近300年，是北宋时期独一无二的世袭知州家族。这样一支特殊的力量，却是少数民族——宋代士大夫认为折氏是党项族，在北宋流行的姓氏书和正史当中就有反映。但是近些年来的一些研究表明，折氏的民族成分比较复杂。目前来看，有关折姓族源的观点，至少有匈奴、鲜卑、党项及汉族四种说法。

第一，源自北方游牧民族匈奴族。据《史记》载，元狩二年（前121）霍去病出陇西，“转战六日，过焉支山千有余里，合短兵，杀折兰王，斩卢胡王，诛全甲，执浑邪王子及相国、都尉，首虏八千余级，收休屠祭天金人，益封去病二千户”[②]。《汉书》提到这次胜利时，再次确认了“杀折兰王”的战况。[③] 后代学者如曹魏时的张晏、南朝的裴骃认为折兰是匈奴国名，而唐代张守节、颜师古则以“折兰”为匈奴姓氏。颜师古特别提到：“折兰，匈奴中姓也。今鲜卑有是兰姓者，即其种也。折音上列反。”[④] 颜师古不仅指出匈奴折兰姓后来演化为鲜卑是兰姓，还指出折姓的

---

① 戴应新：《折氏家族史略》，三秦出版社1989年版，第68—69页。

② 《史记》卷111《卫将军骠骑列传》，中华书局1959年标点本，第2929—2930页。

③ 《汉书》卷55《霍去病传》，中华书局1962年标点本，第2479页。

④ 《汉书》卷55《霍去病传》，中华书局1962年标点本，第2479页。

读音为“蛇”。如今的折氏后人多有相信其族源来源于此的，但有关匈奴折兰姓的记载，史书中只此两处，难以辨清折兰一姓与后世折姓的源流关系。

第二，源自汉族张姓。《后汉书》载有广汉洛人折象，称其先“张江者，封折侯，曾孙国为郁林太守，徙广汉，因封氏焉。国生像”[①]。古人姓氏得名不一，既有因官而姓，也有因封改姓。如据《后汉书》记载，则折姓来源于汉姓张氏因封而改姓；并且由郁林（今广西桂平）迁居广汉（今四川广汉），这就把迁徙路线也说清楚了。但有关汉姓折氏后裔情况不明，惟《晋书》有名“折裴”者，不知其为汉人抑或是匈奴人。[②] 有日本学者就相信府州折氏是汉族，不过不知他指的是五代汉化还是很早前就来源于汉族。[③]

第三，源自党项族，并为党项五大姓氏之一。这个说法来自《新五代史》：“其大姓有细封氏、费听氏、折氏、野利氏，拓拔氏为最强。”唐末党项族崛起陕甘一带时，“散处邠宁、鄜延、灵武、河西，东至麟府之间”[④]。两宋之际的邓名世撰有《古今姓氏书辨证》一书，其指“羌族有河西折氏，世居云中，为北蕃大族”[⑤]。后世学者多据此二书认为府州折氏出自党项族，但实际上比《新五代史》更早的《隋书》《旧唐书》《新唐书》等史籍的党项传记部分，只有党项八大姓氏，且无折氏的记载。研究西夏史的一些学者，多认可折氏族源党项的说法。

第四，源自北方游牧民族鲜卑。相较前述三种说法，这种看法不仅文献记载多，出土墓志记载也较多。最先记述折氏源出鲜卑的是《晋书》：“鲜卑折掘送马于（赵）凝（前凉西平太守）……”[⑥] 该书明确提到的折氏人物有南凉王后折屈氏、右卫将军折掘奇镇；还有一位鲜卑部落首领叠掘河内，周伟洲先生认为叠掘与折屈、折掘为一音之转，是同一姓氏。[⑦]

---

① 《后汉书》卷82上《折像传》，中华书局1965年标点本，第2720页。

② 《晋书》卷129《沮渠蒙逊载记》，中华书局1974年标点本，第3196页。

③ ［日］冈崎精郎：《唐代党项的发展》，引自［日］畑地正宪《五代、北宋的府州折氏》，《食货月刊》复刊第5卷第5期，（台北）食货月刊社1975年版，第247页。

④ 《新五代史》卷74《党项传》，中华书局1974年标点本，第912页。

⑤ （宋）邓名世：《古今姓氏书辨证》，江西人民出版社2006年版，第593页。

⑥ 《晋书》卷95《郭麘传》，中华书局1974年标点本，第2497页。

⑦ 周伟洲：《唐代党项》，广西师范大学出版社2006年版，第134页。

北宋人邵思满编撰的《姓解》也指出，府州折氏族源是鲜卑折倔氏："折屈，虏复姓也。南凉秃发傉檀立其妻折屈氏为后。今府州折氏，盖折屈氏之后也。"① 其实比《姓解》更早成书的宋本《广韵》已经注意到府州折氏与折屈氏的姓氏渊源关系了。而明确说明折氏源出鲜卑族的墓志资料，多来源于陆续出土的府州折氏家族成员墓志。清朝乾隆时，府谷县曾发现《折嗣伦碑》，志文称其为"魏孝文皇帝廿七代之孙也"。检之以北宋岢岚折氏折可适的墓志铭，即称"其先与后魏道武俱起云中，世以材武长雄一方，遂为代北著姓"，两方墓志镌刻时间相差两百多年，而在族源方面，均将折姓来源指向古老的鲜卑族。府谷县新近出土的《折克臣墓志》又称："维折屈氏，世奠西土"，则又指出折姓原本为复姓折屈氏。佐之以史，府州折氏的族源应该为鲜卑族。所憾者，全面记录鲜卑族姓氏的《魏书·官氏志》却并没有记载任何有关折姓的单姓、复姓。

从后世文献记载和出土资料来看，折姓在历史上不单单有府州折氏一支，在唐末五代至北宋时期出现的折姓部落首领即有多人。如唐代时期的宜定州刺史折磨布落，党项族首领折遇明、折七移、折之正及以"折思"为族名的部落；北宋时期出现的折姓人物除府州折氏外，还有代州刺史折仁理、尚食使折彦赟、岢岚军使折令图、麟州三族砦首领折御乜、折八军及折罗遇、折埋乞，府州管界大首领折文御、折突厥移，麟州浊轮寨折勒厥麻等族、府州属官折谏、军贼折高留、延州折马山及其族属、泾原路熟户折密桑及不知名的折固、折仲强等多人；而且其来源可能并非仅仅由折倔氏简化而来，如 2002 年陕西省耀县新区出土了一方唐代永隆元年（680）刊刻的《折娄惠墓志》，志文载志主"公讳惠，字文，北海阴山人也"②。志文明确说明，志主复姓折娄，郑樵《通志》"代北复姓"下就记有"折娄氏"，并自注曰："本鲜卑，随魏南徙"③。除此折娄氏外，《通志》还记载了一个莫折氏，郑樵注曰"本西羌，世居渭州襄武县"，这个莫折氏也可能是折氏的一个来源，历史上北魏时期曾有羌人莫折念生、莫

① （宋）邵思满：《姓解》卷 1 "手六"，载《古逸丛书》，光绪十年黎氏影印本。

② 潘萍、王菁：《耀县出土唐永隆元年〈折娄惠墓志〉小考——兼论北朝胡姓"折娄"氏的族源递嬗》，《文博》2013 年第 6 期。

③ （宋）郑樵：《通志·二十略》卷 5《氏族略》，中华书局 1995 年标点本，第 177 页。

折大提等历史人物。[1]《北史》还记载了一个鲜卑姓氏"折豆浑氏"。[2] 而五代至宋时期，凉州一带还有一支土豪折逋氏，有学者说是源自吐蕃。

从以上分析来看，我们得到以下几个认识：第一，虽然《魏书》没有记带折字的姓氏，但从传世文献和出土墓志来看，鲜卑族中确实存在诸如折倔氏、折娄氏、折豆浑氏等部落。第二，源自羌族的吐蕃、党项等族中，也存在着诸如北魏时期的莫折氏、唐代以来的凉州折逋氏、宜定州刺史折磨布落、首领折遇明、折七移、折之正、代州刺史折仁理、岢岚军使折令图、麟州三族砦首领折御乜、折八军及折罗遇、折埋乞及麟州浊轮寨折勒厥麻等族。而如《杂字》《文海》《文海杂类》等西夏文书籍中，也保留了多个带折的党项姓氏。第三，折突厥移这一支，从名字上分析，可能来自于突厥。当然，突厥在北宋时期早已消亡，而突厥成分也相当复杂，不排除这一支折氏也来自鲜卑。第四，唐末五代至北宋时期，不仅存在府州一支折氏，在代州、岢岚军、麟州、延州、庆州、泾原路甚至西夏境内也存在着多支折氏，只是相较于府州折氏的世袭知州特权看，其他折氏既无显宦名世，又无家族延续传承，故而姓氏族望不显。

基于以上认识，结合党项族的民族成分、府州折氏的崛起时间等情况来看，笔者认为：折氏的族源，应该是古老的鲜卑族。折姓在《魏书》中没有记载的原因，当是在其成书时代，折姓还没有成为一个大姓或还没有形成。

二　府州折氏与党项族的关系

隋唐以来，陕北地区民族成分复杂，既有历史上遗留下来的北方草原民族如稽胡、鲜卑、突厥等族，又有东迁而来的羌族分支党项族、鲜卑分支吐谷浑族等；另外还有一些来自北方草原的铁勒、回纥人、西域来的胡人如吐火罗人等。当然，还有一定数量的汉族人口。

稽胡是北朝以来以匈奴屠各部为主形成的一种杂胡。匈奴族是一支古

---

① （宋）郑樵：《通志·二十略》卷5《氏族略》，中华书局1995年标点本，第182页。

② 《北史》卷98《蠕蠕传》，中华书局1974年标点本，第3265页。

老的游牧民族，活跃于秦汉之际的北方草原地区，包括今天陕北北部在内的“河南地”，不仅在很长时间内是匈奴人的牧场，很有可能这里就是匈奴人兴起的地方。自公元91年以来，匈奴人势力衰弱，部分西迁，部分内迁。自西晋以来，内迁匈奴不断分化，并且形成多个分支，如屠各胡、贺赖胡、赤沙胡等等；在屠各胡基础上，北朝时又形成了一种融合了西域胡和山居土著的胡人即稽胡。稽胡在北朝时期的聚居地，“自离石以西，安定以东，方七八百里，居山谷间，种落繁炽”①。从历史文献记载看，唐代时期，陕北地区是稽胡聚居的重要地区之一，从富平、宜君往北到鄜州、延州、丹州、绥州、银州，一直存在稽胡的踪迹。宋人引《隋图经杂记》谓：“丹州（今陕西宜川）白窒，胡头汉舌，即言其状似胡而语习中夏。白窒即白翟（狄），语伪耳，近代谓之部落稽胡，自言白翟后也。”②可见，“胡头汉舌”的稽胡，在宋代时期已经融合到当地汉人中间了，只在体貌上仍然留有胡人踪迹。

鲜卑也是一支古老的游牧民族，其起源地在东北大兴安岭深处，前身是与匈奴同时的东胡族。自北匈奴西迁后，鲜卑人逐渐西迁并占据了蒙古高原。鲜卑人在发展过程中，融合了许多匈奴族，形成了一些杂胡，如宇文鲜卑、拓跋鲜卑以及铁弗匈奴等。其中，拓跋鲜卑西迁后居住于代北、云中一带，其势力范围可能初入陕北北部，就如府州折氏的前身代北折偪部以及折娄部等，折偪部号称“世居云中”，折娄氏称祖居“北海阴山”。鲜卑的另一分支铁弗匈奴与陕北的关系非常紧密，十六国时期建立大夏国的赫连勃勃，就是铁弗匈奴。至今在陕北的靖边县还有赫连勃勃修筑的统万城，而在延川县、延长县，还有赫连勃勃的衣冠冢等遗迹。陕北的鲜卑人在隋唐时期融合到党项族中，在宋夏关系紧张对峙时期，就有部分拓跋姓“蕃部”，一直亲附北宋而与西夏对抗。至今，陕北人姓氏中拓跋、拓、元这些姓氏还很常见，延川县还有拓家塬等地名。

突厥人是继匈奴和鲜卑之后蒙古高原上的又一强大游牧民族。突厥源于阿尔泰山，原为柔然役属，在公元6世纪中期，突厥迅速强大起来并一举灭掉了柔然，从而建立政权，并活动于隋唐王朝的北部边疆，其中就包

① 《周书》卷49《稽胡传》，中华书局1971年标点本，第896页。

② （宋）乐史：《太平寰宇记》卷35《丹州》，中华书局2007年标点本，第744页。

括陕北的一些地方。为了有效防御和分化突厥人，隋文帝采用了“远交近攻、离强合弱”的策略，并于开皇十九年（599）册封启民可汗，许其进入河南夏、胜二州之地游牧。夏是夏州，治今陕西靖边白城子；胜州治所虽然在内蒙古准格尔旗，但属于其所辖的银城、连谷二县，均在今陕西神木窟野河上下。这当是突厥人进入陕北之始。突厥人大批进入陕北，是在唐代贞观四年（630）灭亡东突厥以后。其时，唐太宗派大将李靖出定襄、白登道，大破东突厥，并俘获其颉利可汗，另有十余万众突厥归附唐朝。李世民最终将突厥降户安置在河南之地，并设羁縻府州管理。其中，在今陕北境内的有定襄——高宗时又分置桑乾、云州三个都督府，下设十三个羁縻州。“羁縻府州”是唐代的一项民族政策，设置的府州虽多，但其领地有极大差异，大者几百里，小者仅领几十户，官职大小也依实力大小而定，“其大者为都督府，以其首领为都督、刺史，皆得世袭。虽贡赋版籍，多不上户部”①。这个政策在五代至北宋时期也得到传承。在宋夏沿边地区，存在大量诸如府州折氏的世袭蕃官家族。突厥人在开元九年（721）还曾在陕北发动暴动，“攻银城、连谷，以据仓粮”②。北宋时期，麟州、府州境内的蕃族中有名“突厥罗”“折突厥移”的首领名称，周伟洲先生认为这些名字“透露出突厥融入党项蕃部的信息”③。

突厥人与西域各族关系密切，其属部中就有来自西域的、包括粟特人等在内的昭武九姓胡人。唐朝在安置突厥部族时，一部分西域胡人也一起迁徙到了陕北各地，其中就有后来的康待宾等部。④

在突厥人时代，草原上先后出现的政权还有铁勒、回纥等汗国。铁勒，是南北朝时期敕勒或高车的讹称，东突厥衰亡后，铁勒分支薛延陀强大起来，最后与唐朝矛盾加深，终为唐太宗所灭，铁勒所部纷纷降唐；而在之后的发展中，铁勒诸部也不断南迁，唐朝将他们安置在凉州、灵州、夏州、丰州、并州等地。而在永隆二年（681）以来，唐朝又在夏州都督府下设立了达浑、安化州、宁朔州、仆固州四个羁縻都督府专门安置铁勒

---

① 《新唐书》卷43下《地理志七下》，中华书局1975年标点本，第1119页。

② 《旧新唐书》卷97《张说传》，中华书局1975年标点本，第3052页。

③ 周伟洲：《历史时期陕北地区的民族与民族融合》，《西北民族论丛》第12辑，社会科学文献出版社2015年版，第32页。

④ 陈玮：《中古时期的粟特与党项关系》，《中国史研究》2015年第4期。

部众。如唐代镇压安史之乱的名将浑瑊，“本铁勒九姓之浑部也，世为皋兰都督”，浑瑊后来因功受封咸宁郡王，封地就在今延安宜川县东南部——时称咸宁县，死后也葬在该地。作为铁勒人，浑瑊在大历十四年（779）曾任单于大都护、充振武军、东受降城、镇北大都护府、绥、银、麟、胜等州节度使，管内营田度支等使；而他的次子浑镐，在元和四年至六年（809—811）间，曾任延州刺史，主管延州境内的蕃汉各族事务。至于回纥汗国，原本与唐朝关系密切，但是在会昌时期，回纥汗国突然崩溃，其部众四散，有西迁者，有南下者，其中就有迁往陕北等地者。如唐末时期府谷镇的设置，就是为了防御回纥部众犯边而增设的，而直到五代时期府州折氏崛起后，折氏与回纥的关系还是较好的，折从阮曾经招回纥归国，因而受封府州副使。

根据文献记载和近些年出土的考古资料可知，就在铁勒人浑瑊、浑镐父子主政陕北前后，还有部分西域人迁居陕北，诸如吐谷浑人、吐火罗人等。1993 年，延安南郊虎头峁曾出土唐代《李良僅墓志》一方。[①] 根据墓志可知，李良僅家族本为青海一带的吐谷浑人，其祖李义，因军功为玄宗赐姓为李。安史之乱后，吐蕃势力逐渐强大，并蚕食河西、陇右的吐谷浑和党项诸部。吐蕃的逼迫，使得部分吐谷浑和党项部落率部内迁。李良僅的父亲李如暹当时是吐谷浑一部落首领，他振臂一呼“而同归我朝者万余蹄，屈膝请事者千余帐”。唐代宗将李如暹所部吐谷浑安置在延州的浑州川，并授其延州刺史的官职；而在德宗贞元十年（794）又以其“所部蕃落赐名曰安塞军，以如暹为军使”。李如暹之后，其子李良僅在守孝期满后的元和六年（811）袭职为延州刺史，兼领所部，直到大和元年（828）。其后裔就是北宋时期延州有名的金明李氏，仍有十几万人马的力量。

就在吐谷浑人李氏家族迁居延州时期，也有部分吐火罗人迁居到了陕北。2010 年，延安南郊虎头峁出土一方《罗何含墓志》。[②] 根据墓志，罗何含先祖是西域古国吐火罗的王族，其祖祁斯约在乾元元年（758）入唐。罗何含有可能曾作为浑瑊部属而随其征战，从贞元十五年（799）到会昌

① 姬乃军、范建国：《唐李良墓志铭考释》，《考古与文物》1996 年第 1 期；陈根远：《李良僅墓志考释质疑》，《文物》1999 年第 3 期；韩香：《唐代吐谷浑的迁徙及其在陕北地区的活动——延安市出土〈李良僅墓志〉研究》，《中国边疆史地研究》2011 年第 1 期。

② 段志凌：《陕西延安新出土唐吐火罗人罗何含墓志》，《文物》2014 年第 8 期。

元年（840），罗何含一直在延州生活，曾短暂任延州刺史兼安塞军使，官至延州防御安塞军都虞候兼教练使。

另外，史载，就在吐谷浑人李氏、吐火罗人罗氏主政延安时期，延安蕃部中还有沙陀族的成分在内。《新唐书》载："元和中，延州沙陀部苦边吏贪，震扰不安。李绛建言，宜选才职相称者为刺史。乃任镐延州。"①

唐末以来，陕北最负盛名的当属党项人。党项人初迁时期，还只是一支"小蕃"势力；但随着党项民族逐渐发展和形成，陕北地区历史上其他民族如稽胡、鲜卑、突厥、铁勒、回纥、粟特、吐谷浑、吐火罗、羌族等族或者汉化、与当地汉人融为一体；或者党项化，成为党项人的重要组成力量。这就是我们为什么在《新唐书》《旧唐书》中看到党项族有八大姓、而到《新五代史》中只留下五大姓并且有了折氏一姓——这个变化，充分反映了党项族在发展和形成中，不同民族成分、新旧部落、姓氏力量此消彼长的历史过程。而五代以来的汉文文献，又将西北各族笼统称为蕃族，称多数党项姓氏为"河西大姓"——宋代的河西，不仅仅指历史上和今天我们认为的祁连山下河西地区，也泛指整个河东路以西地区，如府州、麟州、绥州、延州，在宋代也属于河西地区，府州知州折御卿被冠以"河西折御卿"的称呼，绥州大姓高氏，被冠以"河西大姓"的定位。

当然，在延安南部靠近关中一带地区，还分布着大量羌族人群。

综上，隋唐时期，陕北地区分布着大量少数民族，诸如稽胡、鲜卑、突厥、铁勒、回纥、粟特、吐谷浑、吐火罗、党项、羌等等。当时的陕北，是汉族与北方民族杂居的区域，唐代在陕北地区既设正府州县管辖，又设立了大量的羁縻府州笼络各族。在唐末五代以来，随着党项族势力的崛起，历史上陕北地区的其他民族或者早已融合汉民族中，或者被纳入党项族内，成为党项族的重要组成力量；而中原王朝的史书记载，又加强了人们对河西党项族铁板一块的简单印象。因此，族源不一的各支折氏力量诸如折兰氏、折倔氏、折娄氏、折豆浑氏、莫折氏，也就成为党项族，成为该族五大姓氏之一了。

① 《新唐书》卷155《浑镐传》，中华书局1975年标点本，第4895页。

三　府州折氏与夏州李氏暨西夏的关系

据《新五代史》称，党项族“大姓有细封氏、费听氏、折氏、野利氏，拓拔氏为最强”①。拓拔氏就是后来的夏州李氏，是党项族中的主要力量，其在东迁后依托夏州地利迅速发展起来，并在安史之乱中参加唐朝平叛的军事行动，从而获得合法政治地位，迅速取得定难军节度使的头衔，成为据有夏绥银宥静五州之地的一方强藩。而党项族中的其他三姓——细封氏、费听氏、野利氏后来在夏州暨西夏王朝内都有分布，成为党项族中的重要力量；而折氏，虽然在夏州暨西夏王朝内也有分布，但最为显赫的一支即府州折氏，虽然掌管麟府丰地区的党项、藏才各族，但却在逐渐汉化中。不同的发展趋势，让这两支同为党项族的军政力量，走上了截然相反的政治道路。

根据第一节叙述，我们已经弄清楚了折氏的族源是鲜卑族；在党项族发展、崛起的过程中，折氏逐渐党项化，出现了不同支派的党项族折氏力量，在府州、麟州、绥州、延州以及更西的地方，都有分布。其中最显赫者，就是府州折氏。府州折氏自唐末时期折宗本取得振武军缘河五镇都知兵马使一职以来，迅速发展，其子折嗣就获得了麟州刺史，孙折从阮在后汉时期获得永安军节度使，成为与夏州李氏一样的藩镇力量。

府州折氏自崛起之初就与夏州李氏发生了利益冲突。折氏刚获节镇，夏州李氏就出兵阻隔了永安军与后周使臣往来的道路。显德二年（955），夏州李彝兴以土壤相接府州，恶其与己并为藩镇，乃扼塞道路，阻绝使臣。② 李氏自唐僖宗中和二年（882）就获得了定难军节度使一职，而折氏在显德元年（954）重获永安军节度使时，比李氏晚了七十余年。唐末五代时期，藩镇割据，相互兼并的战争屡见不鲜。唐代在陕北地区设置的节镇，先后有定难军夏州节度使、保大军鄜坊节度使，而李氏在发展过程中，一度掌握了定难军、保大军两个藩镇，也就是说夏州李氏自唐末以来

① 《新五代史》卷74《党项传》，中华书局1974年标点本，第912页。

② 《资治通鉴》卷292，显德二年正月庚辰，中华书局1956年标点本，第9522—9523页。

一直是名副其实的“陕北王”。所以在面对新兴的府州折氏这个“小兄弟”时，夏州李氏的态度很傲慢，直接出兵阻绝道路。

李氏阻绝折氏朝见道路，相关论著都有涉及，但并未深入展开；笔者以为此事事关唐末时期陕北交通问题，值得深入分析。

唐代以来，从陕北进入中原的道路，最重要的两条：第一，从夏州经延州通往关中；第二，从夏州顺无定河而下，经绥州过黄河至太原，然后通往洛阳等地。除此而外，黄河两岸还有很多渡口，如延州乌仁关、延水关，绥州定胡寨、麟州合河关等处。而府州地处黄河西岸，河东即为北汉所属的定羌军（治今山西保德），东西往来也有渡口。府州折氏如果要进入中原，最便捷的路线，当是直接渡河，取道定羌、岢岚直达太原，或者沿河而下至麟州合河关，渡河后经岢岚直达太原。再其次，经麟州抵绥州，既可从定胡寨渡河抵达河东石州，也可取道延州抵达关中或从延州各沿河渡口渡河经河中府进入中原。后周时期，刘崇占太原等地，是为北汉。与府州、绥州沿河而阵的定羌军、石州等地，均为北汉控制，而河西麟州一度也为北汉所有。府州折氏要想抵达中原，河东的路是走不通了，只能是取道麟州、银州、绥州、延州，然后经延州各路交通中原。而银州、绥州又是夏州李氏的控制区，因此笔者推测，定难军节度使李彝兴阻绝折氏与后周的交通，应该就是阻绝了绥银与麟州之间的通道。

面对夏州李彝兴的傲慢与无礼，后周意见不一，朝臣们以为没有必要为区区一府州而得罪势力庞大的夏州李氏；而周世宗柴荣则坚持回击夏州，保护一直勤劳王事的府州折氏。最终，府州折氏与夏州李氏的初次对抗，因后周政权的介入而得到解决：新兴的府州折氏得以巩固其势力，而夏州李氏不得不认可了折氏这个小兄弟的存在。

从折从阮开始，到折德扆、折御勋期间，折氏不断入朝中原，有时甚至举族入觐。折氏的这种姿态，既可以认为是为了生存向中原王朝俯首的政治态度，也可以说是面对夏州李氏的逼迫而选择的自保之计。无论如何，折氏在五代至宋初，还是有着较强的战斗力，是有能力保护自己的。因此，经历过首次不愉快之后，夏州李氏与府州折氏之间倒也相安无事；而随着麟州归降后周和北宋建立后向麟州直接派任知州，府州折氏与夏州李氏之间也有了缓冲地带，此后的历史发展也证明了双方之间不会直接兵戎相见。

入宋以后，折氏与李氏的关系基本上可以以西夏建国而分为两个阶段：折氏随宋军征讨李氏和西夏王朝侵略府州。

第一个阶段，西夏建国前，府州折氏紧随北宋步伐、随军征讨夏州李继迁。宋太祖时期，与夏州李彝兴关系尚好，折氏与李氏同朝称臣，并没有发生冲突。宋太宗在消灭北汉之后，开始将目光转向夏州，引发夏州李继迁的强烈反抗，宋朝准备以武力解决问题。淳化五年（994），宋军大举伐夏，府州观察使折御卿率军助战，收银夏等州蕃汉户八千帐族内附，马牛羊以万计。[①] 此役宋军暂时获胜，并毁弃了夏州城，朝廷升折御卿为正任节度使以示褒奖。府州折氏以随军打击李氏获得嘉奖，必然引发李氏的强烈怨恨。党项族“部无君长，不相统一”，虽然同为一族，但有仇必报。就在次年，夏州李继迁就两次伙同契丹西南面招讨使韩德威入寇府州，结果为折御卿打败于子河汊。

从至道元年（995）至宝元元年（1038）李氏正式抗宋建国这段时期，夏州李氏经略重点在灵州等方向，对于宋朝沿边仅是不断袭扰，包括麟州、府州也多次遭到李氏侵犯。如咸平二年（999）八月李继迁围攻麟州，府州知州折惟昌率众赴援，结果惟昌从叔折海超、弟折惟信战殁。九月，李继迁再犯府州，折惟昌与宋军将领宋思恭、刘文质于横阳川击败之。[②] 双方之间的这种拉锯战及人员伤亡，会强化彼此政治敌对的立场。

从宝元元年（1038）西夏建国至北宋灭亡的靖康二年（1127），这是宋夏双方激烈对抗的时期。府州折氏作为宋朝的属民，虽然世袭了知州一职，但随着朝廷控制力的加强，折氏的实力也在不断削弱。这一阶段，府州折氏是依托于宋朝的力量，不断反击李氏的侵略和随军主动出击西夏。

明道元年（1032），元昊嗣位后开始积极活动，准备建国。从明道三年（1034）起，元昊不断派兵袭扰宋朝边界。该年六月，府州上报，“元昊自正月后数入寇”[③]。而折氏与西夏最大的一次冲突是庆历元年（1041）

---

① （宋）李焘：《续资治通鉴长编》卷 36，淳化五年五月丁巳，中华书局 2004 年标点本，第785 页。

② （宋）李焘：《续资治通鉴长编》卷 45，咸平二年九月乙巳，中华书局 2004 年标点本，第 964—965 页。

③ （宋）李焘：《续资治通鉴长编》卷 114，景祐元年闰六月乙丑，中华书局 2004 年标点本，第 2662 页。

的府州城保卫战。该年七月，元昊乘好水川之战的胜利，在当地蕃部作为向导之下，率军数万包围了府州城。对于其时的军情，府州知州折继闵虽然年轻，但有着极高的警觉性。他在元昊到来之前，就警告管勾将领康德舆，结果对方反诬称折继闵通敌。无奈之下，折继闵只好训练军队，与通判张旨加强州城戒备，抢在元昊大军到来之前构筑了防御工事。府州城依山而建，又有水门直通黄河，折继闵早就做好坚壁清野之计，元昊围城数重，自度攻城无方只好撤退。① 据《折继闵神道碑》，为了稳定人心，折继闵对城内军民动员讲话："吾州世与寇为仇，城破，当甘心焉？唯以死守耳！尔曹世受国恩，宜思所以报者。"② 元昊亲率军督战西门，危急之际，折继闵一箭射杀夏军阵前指挥，此举令夏人闻风丧胆。

折氏府州城保卫战取得最终胜利，这个结局与折继闵的坚定、果敢和指挥有方是分不开的。就在这场战役中，折继闵明确说出了"世与寇为仇"的历史，而从这一战的失败中，夏州李氏的后裔即西夏王元昊也明白了与折氏的裂隙是不可弥补的：双方已经走在了两个完全相反的政治道路上，元昊已经独立建国，而折氏誓死报国。而在此后的北宋中晚期，随着宋夏关系的复杂发展，双方之间战争频发，争斗不断。但府州折氏与西夏的关系就定格在庆历元年（1041）府州城保卫战所形成的格局基础之上，作为宋朝唯一的世袭知州、边将世家，折氏始终与北宋王朝保持一致，并听命于朝廷调遣，坚决、坚持反对西夏王朝的独立和侵略。而在宋夏多次战役中，府州折氏率领的部落子弟兵作为先锋部队率先奔赴战场。

折氏这种坚决反对的态度，终使西夏一直忌恨于心。西夏在宥州设立左厢军监军司，专门抵挡来自麟府路折家将的冲击。当北宋灭亡、折氏失去庇护、最终降金之后，西夏军不顾"礼不伐丧"的儒家信条和不惜开罪于金国的危险，率军攻破了府州城。府州折氏与夏州李氏之间近二百年的世仇暂告一段落，恨之入骨的西夏军，甚至"夷折氏坟垄而戮其尸"，完全不顾同为党项族的事实和他们所信奉的儒家礼仪，可见双方这种结怨仇恨之深。③

---

① （宋）李焘：《续资治通鉴长编》卷 133，庆历元年九月壬申，中华书局 2004 年标点本，第3179 页。

② 戴应新：《折氏家族史略》，三秦出版社 1989 年版，第 68—69 页。

③ 《金史》卷 128《张奕传》，中华书局 1975 年标点本，第 2761 页。

四 结语

隋唐时期，陕北地区民族成分复杂，胡汉杂居，历史上北方民族的支裔如稽胡、鲜卑、突厥、铁勒、回纥，来自西域的昭武九姓、吐火罗和来自青甘一带的吐谷浑、党项、羌等民族，都在陕北黄土高原上留下活动的足迹。这些来自异域的少数民族与从中原迁来的汉族相互学习，融合发展，出现了所谓的"胡头汉舌"的文化现象，这是少数民族与汉族融合发展的一种趋势。当然，民族融合发展还有其他趋势，如汉族融合在少数民族中，少数民族之间相互融合。这两种趋势在唐代中晚期党项人迁居陕北后形成了势力，遗留在陕北的各少数民族及部分汉族，最终融合于党项民族，在陕北黄土高原地区形成了一支极具影响力的新的民族。

府州折氏与夏州李氏的关系，真实地反映了隋唐至五代北宋陕北民族变迁。府州折氏与夏州李氏并不同源，前者的族源是古老的鲜卑族，从大兴安岭地区西迁而来；后者虽然标榜族源也是鲜卑，但他的族源应该是古老的羌族，从青甘一带东迁而来。在党项人聚居陕北并形成一定气候以后，它融合了陕北各地的其他少数民族，包括正在汉化中的府州折氏，使得折氏与拓拔氏（李氏）一样，成为党项族中的大姓之一。但正是这种同族不同源的历史，造成了折氏与李氏在认同和发展上的差异。李氏建节时间较早，当折氏建节之始，李氏态度傲慢、无礼；而中原王朝的强力支持和保护，更坚定了折氏依靠中原、反对李氏的决心。在这种历史基础之上，折氏与李氏暨西夏王朝的关系，自然演变为中原王朝与夏州李氏暨西夏王朝的斗争与冲突。而在宋金战上，府州折氏实力消耗殆尽，失去中原王朝的保护并且自身难保；西夏抓住机会，不惜开罪金人，攻陷了府州城。折氏后人一直在积极谋求恢复祖业和报复西夏，但在新的政治格局之下，折氏失去了新兴的金朝的支持，最终家族四散、融合于汉族当中。府州折氏与夏州李氏同为党项族却成为世仇关系，并走上了截然相反的政治发展道路，究其原因，还在于族源不一的历史差异。

府州折氏族源、改姓的新证据

——介绍两方新墓志

引　　文

党项族是我国历史上一个古老的种族，根据史料记载，其先居于我国现在的青海、甘肃一带。隋唐以来，经过多次内迁，逐渐分布在陕甘、代北以及云中一带地区。唐末时期，居于夏州的拓跋部迅速强大起来，参与到中原王朝的政治事务中，最终获得了定难军节度使的官职，为以后西夏王朝的建立奠定了基础。

无独有偶，就在定难军强大之后，中原王朝又在其东北方向，扶植起另外一个藩镇，即府州永安军。据有节度使之职的，乃是府谷镇土豪折氏。折氏初升节度使之际，定难军节度使李彝兴不愿卧榻之侧再生强藩，对府州折氏极为不满，曾出兵阻隔永安军与中原王朝的来往。后经过后周世宗的强力施压，夏州李氏才不得不承认了折氏的地位。① 北宋一代，夏州李氏及后来的西夏王朝，多次进攻折氏所在的麟府丰地区，双方发生激烈军事冲突。因为折氏的坚守，西夏的军事行动始终不能如愿。直到北宋灭亡后，西夏才乘府州折氏国破家亡之际，攻克府州，并对折氏祖坟进行了毁坏性报复。② 汤开建先生在讲到党项人的血亲复仇时，这样评价说："更有甚者，府州折氏本与夏主同为党项一族，然双方结隙极深，东西相

① （宋）乐史：《太平寰宇记》卷38，中华书局2007年标点本，第813页。

② 《金史》卷128《张奕传》，中华书局1975年标点本，第2761页。

抗二三百年，夏攻破府州后，‘夷折氏坟垄而戮其尸’，竟连鬼神也不顾了。”①

汤先生的评价本身是没有问题的，只是特意强调了“府州折氏本与夏主同为党项一族”的看法。唐末五代、北宋以来，折氏以蕃官的身份主政府州，掌管着境内的蕃族事务。麟府丰之地的蕃族，概而言之，当指党项部族。但是党项部族的构成成分，本身就非常复杂。传统史料说党项是“西羌之别种”，② 后来又有一些学者将党项族源指向鲜卑。③ 从西夏史学家对党项族源的讨论可看出，党项是一个融合了诸多历史民族的共同体。其中既有来自西北的羌族成分，也有来自北方的鲜卑成分。况麟府丰之地的蕃族，成分更为复杂，混合了历史上渐渐消失的突厥、回鹘等很多部族，故此一地区的蕃族，既勇于与西夏相抗，又敢于与契丹为敌，有些部族对于宋朝，也是叛服不常。

折氏崛起后，主政府州二三百年。折氏在史料中留下的记载，尽管很少，但相比党项族内其他部族，已经很有分量了。近年来，随着府谷县文保事业的发展，府谷县文物管理委员会陆续收藏了一批北宋府州折氏成员墓志碑铭。其中，部分折氏成员墓志的内容，足以进一步推进府州折氏族源和改姓问题的研究。

一　折氏与折偪氏

关于府州折氏族源的问题，学界主要有党项和鲜卑两种提法。根据传统史料的记载，老一辈西夏史学者多数认定府州折氏族源党项。④ 只有少数学者，认可了1976年出土的《折克行神道碑》中的记载，认定府州折

---

① 汤开建：《党项风俗述略》，《党项西夏史探微》，台北允晨文化实业股份有限公司2005年版，第228页。

② 《旧五代史》《新五代史》《旧唐书》《新唐书》《五代史会要》和《宋史》中的党项传部分，都有这样的记载。

③ 持有这种论点的学者有唐嘉弘、汤开建等先生。

④ 持有这种观点的学者有畑地正宪、韩荫晟、陈炳应、李范文、戴应新、李裕民、陈君恺等先生。

氏的族属，当为鲜卑。[①] 据日本学者畑地正宪《五代、北宋的府州折氏》一文的注释显示，日本学者冈崎精郎在《唐代党项的发展》一书中，认为府州折氏是汉族。[②] 府州折氏后来演化为汉族，但它的族源当为历史上的某个少数民族。2007 年，折氏后人曾于西安召开“府州折氏族源学术研讨会”，据折旺礼《关于府州折氏族源及其迁徙考略》一文，与会学者多数认可了府州折氏源出鲜卑的观点，唯有李范文、任崇岳两位先生，坚持折氏为党项羌的观点。[③] 而西夏学家李范文先生在《再论西夏党项族的来源与变迁》一文中，一度曾指出“其实折氏并非党项羌”，“从词义上分析，折氏乃云中鲜卑姓氏……”[④] 折氏后人建立的“折氏族谱研究会”后来又发现了清代乾隆二十八年（1763）纂修的《折氏宗谱》，折旺礼据此记述，力证府州折氏族源鲜卑。后来，赵海霞撰《鲜卑折偘氏与党项折氏》一文，试图综合党项和鲜卑这两种说法。[⑤]

关于府州折氏族源的讨论，要从折氏和折偘（掘）氏这两个姓氏说起。

折氏一姓，在《后汉书》中就已经出现；而折偘为鲜卑族一个古老的姓氏，《晋书》中曾三次记载到这个姓氏，分别有叠偘河内、折偘王后和折偘奇镇三人。对此问题，周伟洲先生在《唐代党项》一文中已经有全面论述。[⑥] 成书于北宋景祐二年（1035）的《姓解》一书，最早指出：“折屈，虏复姓也。南凉秃发傉檀立其妻折屈氏为后。今府州折氏，盖折屈氏之后也。”[⑦] 折屈、折偘与叠偘所指相同，其写法的不同，当为音转所致。景祐时期，府州折氏据有永安军节度使、府州知州，已经有四代人了，折氏在中原的影响也有了提高。故折氏的姓氏，能够在《姓解》当中有所反

---

① 持有这种观点的是周伟洲、周群华先生，汤开建先生后来也转而认可了这种观点。

② ［日］畑地正宪：《五代、北宋的府州折氏》，《食货月刊》复刊第 5 卷第 5 期，（台北）食货月刊社 1975 年，第 247 页。

③ 折旺礼《关于府州折氏族源及其迁徙考略》一文最初不知发表于何处，本文依据的是府谷县文体广电局编印《府州折氏史料辑录》第 61—63 页收录的文章。以后所引该文，均出此处。

④ 李范文：《再论西夏党项族的来源与变迁》，《首届西夏学国际学术会议论文集》，宁夏人民出版社 1998 年版，第 6—7 页。

⑤ 赵海霞：《鲜卑折偘氏与党项折氏》，《西北民族研究》2011 年第 2 期。

⑥ 周伟洲：《唐代党项》，广西师范大学出版社 2006 年版，第 134 页。

⑦ （宋）邵思满：《姓解》卷 1“手六”，载《古逸丛书》，光绪十年黎氏影印本。

映。北宋以后的一些书籍，如朱熹《通鉴纲目》与郑樵《通志》，再次提到了折傴氏。只是，朱熹和郑樵，只将折傴姓氏划为代北复姓，指出南凉王后姓为折掘氏，并没有认同《姓解》所称“今府州折氏，盖折屈氏之后也”的观点。

《姓解》之后，欧阳修撰《五代史记》成即《新五代史》。欧阳修在《新五代史·党项传》中提到：“其大姓有细封氏、费听氏、折氏、野利氏，拓拔氏为最强。”① 北宋邓名世撰《古今姓氏书辨证》，将折氏记为西河羌族，实际上也指为党项。②

关于党项的大姓，《旧唐书》和《新唐书》都已经记到了，但是折氏一姓，到《新五代史》中才跻身于党项大姓之中。以往学者据这个记载，再加上党项部族在麟府地区的分布史实，遽将此处所记的折氏，指为府州折氏。但是从史料来看，河东代北和麟府地区存在着名目各异的折氏部族。

唐代仆固怀恩叛乱之后，经郭子仪建议，将散处盐州、庆州等地的党项和吐谷浑部落迁移至银州之北、夏州之东。其时就有“宜定州刺史折磨布落、芳池州野利部并徙绥、延州”的记载。③ 麟州与府州在当时还没有设置，属于振武军所辖地。但银州之北、夏州之东的地方，就是后来的麟府地区，这是没有问题的。后唐天成四年（929）九月，党项族“首领折遇明等来贡方物”④。长兴“二年（931）正月，首领折七移等进駞马”⑤。只是，这两个党项族首领是哪个地区的，不太明确。因为麟府之西的地方，也存在着折氏党项族。后周广顺三年（953），永安军节度使征讨庆州野鸡族，其地有“折思族”。这个部族，在太平兴国二年（978）时，又以“折四族”的名字出现在灵州通远军界内。⑥ 史料中明确记明存在于麟府、河东地区的折氏，还有“长兴元年（930）……十二月，以党项折家

① 《新五代史》卷74《党项传》，中华书局1974年标点本，第912页。

② （北宋）邓名世：《古今姓氏书辨证》卷38，《丛书集成初编》，商务印书馆1926版，第527页。

③ 《新唐书》卷221上《党项传》，中华书局1975年标点本，第6217页。

④ （宋）王溥：《五代史会要》卷29，《五代史书汇编》，杭州出版社2004年版，第2349页。

⑤ （宋）王溥：《五代史会要》卷29，《五代史书汇编》，杭州出版社2004年版，第2350页。

⑥ 《宋史》卷491《党项传》，中华书局1977年版，第14138页。

族五镇都知兵马使折之正为检校尚书右仆射"[①]；此处所言折家族折之正，虽不知其与府州折氏的关系疏远，但可以肯定其存在于府州境内，因为他所担任的五镇都知兵马使一职，曾是府州折氏先祖折宗本的职务。北宋建隆二年（961），"代州刺史折乜理"来朝。[②] 雍熙二年（985）宋军在银州北大破党项族，"枭伪署代州刺史折罗遇并弟埋乞，获马牛羊三万计"。同时，麟州三族寨酋长折御乜等六十四人率二千余人降顺，但因为宋军的劫掠，折御乜等率众逃走。不久后，折御乜又"穷蹙来归"。[③] 宋太宗亲征河东，折御卿率军攻北汉岢岚军，"擒其军使折令图"。[④] 至道元年（995），府州管界折突厥移请朝命，乞求袭父折文御五族大首领的职务。[⑤] 咸平五年（1002），麟州浊轮寨失守，居住其旁的折勒厥麻等三族以千五百帐越河内属。折继宣时期，其属官有折谏；《折继闵神道碑》中有军贼折高留。[⑥]《宋史》在《折德扆传》的附传中，列有折继世的传记。其实折继世并非府州折氏，而是绥州境内的折马山族。[⑦] 由于史料的粗陋和府州折氏的名气，学者们并没有对《新五代史》中所记的党项大姓作过详细解读，而是径直将府州折氏划入党项部族，现在检讨起来，似有强拉之嫌。

引发折氏与折俪氏关系再一次讨论的，是1976年府谷县出土的《折克行神道碑》。碑文记载："公字遵道，出河西折掘姓。"[⑧] 在解读其中的"折掘姓"时，已故西夏史学家韩荫晟先生认为："《折克行神道碑》说'出河西折掘姓'，这也是无稽之谈。在宋室南迁之前，见于著录的折氏家族共十二代，前八代都姓折，后三代也没改姓折掘，唯独这第九代克字辈有一个出自折掘姓的克行，岂非怪事！'掘'字若不是衍文，必是文人标奇之作。《金石萃编》又引《广韵》之文，再附会为折掘氏，越发荒

① （宋）王溥：《五代史会要》卷29，《五代史书汇编》，杭州出版社2004年版，第2349页。

② （宋）李焘：《续资治通鉴长编》卷2，建隆二年十二月乙未，中华书局2004年标点本，第56页。

③ 《宋史》卷491《党项传》，中华书局1977年标点本，第14139、14140页。

④ （宋）李焘：《续资治通鉴长编》卷20，太平兴国四年四月乙卯，中华书局2004年标点本，第448页。

⑤ 《宋史》卷491《党项传》，中华书局1977年标点本，第14142页。

⑥ 戴应新：《折氏家族史略》，三秦出版社1989年版，第79页。

⑦ （清）黄以周等辑：《续资治通鉴长编拾补》卷2，中华书局2004年标点本，第70页。

⑧ 戴应新：《宋〈折克行神道碑〉考释》，《文博》1987年第2期。

唐。"[1] 发现该神道碑的考古学家戴应新在《折克行神道碑考释》一文中，并没有在史料中过多地搜检这个姓氏，而将其指向党项羌族。[2] 戴应新先生后来在《折氏家族史略》一书中，也认可了韩荫晟先生的观点。[3] "折掘氏"一词初见于金石，史学家以其独见，难以认其为确证，从而予以否定。

2012 年，府谷县文管会新收藏《折克禧墓志铭》志石一方。折克禧为府州知州折继祖次子，原本有资格袭职知府州事，因年幼而无缘。但其一生戎马，最后官阶至武功大夫、赠官康州团练使。其铭词曰：

> 维折屈氏，世奠西土。蠢兹戎羌，莫余敢侮。
> 名德相望，策勋盟府。传子付孙，为宋室辅。

折克禧政和五年（1115）去世，安葬于宋亡之后的第三年即 1130 年。墓志铭当撰写于这一段时间内，撰文和书写者，为王惟良。王惟良当时的官职为朝奉郎、权通判晋宁军、同管勾神霄玉清万寿宫兼管内劝农事。值得一提的是，王惟良并没有在志文中对折屈氏进行渲染，而仅在铭词中一笔带过。笔者认为，在这种情况下，不存在多数墓志铭中攀高枝的通病，"维折屈氏"一语的记载是值得信赖的。金石史料中再次出现"折屈"一词，《折克行神道碑》所记折氏原姓折掘的史料，就不再是孤证。

同时，折氏后人发现的《折氏简谱》，也记载到了折倔部。据折旺礼前文转述："公元二五八年，部落首领力微酋长，在定襄郡之盛乐，建立了以拓跋鲜卑为首的部落联盟，授先祖以氏族旗号为'代北鲜卑折倔部'，因以折倔为姓。"暂且不论《折氏简谱》的可靠程度，其中提到的"折倔"姓氏，足证折氏后人对族姓的念念不忘。

通过金石史料和传统史料的对证，可以进一步将府州折氏的族姓指向折倔氏——一个古老的鲜卑部族。

---

① 韩荫晟：《麟府建置与折氏源流》，《宁夏社会科学》1981 年第 1 期。

② 戴应新：《宋〈折克行神道碑〉考释》，《文博》1987 年第 2 期。

③ 戴应新：《折氏家族史略》，三秦出版社 1989 年版，第 11 页。

二　折氏改姓与崛起的时间

府州折氏源出鲜卑折倔部既已明了，然则折氏又是在什么时候改折掘姓为折氏呢？这个问题，史料没有明记，周伟洲先生给出两个可能的时间，一是安史之乱前后，二是唐初武德时期。① 折旺礼《关于府州折氏族源及迁徙考略》一文，以《折氏简谱》所记内容为准，将府州折氏改姓的时间，定在了公元494年。

周伟洲先生的第二个推测，得自于《刺史折嗣伦碑》。根据残缺的碑文记载，折氏祖先折华曾于“武德中，诏为府谷镇遏使”。我们来仔细分析一番，一般墓志铭在记述志主时，总会追溯其先祖世系。一般的格式，总是以志主为限，往前追溯其父亲、祖父、曾祖、高祖以及更多的先世。惯例是，远者略而近者详。《刺史折嗣伦碑》的主人为唐末人折嗣伦。碑文涉及折嗣伦先祖的名字只有折华。根据《折克行神道碑》记载，折嗣伦的父亲为折宗本。则折华与折嗣伦，最亲近的关系，是祖孙。折嗣伦有五个儿子——第三子可以明确为五代时期的永安军节度使折从阮。根据《旧五代史》和《新五代史》所载《折从阮传》，折从阮的生卒年当在892年到955年之间。从唐武德年间到折从阮生活的年代，相距有三百年，祖孙四代年龄差距三百年，于理固属不合，可以得出两个结论：1. 折华与折嗣伦并非是祖孙关系；2. 折华并非生活于唐武德时期。

第一个结论，既与墓志铭追溯先祖的惯例冲突，又与志文冲突。志文载折华为北魏孝文帝二十七代孙，魏孝文帝出生于公元471年，去世于公元499年。如果折华并非是折嗣伦的祖父辈，而真生活在唐武德时期（“武德”是唐朝开国皇帝李渊的年号，从公元618年至627年），从孝文帝生活的年代至唐武德时期，最多不超过160年，折华怎么可能成为孝文帝的二十七代孙？“二十七代孙”的记载或许有错，但至少表明折华与孝文帝的世系很远了。故笔者认为，折华生活于唐武德时期的说法不可靠，他与折嗣伦，当是祖孙关系。根据折从阮的生卒年（892—955）估算，折

① 周伟洲：《唐代党项》，广西师范大学出版社2006年版，第134页。

华大约生活于9世纪初（公元800左右）。

《刺史折嗣伦碑》的记载中有这么大的一个缺陷，《折氏简谱》非但没有纠正，折旺礼一文反而宣称能够印证折华曾于“武德中，诏为府谷镇遏使”的观点，足证《折氏简谱》也存在着需要认真辨析的地方。笔者认为，《折氏简谱》将折氏改姓时间定在494年的原因，恐怕是附会孝文帝改汉姓的汉化政策。姚薇元先生搜索传统史料，撰成《北朝胡姓考》一书——可是其中，并不见折倔氏改汉姓的讨论。

折氏于494年改姓的时间既然不可信，唐初武德时期的看法也不可信，则会是周伟洲先生推测的安史之乱前后吗？

2012年，陕西省府谷县文物管理委员会新收藏《故庄宅使延州管界□边都巡检使金紫光禄大夫检校尚书□□射兼御史大夫上柱国平恩县开国伯食邑九百户折公墓志铭并序》志石一盒。根据志文，志主为折惟正。折惟正曾于至道年间（995—997）担任府州知州。关于他的事迹，史料记载很少。所以，他的墓志铭的出土，具有重要的历史价值。该墓志铭文记载：

> 公讳惟正，字可法。其始，先有唐贞观中赐姓折氏，自唐季历五代，凡三十世，继立嗣侯，绵绵弗绝，庶繁备载。

该墓志铭中，明确记载府州折氏改姓的时间是唐太宗贞观时期，改姓的方式，是由中央王朝赐姓单姓。但是贞观时期，唐朝政府为什么要赐姓折氏呢？关于这一点，折惟正的墓志铭没有记载。

《折氏简谱》记载：“唐贞观四年，大将张说，任征东突厥多次立有战功之折华为府谷镇遏使，折塘关守将。”《折氏简谱》虽然有值得辨析的地方，但是这个说法，倒是替我们探讨折氏改汉姓的时间，提供了线索。其实，大将张说并非是唐贞观时期人，而是唐玄宗时期人。开元九年（721），突厥、党项各族在康待宾率领下发动六胡州起义，唐朝派张说等人前来镇压，双方征战之地，就在麟府境内及附近。不过，贞观四年（630），唐朝大破突厥，也是史实。大将李靖从代北马邑行军至云中故地，最终在阴山大破突厥，俘获了颉利可汗。李靖行军的地区，正好是府州折氏祖先居住的地区。故笔者认为，《折氏简谱》不免混乱了很多历史。它记载折氏祖先曾于唐朝征讨突厥的行动中随军立功的时间，与本志文贞观年间赐姓折氏的记载，有着微妙联系——毋宁说，折氏祖先曾于贞观四年（630）唐朝大破突厥的战斗中随军立功，朝廷因而赐折倔姓为折氏。但此时折氏仍是当地一个小部族，并没有值得让史学家记载的价值。故折氏改姓的这个时间，就隐没在了历史背后。

改姓后的折氏部族，在唐中期镇压康待宾起义之后，获得了崛起的机会。唐朝在镇压了康待宾起义后，即根据张说建议，于开元十二年（724）设立麟州，专门管理党项部族。

麟州设置之时，府州还没有设县。在成书于元和年间（806—821）的《元和郡县图》中，就没有府谷县的记载。但是最晚，府谷于大和二年（828）已经设镇。① 前述折华大概生活于9世纪初（公元800年左右），《刺史折嗣伦碑》记载其曾为府谷镇遏使。折华之后，折宗本为振武军缘河五镇都知兵马使。折嗣伦，麟州刺史；折从阮，府州防御使，一度为振武军节度使，后来因为振武军为契丹所占据，后汉将原属振武军的沿河五镇划归府州，升府州为永安军，归折氏节度。折氏祖孙四代人，以地方土豪的身份，从折华以来，迅速崛起。这个时间，恰好与唐朝派张说镇压康待宾起义之后，在麟府地区设立麟州、府谷镇的时间相近。或许，《折氏简谱》将折华与张说纠缠在一起的原因，即在于此。

三　金石墓志的史料价值

我国历史悠久，传统的史料汗牛充栋。但即使如此，在面对一些古老部族的族源等问题时，传统史料的运用，还是显得捉襟见肘。故而从民国以来的学者，就特别注重出土金石的史料价值。

在涉及府州折氏族源的问题时，金石史料体现出了极具价值的作用。

---

① 府谷县文物管理委员会所藏《唐故河东郡卫府君墓志铭》记载：卫府君于唐文宗大和二年（828）被“葬于府谷镇北廿里端政烽之左麓”，这句话说明至迟在大和二年（828），府谷已经设立镇治。

早在北宋李之仪所撰的《折渭州墓志铭》中，就指出府州折氏源出鲜卑。折渭州即折可适，是府州折氏的分支，他在宋神宗、哲宗时期，战功显赫，被授予知渭州军州事的实职。其墓志铭记："公讳可适，字遵正，其先与后魏道武俱起云中，世以材武长雄一方，遂为代北著姓。"①

清道光十三年（1883），府谷县发现了折氏墓志碑铭，即《刺史折嗣伦碑》。该通碑文，后来被收入《金石萃编》和《全唐文》。其中称折氏祖先折华"云中人也，……西伯之苗裔，大魏之后，宇文之别绪，……魏孝文皇帝二十七代孙也"。《折渭州墓志铭》和《刺史折嗣伦碑》中虽然提到折氏源出鲜卑，但是并没有提到鲜卑"折掘氏"。

1976年，府谷县又出土《折克行神道碑》一通。折克行是宋神宗、哲宗时期的府州知州，也是北宋在麟府丰地区的主要军将。宋神宗改行将兵法以后，折克行兼任河东路第十二将。同时，与张世永同为麟府丰军马司统制官。折克行守边三十年，多次出界讨荡，军功颇丰。折克行去世后，其子折可大获得朝廷批准，为其树立神道碑。其神道碑第一次以金石资料的形式，指出府州折氏源出鲜卑折掘氏。

2012年，府谷县文物管理委员会新收藏的《折惟正墓志铭》和《折克禧墓志铭》，不仅再次指出府州折氏源出折掘氏，还指出了折氏改姓的时间在唐太宗贞观时期。

折克行去世于大观初年（1107），葬于政和元年（1111），其神道碑撰刻于政和八年（1118）；折克禧去世于政和五年（1115），葬于北宋灭亡后的第三年（1130），墓志铭中不记年号，只记"庚戌岁"。这两方金石史料的撰刻时间，一个在宋亡之前，一个在宋亡之后，相差十几年。当北宋灭亡之际，府州折可求率麟府丰三州之兵，下河东解太原围；折彦质走地更远，率兵至汴京勤王，后来渡江入了南宋。府州折氏虽然没有阻挡住历史前进的车轮，但是其奔走效命、忠心宋室的举动，却是世人皆知的。所以笔者认为，金石史料中于此时两次出现折氏的族姓，并不是后人编造——折克行是北宋中晚期以来，府州知州中军功最多、官职最高的人，为其树碑立传的毛友、宇文虚中，一个是朝散郎、试给事中，一个是翰林

① （宋）李之仪：《姑溪居士后集》卷20，文渊阁《四库全书》，第1120册，台湾商务印书馆1983年版，第723页。

学士、中大夫，二人专司文字，自然熟悉在神道碑中，要抓住折氏悠久姓氏这一点来做文章；在折克禧去世到安葬时，正值北宋江山日暮之际，为其撰文、书丹的，是朝奉郎、晋宁军通判王惟良。当宋亡之际，晋宁军与府州唇齿相依。故晋宁军通判王惟良在折克禧的墓志铭中，追怀折氏族姓，既是称赞，又含有激励当时之意。笔者以为，韩荫晟先生和戴应新先生对“折掘”一姓的否定，似过于轻率。

综上，笔者认为《折克行神道碑》与《折克禧墓志铭》中所记的“折掘氏”“折屈氏”，与文献中的记载相合，可进一步将府州折氏的族源指向鲜卑折倔部。《折惟正墓志铭》中所记折氏在唐太宗贞观时期的改姓的提法，也有可取之处。府州折氏与以党项族为主体的西夏王朝的对立，其根本原因，可能即在于族属认同上的不一致。故西夏王朝在攻破府州城后，竟然以掘坟毁墓的方式进行报复。而这两个问题能够进一步探讨，得益于墓志碑铭的出土和府谷县文保事业的发展。

鲜卑部族活跃在南北朝时期，到隋唐之际，鲜卑早已融入其他民族、从历史的舞台上消失。到唐末、五代和北宋时期，我国西北方主体民族，是隋唐之际崛起的党项族。党项族并不是由一个单一的部族构成的，而是以羌族为主体、混合了历史上逐渐消失的很多其他民族成分构成的。经过多少年的融合杂居，不论每个部族原来的族源是什么，到北宋时期都已经党项化了，已经是党项人了。笔者在此指出，笔者探讨府州折氏的族源，并非是标新立异或者不承认其为党项族，而是在现有史料的基础上，追根溯源；同时，将《折惟正墓志铭》和《折克禧墓志铭》中的这两个史料价值点介绍给学界。笔者认为，府州折氏的族属，确切地说，应当是党项化的鲜卑人。

宋《折惟正墓志铭》与府州折氏的几个问题

2012年夏，陕西省府谷县文管会新收藏了一盒墓志石，碑首右侧题名为“故庄宅使延州管界□边都巡检使金紫光禄大夫检校尚书□□射兼御史大夫上柱国平恩县开国伯食邑九百户折公墓志铭并□”。根据志文内容可知，志主为折惟正。折惟正，曾任府州知州，《宋史》无传，仅在《宋史·折德扆传》的附传中，在其父折御卿与其弟折惟昌的中间部分，有寥寥数语。在考古学家戴应新先生《折氏家族史略》一书和相关历史研究中，均没有关于折惟正的详细信息。

《折惟正墓志铭》志石呈正方形，高、宽均为68厘米，厚16厘米。砂岩石质，刻字不甚规则且不清晰。共29行，满格25字。撰文者为新授将仕郎、守寿州霍丘县尉智周，书丹并撰额者为随使知宅□司李贲，因为石质不好，刻字不甚清晰，所缺字无法辨认清楚。智周、李贲二人，史无明载，不过从其官衔来看，当为宋代低级文职官吏。志石刻于景德二年（1005），不记刻字者为谁。为论述方便，暂且以《折惟正墓志铭》称呼。

一　志文内容

兹将志文内容移录如下：

故庄宅使延州管界□边都巡检使金紫光禄大夫检校尚书□□射兼御史大夫上柱国平恩县开国伯食邑九百户折公墓志铭并序

新授将仕郎守寿州霍丘县尉智周撰

随使知宅□司李贲书并篆额

公讳惟正，字可法。其始，先有唐贞观中赐姓折氏，自唐季历五代，凡三十世，继立嗣侯，绵绵弗绝，庶繁备载。曾祖讳从阮，官为静难军节度使、同中书门下平章事。薨，赠尚书令。娶荥阳郡太夫人，杨氏之重孙也。祖讳德扆，官为永安军节度使。薨，赠侍中。娶京兆郡太夫人，路氏之孙也。皇考讳御卿，官为永安军节度使。薨，赠尚书□。夫人□氏，夫人杨氏、夫人王氏，天水郡太夫人□氏，各抱器能，为□王爪牙，控□金方，于国家有大功，公即□□也。

公仁勇□慎，□叶时□未冠年，补充西头供奉官。既谐禄任，□□忠□。至道元□十二月十八日，以父薨，循旧制，立嗣侯，权授洛苑使、知府州军州事。既理要郡，□著政声。

公所居里时，与迁贼接境，临阵交锋，□□□□月，朝廷嘉其劳効。至道中，加授金紫光禄大夫。诏离□□，留任掖庭。咸平初年正月，又加授食邑三百户。尝任郑州兵马大都监，□必豪侠畏威，民□德仁。会高阳路告猃狁犯境，在择能者御之。□诏公曰，郑之彼□□□登赴敌，甚致肃宁。未期年，迁授庄宅使，□□如故，移授延州管界□边都巡检使。景德元年九月七日，□□薨于延州传舍，春秋四十有一。

娶冯翊县君王氏，即里中人也，宣□武陟镇使王延贵之长女也。妇顺母训，中外咸知。生子二人，殿直继□，次子奏职继烈。孙女一人望卿。景德二年五月一日，旅□□□乡，当年八月八日□葬于皇考大营，从吉地也。

于戏，公之忠力果毅，□于国孝廉干□着，于家如金石在佩，勋而□□其大者，蕴武纬通□□君，济民为己任，有识者深知之。□继世侯，树勋立绩，未偕先德，忽于掩谢，不可痛惜乎！寄公之门馆，仰公之遗烈，故作斯文，无隐情，□无愧词焉。其铭曰：

世禄德门，斯之谓□。懿勋□绩，斯之不朽。

福善则□，弗享遐寿。□劳□□，□□厥后。

呜呼折公，何不足有。

二　折惟正生平

传统史料中，并没有折惟正的详细信息，所以先据志文，把折惟正的生平交代一下。首先，从志文可以确知折惟正的生卒年。志文曰："景德元年九月七日，□□薨于延州传舍，春秋四十有一。"所缺二字，应为志主名字或尊称，景德元年为1004年，志主享年四十一，则其生年当在乾德二年（964）。

折惟正为折御卿长子——折御卿在北宋号为名将，在宋太宗征讨北汉、防御契丹和讨伐夏州李继迁抗命等军事活动中，屡立战功。至道元年（995），契丹西南面招讨使韩德威率军自振武来攻，被折御卿于子河汊击败，韩德威仅以身免。同年冬，韩德威谍知折御卿患病，伙同李继迁趁机兵犯府州境。折御卿辞母抱病出征。韩德威等屯兵不敢进，而折御卿最终卒于军中。《续资治通鉴长编》载，"上闻御卿之丧，痛悼久之，赠侍中。以其子供奉官惟正为洛苑使、知府州事。"[①] 其所记时间，正为至道元年十二月，《宋会要》所记时间，也为十二月。[②] 志文所记时间，正与史籍相合。

据志文，折惟正还和夏州的李继迁有过临阵交锋，而且得到朝廷嘉奖。《续资治通鉴长编》记载，至道二年，宋军从环州、延州、夏州、庆州和麟州五路出兵，对逃窜于沙漠之中的李继迁部进行围攻。其中，从麟州出兵的将领为宋太祖时期的大将张令铎之子、锦州刺史张守恩。另外，从麟州出兵的将领，还有卫州刺史、麟府路浊轮寨都部署李重贵。府州折氏统领的蕃部兵，在宋初朝廷攻打北汉的军事行动中，就屡次参加。宋太宗征讨李继迁时，折惟正的父亲折御卿也曾率部助战。如此分析，此次宋军五路出兵讨伐李继迁，且有直接从麟州出发的分路军队，故墓志铭所记折惟正与李继迁接战，当属事实。

① （宋）李焘：《续资治通鉴长编》卷38，"至道元年十二月丙申"，中华书局2004年标点本，第825页。

② （清）徐松辑：《宋会要辑稿》第16册《方域二一·府州》，上海古籍出版社2014年标点本，第9696页。

此次战役，李继迁藏身于大漠之中，宋军并没有达到预期效果，无功而返。不过，出征将领，还是得到了朝廷嘉奖，折惟正被加授金紫光禄大夫。金紫光禄大夫本为文散官名，其职能在于通过官服的颜色来标志官品。宋代的金紫光禄大夫，为文散官第四阶、正三品，官服可以穿紫色。折惟正本为七品武官，本不具备服紫的资格。不过《宋史》“叙阶之法”记载：“诸司使以上，如使额高者加金紫阶”[①]，折惟正其时的官阶为洛苑使，在诸司正使阶阶五等、二十一资中，排在第四等、第十三资中，使额不算高，可能因为军功的原因，朝廷才加授其金紫光禄大夫。

就在折惟正袭职知府州的第三年（997），朝廷诏命其赴京，留任掖庭。咸平初年即998年，又加食邑三百户。食邑三百户，根据宋制，应当封为开国男。从这一年到其去世的1004年，六年间，折惟正的爵位提升到九百户，故最后受封为开国伯。所以说，咸平初年加食邑，应该是其第一次受封爵位。

志文称，折惟正曾任郑州兵马大都监，而且还参与过北阻契丹入境的军事活动。按《宋史》：“秋七月……己卯，边臣言契丹谋入寇。以王显为镇、定、高阳关三路都部署，王超为副都部署，王汉忠为都排阵使。……己未，张斌破契丹于长城口。十一月壬申……王显奏破契丹，戮二万人，获统军铁林等。”[②]《辽史》：“秋七月，以伐宋诏谕诸道。……九月……己亥，南伐。……冬十月癸酉，攻遂城，不克。遣萧继远攻狼山镇石砦，破之。次瀛州，与宋军战，擒其将康昭裔、宋顺，获兵仗、器甲无算。进攻乐寿县，拨之。次遂城，敌众临水以拒，纵骑兵突之，杀戮殆尽。”[③]综合分析，猃狁犯境，即指此事，该年为宋真宗咸平四年、辽统和十七年即1001年。

经历过咸平四年北阻契丹入境的战役后不久，折惟正又迁授庄宅使，并且又得到延州管界沿边都巡检使的实职。但是没多久，四十一岁的折惟正就在延州传舍去世了。

另外，根据《宋会要辑稿》的记载：“真宗咸平二年……六年……八

① 《宋史》卷170《职官十》，中华书局1977年标点本，第4078—4079页。
② 《宋史》卷6《真宗一》，中华书局1977年标点本，第115—116页。
③ 《辽史》卷14《圣宗五》，中华书局1974年标点本，第154—155页。

月……是月，赐内园使折惟正祖母路氏诏书、茶药。时惟正请告诣府州省亲。帝闻路氏常训子孙以忠孝之事，故劳赐之。”① 咸平六年，为1003年，即折惟正去世的前一年。考宋代官制，内园使高于洛苑使一资而低于庄宅使三资，故其迁授庄宅使的年份，当在其去世的两年内。另外，本志文载折德扆娶妻路氏与《宋会要辑稿》关于其祖母路氏的记载，正相符合。

三 《折惟正墓志铭》与府州折氏族源

据志文载：“其始，先有唐贞观中赐姓折氏，自唐季历五代，凡三十世，继立嗣侯，绵绵弗绝，庶繁备载。”

这句话包含了两个重要信息，即折氏有原姓、后来改姓折。折氏的原姓，涉及折氏的族源问题。

关于府州折氏的族源，目前学界有两种意见即党项说和鲜卑折掘（倔）氏说。最早记录折氏族源的，是《新五代史·党项传》：“其大姓有细封氏、费听氏、折氏、野利氏，拓拔氏为最强。”② 宋邓名世撰《古今姓氏书辨证》，记折氏为西河羌族，③ 实际上也指党项。

引发折氏族源鲜卑的讨论，是府谷县出土的两块神道碑铭——《刺史折嗣伦碑》和《折克行神道碑》。《刺史折嗣伦碑》在1833年前即已被发现，被收入《金石萃编》和《全唐文》。其中称折氏祖先折华“云中人也，……西伯之苗裔，大魏之后，宇文之别绪，……魏孝文皇帝二十七代孙也”④。1976年，府谷县又出土《折克行神道碑》，其中有一句“公字遵道，出河西折掘姓”⑤。折掘为鲜卑姓氏，周伟洲先生在《唐代党项》一文中已经有全面论述。⑥ 另外，北宋李之仪所撰《折渭州墓志铭》也可佐

① （清）徐松辑：《宋会要辑稿》第16册《方域二一·府州》，上海古籍出版社2014年标点本，第9697页。

② 《新五代史》卷74《党项传》，中华书局1974年标点本，第912页。

③ （宋）邓名世：《古今姓氏书辨证》卷38，丛书集成初编，商务印书馆1926年版，第527页。

④ 戴应新：《折氏家族史略》，三秦出版社1989年版，第53—54页。

⑤ 戴应新：《折氏家族史略》，三秦出版社1989年版，第87页。

⑥ 周伟洲：《唐代党项》，广西师范大学出版社2006年版，第134页。

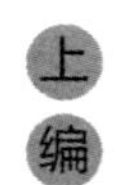

证府州折氏族源于鲜卑[①]。

早先坚持府州折氏源出党项的学者是考古学家戴应新先生和已故西夏学者韩荫晟先生。戴应新在谈及折氏族源时说："至于说'出河西折掘姓'，也是毫无根据的，折克行的先辈世代姓折，唯独他以折掘为氏，岂不可怪？"[②] 著名的西夏史学家韩荫晟先生也是这个看法。

2007年，折氏后人在西安举行"府州折氏族源学术研讨会"，多数学者认同了源出鲜卑这一提法，但仍有著名西夏史学者李范文教授、河南社科院任崇岳先生坚持源出党项的说法。李、任二先生所坚持的论据，无外乎折氏先人攀高枝冒认祖宗。

2009年，折氏后人又发现了成书于清代的《折氏简谱》，其后人折旺礼特别写了一篇名为《关于府州折氏族源及迁徙考略》的文章。在该文中，折旺礼概要地介绍了《折氏简谱》的来源和内容，其中对于折氏族源鲜卑的说法发挥的极为详细。

其实，学者们不相信《折克行神道碑》中"折掘氏"的提法，是因为其乃孤证。2012年，府谷县文管会新收藏《折克禧墓志铭》志石一方。折克禧为府州知州折继祖次子，原本有资格袭职知府州事，因年幼而无缘袭职。但其一生戎马，最后官阶至武功大夫、赠官康州团练使。其铭词中，有"维折屈氏，世奠西土"一语。折屈氏即折掘氏，对此周伟洲先生已经做过论述。这样，《折克行神道碑》所记折氏原姓折掘的史料，不再是孤证。《折惟正墓志铭》虽然没有记折掘氏，但提到府州折氏是有原姓的——而《新五代史》和《古今姓氏书辨证》却没有记载党项折氏的原姓是什么。从《折克行神道碑》《折克禧墓志铭》以及《折渭州墓志铭》来看，府州折氏原姓当为折掘氏，源出鲜卑。

四 《折惟正墓志铭》的几个问题

仔细解读志文，下面几个问题不得不说，首先是关于折御卿的生年问

① 戴应新：《折氏家族史略》，三秦出版社1989年版，第102页。

② 戴应新：《折氏家族史略》，三秦出版社1989年版，第11页。

题。据《宋史·折御卿传》载：

> 淳化三年，凡四迁而为府州观察使。五年，拜永安军节度使……岁余，御卿被病，……翌日卒，年三十八。①

“岁余”并非是淳化五年，《续资治通鉴长编》和《宋会要辑稿》明确记为至道元年十二月。本志石虽然有残缺，但是从“至道元[年]十二月十八日”这句，还是能够分析出折御卿卒于至道元年十二月十八日的信息。这与《续资治通鉴长编》和《宋会要辑稿》的记载是相符的。

确定了折御卿卒于至道元年十二月这一点后，再来看折御卿的生年。《宋史》记其卒年三十八，如此则折御卿的生年当在后周显德五年（958）。根据前述，折惟正当生于宋太祖乾德二年（964）。如果我们相信《宋史》这个记载的话，作为父亲的折御卿生于958年，而据志文，作为长子的折惟正生于964年——折御卿与折惟正父子生年相差仅6岁。

据戴应新《折氏家族史略》记述，折御卿的墓碑在20世纪50年代初曾于府谷县杨家沟祖坟内出土，本完好无损，被弃于道旁十余载。1976年戴应新发掘时，已经成为碎片，仅得百余字。可惜的是，在这残碑中，并没有关于折御卿的生卒年信息。

记录折御卿卒年三十八的史料，有《宋史·折德扆传》折御卿附传、曾巩《隆平集》、《宋会要》和《东都事略》。其中，《东都事略》和《宋会要》成书最早，《隆平集》继后，《宋史》最晚。《续资治通鉴长编》成书于南宋，其中也记载了折御卿卒于至道元年，但是却没有记其享年。《折惟正墓志铭》则将折御卿的卒年，具体到至道元年十二月十八日，但是也没有记其享年。另外一本叫作《群书会元截江网》的书，将折御卿卒年记在淳化二年（991）。比较可惜的是，1994年出土于内蒙古巴林左旗的《韩德威墓志铭》中，没有记载关于至道元年与府州折御卿的战斗。总之，最早记录折御卿享年的史料是《东都事略》，该书为私人著述——出错的可能性比较大。

① 《宋史》卷253《折德扆传》，中华书局1977年标点本，第8862—8863页。

因此，如果我们相信折惟正墓志铭的记载，《宋史·折御卿传》关于上述部分的记载，就值得存疑了。根据《宋史》的记载，折御卿还有个哥哥折御勋，他卒于太平兴国二年（977），享年四十岁，则其生年当在五代的938年——这一年其父折德扆二十一岁。而根据《宋史》的记载推算，折御卿生于五代的958年，则其时其父折德扆已经四十一岁，其兄折御勋也已经二十岁了。根据《宋史》的记载，折德扆只有两子即折御勋和折御卿，即使加上后世推算出来的折赛花，折德扆也不过两子一女。根据本志文的记载，折德扆只有一位夫人路氏，这么算起来，折御卿与折御勋弟兄二人当为一母同胞，但二人生年竟相差二十年，实则值得怀疑。

折御勋与折御卿兄弟二人生年相差二十岁、折御卿与折惟正父子二人生年仅相差六岁，这两个问题必然有一处记错的，但是因为没有更多史料佐证，笔者无法遽下结论孰是孰非。希此文能抛砖引玉，得到方家赐教。

第二个问题是，折惟正是否患病。戴应新等人据《宋会要辑稿》的记载："惟正少有狂易病，不可治州事，故命之"，[①] 从而认定折惟正患有狂癔症，因此而不能治州事，朝廷不得已将其官位授予其弟折惟昌。

将现任知州调任、留京师、改任本族兄弟袭职，在折惟正之前已经有过一次先例了。这就是其伯父折御勋调任泰宁军节度使、其父折御卿袭职知府州的事情。而折御勋和折御卿兄弟相承这件事的原因，也是因为折御勋生病了。在折惟正之后，这样的事情还发生过三次，先是折惟忠子折继宣和折继闵兄弟相承的事情。不过这一次，是因为折继宣"苛虐掊刻，种落嗟怨"。第二次，是折继闵病亟，请以弟折继祖代立。最后一次，是折克柔因目疾，请以弟折克行代立。这样，府州折氏历史上，因为知州生病而改换人选的事情，屡屡发生。故折惟正因狂易病而被召入朝廷、知州改换其弟折惟昌，似乎也是可能的。不过，《折惟正墓志铭》并不支持这种看法。

折惟正是否因为患病而被调离州任，《宋史》说的很模糊，"折惟正归朝，以其弟惟昌继之"。志文只记载了他被召入朝，但关于原因却只说是

---

① （清）徐松辑：《宋会要辑稿》第16册《方域二一·府州》，上海古籍出版社2014年标点本，第9697页。

奉诏。不过据志文记载，折惟正为官的表现还是很不错的。

> 公所居里时，与迁贼接境，临阵交锋，□□□□月，朝廷嘉其劳効。至道中，加授金紫光禄大夫。诏离□□留任掖庭。咸平初年正月，又加授食邑三百户。尝任郑州兵马大都监，□必豪侠畏威，民□德仁。会高阳路告猃狁犯境，在择能者御之。□诏公曰，郑之彼□□□登赴敌，甚致肃宁。未期年，迁授庄宅使，□□如故，移授延州管界□边都巡检使。

原碑刻字不工，部分地方字迹漫灭，难以辨认。不过墓志里没有任何关于折惟正患病的记述，反而证明他不断地被朝廷加官晋封，而且还参与宋与西夏和辽的战争。志文所谓“猃狁”即契丹，从 995 年折惟正袭职到 1004 年折惟正去世，契丹犯境有两次。一次在宋真宗咸平二年即 999 年，一次在宋真宗景德元年即 1004 年。从志文来看，朝廷诏折惟正参加的应该是 999 年的防御战。不多久，折惟正又“移授延州管界□边都巡检使”，此后就病逝于延州传舍。从上述分析来看，折惟正并没有患狂瘖症——否则朝廷怎么会把这么一个人送上战场呢？

《折惟正墓志铭》志文虽然简略，但是包含了很多“特别”的信息。除却以上所讨论的问题外，志文还第一次记载了折惟正曾祖折从阮娶妻杨氏、折惟正娶里中人王氏、折惟正二子一孙女的情况。因为史料缺乏，对于这些记载，还难以对证。但毋庸置疑，《折惟正墓志铭》志文的面世，为府州折氏研究和宋史研究又提供了新史料。

府谷县出土《慕容夫人墓志铭》考释*

陕西省府谷县文管会藏有北宋府州折氏家族女性成员墓志石一方，志主为知州折继祖之妻。府州折氏为鲜卑族裔、经党项化而后汉化的边将豪门，世袭宋代知府州军州事，是传袭了十代之久的将门世家。以前，府谷县已经出土了数方折氏家族男性成员墓志及两方女性成员墓志，这次又出土了慕容夫人的墓志铭，对于折氏家族的历史文化研究又增添了重要史料。志石右侧竖题："宋故夫人慕容氏墓志铭并序"，略呈正方形，高94厘米，宽92厘米，厚21厘米，周边有宽5厘米的草蔓花边。志文由右班殿直刘迪书写，全文楷体，字体较大，端庄秀美。刘迪，史书无传，右班殿直，为宋代正九品武官官阶名，属三班小使臣之列。根据志文末尾所记"折氏□子之壻也，牢□□□，谨为之铭"一句推断，刘迪当为折氏女婿。由女婿为岳丈家书写墓志铭，在府州折氏家族中还有一例——《李夫人墓志铭》的书丹和撰盖人，就是其曾孙婿张天成。① 该志石在出土时，没有得到精心保护，字面有工具铲痕，且有部分字面脱落，造成部分志文遗失。但志文大部分内容被保留下来，可以较为完整地通读。为论述方便，笔者暂以《慕容夫人墓志铭》称之。《慕容夫人墓志铭》为新近出土之发现，其中所记内容涉及面较广，结合府州折氏其他问题，笔者试对志文加以考释。

---

* 本节与艾媛媛合著。

① 应新：《陕西府谷县出土北宋〈李夫人墓志〉》，《文物》1978年第12期。

一　慕容氏之家世

> 夫人姓慕容，□□□□□□，高祖王父讳延钊，山南东道节度使、检校太尉，□侍中，追封河□□□。□□□父讳德丰，客省使、成州团练使。王父讳惟素，内□承制、閤门祗候。□□□允，升内殿崇班。

志文的这段记载，将慕容夫人的家世追溯到宋初名门慕容延钊家族。慕容延钊（913—963），字化龙，太原人，五代、宋初名将，曾佐后汉高祖、后周高祖建立功业，又随后周世宗柴荣南征北战，《宋史》有传。[①] 慕容延钊与宋太祖赵匡胤关系非同一般，陈桥兵变时，慕容延钊为殿前副都点检——其时赵匡胤为殿前都点检。赵匡胤即位后，慕容延钊官授殿前都点检——这一职务是五代以来禁军最高职务，在宋代做过这一职务的，只有慕容延钊一人。随后，在宋太祖统一南方的军事活动中，慕容延钊功劳卓著，建隆四年（963）卒，追封河南郡王。

慕容氏的曾祖，是慕容延钊的次子慕容德丰。慕容德丰（948—1002），字日新，曾从宋太宗征太原，又征南唐，领蔚州刺史。太平兴国二年（977）以来，长年任职西北边境，曾知庆州九年，又知延州、灵武等地。慕容德丰以廉洁闻名，轻财好施，任职西北时，母留京师、妻子寓长安，因为家贫，真宗特诏给团练使俸禄，卒后家无余财。[②]

慕容氏祖父为慕容惟素，官至内殿承制、閤门祗候，曾于天圣元年（1023）九月，与度支副使、户部员外郎王臻为贺契丹生辰使。[③] 慕容氏的父亲为慕容□允，内殿崇班。

慕容家族在宋初因为慕容延钊的地位而声名显赫，慕容德丰长期镇戍边境，为知州一级官员，但是从志文所记慕容家族承袭之人的官阶来看，

---

① 《宋史》卷251《慕容延钊传》，中华书局1977年标点本，第8834—8835页。

② 《宋史》卷251《慕容德丰传》，中华书局1977年标点本，第8835—8836页。

③ （宋）李焘：《续资治通鉴长编》卷101，天圣元年九月戊子，中华书局2004年标点本，第2334页。

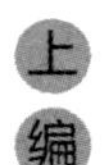

从节度使到内殿崇班，其地位一直在滑落。《宋史》自慕容德丰以后，再无关于慕容氏的传记。结合志文可知，慕容家族从慕容惟素开始逐渐衰微。

但是慕容家族的南迁的一支，在北宋中后期通过科举之路逐渐发展起来，成为宋代由武向文转化家族的典型。下表所列，是慕容夫人家族的谱系。

慕容延钊的弟弟慕容延忠与慕容延卿也知名当世，慕容延忠官至磁州刺史，其子慕容某随子官宜兴，并葬于该地，遂家于宜兴。慕容延忠的重孙为慕容彦逢（1067—1117），元祐三年（1088）登进士第，后历官至刑部尚书，慕容氏因此实现了由武转文的变化。[①] 按照辈分，慕容彦逢当与慕容氏的父亲慕容□允为同辈人，可是作为小辈的慕容氏的卒年，却比叔辈慕容彦逢的生年还早了一年。慕容彦逢的名字还见于《折克行神道碑》。政和二年（1112），朝廷议折克行谥号，慕容彦逢即以吏部侍郎的身份参与议定及署名。[②]

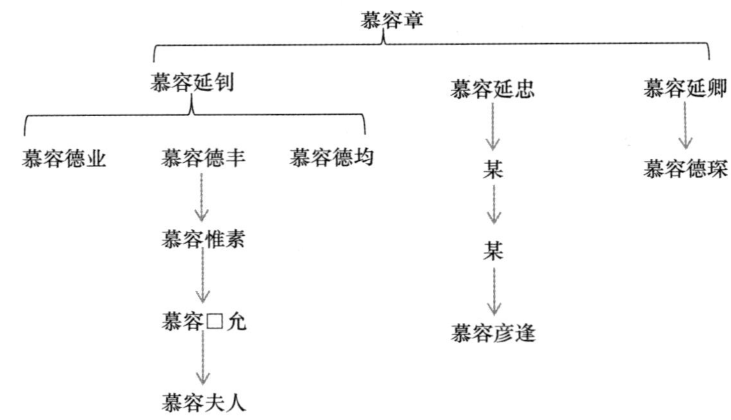

二　慕容氏之生平

慕容氏于“治平三□七月三日，以疾终于州廨之□□，享年三十有

① （宋）蒋瑎：《慕容彦逢墓志铭》，载慕容彦逢《摛文堂集·附录》，文渊阁《四库全书》，第1123册，台湾商务印书馆1983年版，第486—490页。

② 戴应新：《折氏家族史略》，三秦出版社1989年版，第91页。

八”。宋英宗治平三年为1066年，则其生年当在宋仁宗天圣七年（1029），故慕容氏的生卒年为（1029—1066）。

志文又载：“夫人年十七，归我府牧折公今皇□使、成州团练使讳继祖者。夫人始嫔，时团练君方为右侍禁。”据此，慕容氏于十七岁时嫁给时任府州知州折继祖。折继祖为折惟忠第三子。他与长兄折继宣、仲兄折继闵乃是同父异母的兄弟。折继祖于皇祐二年（1050）袭职知府州事，直到熙宁四年（1071）病殁。这二十年中，宋与辽夏关系平稳，战事不多，所以折继祖在《宋史》中并无多少记载。只是到了熙宁三年（1070）时，宋夏关系骤然紧张，折继祖曾领军出征，参与了熙宁四年（1071）的战役。

折继祖为折惟忠之妾李夫人所生，其生年在宋仁宗天禧四年（1020）。则慕容氏比其夫折继祖年少九岁，十七岁时为宋仁宗庆历五年（1045）。在这一年，她嫁给了二十六岁的折继祖。从成婚到慕容氏去世，两人一起生活了二十年之多。这也是府州折氏有明确成婚年龄的记载，为研究折氏家族婚姻文化、宋代女性研究提供了确切史料依据。

志文所记慕容氏出嫁折继祖时，折继祖官阶为“右侍禁”；志文后面又记，皇祐年间，折继祖迁转为“染院使”；到撰写墓志文时，折继祖的官阶晋升为“皇□使、成州团练使”。据《宋史》：“继祖，字应之，由右侍禁迁西染院使，累转皇城使、成州团练使。”[①] 志文所记，与《宋史》正相符合。

慕容氏一生的辉煌，尽在一次入朝宋仁宗之际。因为其夫折继祖新近承袭府州知州，慕容氏于当年秋，借朝会之际入朝谢恩。入朝之际，见到了当时的皇帝宋仁宗，并借机自陈家世，得到超越常规的赏赐。慕容氏在京居住一段时间，朝辞之时，不忘替夫家女兄请托说情，宋英宗居然答应了。

古代社会里，除非有特殊情况，世家大族的妇女一般很少有公开活动，所以史书中关于古代女性的记载就特别少；而墓志文与神道碑，本就有树碑立传、歌功颂德的用意。然则若志主没有多少活动可言当如何写志文呢？是故墓志铭文中就会出现一些阿谀之笔、不实之词。慕容氏作为府

① 《宋史》卷253《折德扆传》，中华书局1977年标点本，第8865页。

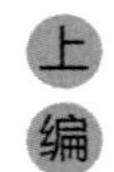

州知州折继祖的妻子，养尊处优，原本没有多少言行可记，可是皇祐二年（1050）的这次入朝觐见，就成了本志文大书特书的一笔。

作为墓志铭来说，志文关于慕容氏此行所记，不免有言过其实之处，需要仔细分析。入朝面君，非同一般之事，乱写不得，当属史实。原因如下：第一，皇祐二年（1049）秋，实有天子“大飨明堂”的记载，此语前已论述；第二，麟府州的蕃官女性中，确实有允许入朝的例子。据《续资治通鉴长编》记载，丰州知州王承美之妻折氏“得入谒禁中”。[①]

但是志文载慕容氏入朝之际，见到“上与太皇太□共座”的细节。这里面存在的问题是，“太皇太□”所缺字究竟为何字？其所指之人，究竟为谁？考宋仁宗时期的太皇太后，分别有刘氏和杨氏，但刘氏去世于明道二年（1033），而杨氏也于景祐三年（1036）去世，此外仁宗朝再无太皇太后之称谓者。刘氏和杨氏去世后，唯有宋真宗的沈贵妃历经仁宗、英宗两朝，一直活到宋神宗熙宁九年（1077）。此处提及“太皇太□”，既然有“太皇”之称，不当为仁宗皇后，则所缺字其或为“妃”，意指沈氏？抑或是个“后”字——撰志者于此处露出马脚，这个细节可能原为慕容氏入朝锦上添花之笔！

三　慕容氏与折氏之婚姻关系

据本志文，慕容氏嫁给了折继祖。而据《折继闵神道碑》记载：“公初取刘氏，赠吴郡太夫人。次娶慕容氏，赠魏郡太夫人。后娶郭氏，赠鲁郡太夫人。”则是慕容家两位女子，嫁给折氏兄弟两人。不仅如此，据《折继闵神道碑》：折继闵将长女嫁给了右侍禁慕容令问，又将三女嫁给皇城使、知戎州慕容令仪。[②] 慕容令问、慕容令仪，从名字上来看，当为兄弟二人。笔者据此推测，嫁给折氏兄弟的两位慕容氏，当为姐妹。

① （宋）李焘：《续资治通鉴长编》卷79，大中祥符五年十二月甲戌，中华书局2004年标点本，第1808页。

② 戴应新：《折氏家族史略》，三秦出版社1989年版，第71页。

另外，麟州杨氏的第四代传人杨琪、杨文广亦曾娶妻慕容氏。杨琪的父祖，分别是杨光扆、杨重勋、杨弘信。杨弘信又名杨信，在五代时期自立为麟州刺史，得到后周的承认。杨信的长子，即鼎鼎大名的抗辽名将杨继业（杨继业本名杨重贵），杨重勋是杨继业的二弟，后来袭父职。杨琪是杨光扆的长子，据欧阳修为其所撰的《供备库副使杨君墓志铭》记，杨琪于皇祐二年（1050），以七十一岁卒于淮南。杨琪“初娶慕容氏，又娶李氏”①。杨琪的堂兄弟、杨家将故事中的杨文广，北宋时的文献中并不见娶妻慕容氏的记载。但据清代《保德州志》：“慕容氏，杨业孙文广妻，州南慕塔村人，雄勇善战。”② 香港何冠环先生多年前即曾撰成《北宋杨家将第三代传人杨文广事迹新考》一文，他对于清人方志中出现的杨文广妻子慕容氏的记载，表示怀疑。③ 即便杨文广娶妻慕容氏的记载不可信，然其堂兄杨琪娶妻慕容氏的记载，出自欧阳修之手，当为信史。

杨琪生活的年代，与折继闵、折继祖大约同时。慕容家族同时与麟府二州的杨氏、折氏通婚，且与折氏的婚姻关系更为密切。则这个慕容家族源出何处？以往的史料，并没有记明慕容氏家族的具体情况，李裕民先生在《折氏家族研究》一文中，只能大概指出慕容氏为鲜卑族。汤开建先生在《穆桂英人物原型出于党项考》一文中，大胆地将与杨家、折家联姻的慕容氏指向“北宋西北边州环州之慕家族”。④ 慕家族当为党项化的慕容氏，当是没有问题的。只是，汤开建先生的推测，缺乏史实依据。

本方志石的出土，揭开了这个谜团，将慕容夫人的娘家指向宋初名将慕容延钊的家族。关于慕容延钊家族的传承，第一节里已经论述清楚。墓志史料的一个通病，即有攀附之嫌。则本篇志文关于慕容氏源出慕容延钊家族的记载，是否为攀附呢？笔者认为，本篇志文的内容，当可为信史。其一，慕容延钊家族自慕容德丰以后，史书再无传人记录。慕容德丰去世

① （宋）欧阳修：《供备库副使杨君墓志铭》，《欧阳修全集》卷29，中华书局2001年版，第444页。

② 康熙《保德州志》，《中国地方志丛书》，台北成文出版社有限公司1976年版，第542页。

③ 何冠环：《北宋杨家将第三代传人杨文广事迹新考》，《北宋武将研究》，香港：中华书局2003年版，第434页。

④ 汤开建：《穆桂英人物原型出自党项考》，《西北民族研究》2001年第1期。

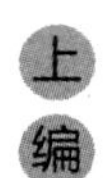

后，家无余财。至本志文志主慕容夫人时，又已是慕容德丰的重孙女，其家族早已不再显赫。如果要攀附，折氏如何会攀附这样一个已经衰落多年的家族？其二，志文中关于慕容延钊、慕容德丰的官职记载，与史籍相符。另外，慕容夫人的祖父慕容惟素《宋史》无传，其名在《续资治通鉴长编》仅见一次，本志文所记慕容惟素的官职，与《续资治通鉴长编》同。第三，慕容夫人入朝之时，宋仁宗曾问："谁氏之子?"慕容夫人回答："□□妾祖延钊，在太祖朝任襄州节度使，于圣朝有战功。先臣□任内殿□□，臣妾有姑□□□天族。"慕容夫人当着宋仁宗的面讲明自己的先祖是慕容延钊，如果不属实情，则有欺君之嫌。综合以上三点，笔者认为，慕容氏的身份应当可信。

折氏与慕容氏密切的婚姻关系，一则是因为地位相当——慕容家族虽然衰微，但是直到慕容令仪，还担任着知州一级的地方官，其官阶为"皇城使"，从官位上来看，与折氏家族的地位是相当的；其次，与两家同出鲜卑族有关。关于折氏源出鲜卑的主张，周伟洲先生等人已经论及。① 笔者也曾撰文，对于府州折氏源出鲜卑的问题给予了极其肯定的论证。② 府州折氏，源出鲜卑折掘部，当是没有问题的。慕容复姓，出自鲜卑，在此不需赘论。折氏与慕容氏同出鲜卑，尽管有不同程度的汉化，但是其认同感应当是存在的。另，周伟洲先生以为此慕容家族，是西迁后又内迁的吐谷浑部。

李裕民先生在《折氏家族研究》一文中提到折氏"婚姻大体选择地位相当的州级长官家庭，没有中央一级官员……折氏家族 300 余人，规模不太大，力量不如李氏集团强，这可能与地处边疆，婚姻圈中缺乏豪族有关"，至今仍为确论。③

---

① 周伟洲：《唐代党项》，广西师范大学出版社 2006 年版。

② 高建国：《府州折氏族源、改姓的新证据——介绍两方新墓志》，载杜建录《西夏学》第 9 辑，上海古籍出版社 2014 年版，第 110—115 页；《〈折惟正墓志铭〉与府州折氏的几个问题》，载《宋史研究论丛》第 14 辑，河北大学出版社 2014 年版，第 510—525 页。

③ 李裕民：《折氏家族研究》，《陕西师范大学学报》1998 年第 2 期。

四　慕容氏墓志与折继闵卒年

志文中有“皇祐□□，□□亡，□□□□□君为染院使，承袭典郡事”一句。皇祐年间承袭知州的，就是慕容氏的丈夫折继祖。折继祖（1020—1071），字应之，北宋府州人，府州知州。他是前任府州知州折惟忠第三子，其长兄折继宣、折继闵先后知府州事。根据《折继闵神道碑》和《宋史》的记载，折继祖承袭的就是其仲兄折继闵的职位。所以，“亡”字前面的词语，当指折继闵。“亡”字之后所缺字的主语，当为折继祖。这句话里提到了折继闵病逝、折继祖承袭知州的时间。据《宋史》载，折继闵卒于皇祐二年（1050）。[①] 而据《折继闵神道碑》载，折继闵“皇祐四年四月三日，以疾卒于正寝”[②]。志文与史书的记载，相差了两年。照常理来论，志文即使出错，也不至于错记志主生卒年。然《宋史》所记，必有所本。孰是孰非，遽难定论。本志文记载到了这个时间，可惜因为字面脱落，遗失年份，丢掉了一个重要的史料价值点。

但是志文紧接着提到，“是岁秋，天子大飨帝于明堂，夫人因修覲礼入□圣恩”，此语为我们解决折继闵病逝的时间问题，找到了突破口。查《宋史》，仁宗本纪和礼志部分，皇祐二年（1050）九月二十四日，确实有“大飨天地于明堂”的盛举。[③] 另外，《续资治通鉴长编》也记到了这次盛况；而遍查诸书在皇祐四年（1052）的记载，均不见有任何关于“大飨明堂”的记述。史料中不仅都有皇祐二年（1050）“大飨明堂”的记载，而且给出的时间，与本志文的“秋季”相符合。据此可以肯定，折继闵病逝、折继祖承袭的时间，应当在皇祐二年（1050）。《宋史》所记折继闵的卒年是正确的，而《折继闵神道碑》的记述有误。

在府谷县文管会现藏的折氏家族成员墓志石中，关于女性成员的志石仅有三方。其中，《慕容夫人墓志铭》为新近之发现。慕容氏为府州知州

---

① 《宋史》卷253《折德扆传》，中华书局1977年标点本，第8865页。

② 戴应新：《折氏家族史略》，三秦出版社1989年版，第70页。

③ 《宋史》卷12《仁宗四》，中华书局1977年标点本，第230页。

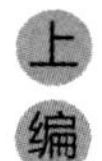

折继祖之妻，其出身显赫，先祖为宋初名将慕容延钊。不过到慕容夫人之时，慕容家族早已衰微。慕容氏曾于宋仁宗皇祐二年（1050）入朝宋仁宗，并借机自陈家世，还为其夫女兄折氏请托说情，并得到仁宗应允。通过分析发现，府州折氏与慕容家族在一段时期保持着密切的婚姻关系。《慕容夫人墓志铭》关于入朝一节，实有夸大、不实之词；此外其中所记慕容家族的谱系、折继闵的卒年、折继祖的官阶以及慕容氏所生折氏子孙情况，都得到了史书的印证。是故《慕容夫人墓志铭》对于北宋府州折氏家族的研究，宋代女性婚姻文化等研究具有重要的史料价值。

北宋《折克柔墓志铭》考释

2012年夏，府谷县新出土墓志铭一盒。墓志盖高90厘米，宽92厘米，厚16厘米，篆书题写“宋故皇城使忠州刺史致仕折公墓志铭”，每行4字，共四行；墓志石高89厘米，宽92厘米，厚16厘米，碑身右首题“宋皇城使持节忠州诸军事忠州刺史致仕上柱国开国侯食邑一千六百户累赠左金吾卫大将军折公墓志铭并序”，全文楷体。志文由朝请大夫、权知凤翔军府管勾学事兼管内劝农事、提举府界坑冶铸钱公事、飞骑尉、借紫、郭长卿撰文；朝散大夫、新差权提点京西北路府狱公事兼本路劝农事、骁骑尉、借紫、蒲卣书丹；朝奉大夫、权知梓州军州管勾学事兼管内劝农事、兼提举梓果等州军兵甲、巡检贼盗公事、飞骑尉、借紫、上官行篆盖。朝请大夫、朝散大夫、朝奉大夫，均为文散官品阶，分别为从五品上、从五品下和正五品上。郭长卿、上官行史籍无传。蒲卣，《宋史》有传，生卒年不详，字君锡，阆州（今四川阆中）人，第进士。[①] 所以，为折克柔墓志铭撰文、书丹和篆盖的人，均为朝廷命官，同时品级亦比较高，而且均为外郡官员，与府州无涉，足见府州折氏家族的政治地位和影响力。为论述方便，暂且以《折克柔墓志铭》称之。

一　折克柔的生卒年

根据《折克柔墓志铭》的记载，折克柔，字立之。从“以崇宁二年二

① 《宋史》卷353《蒲卣传》，中华书局1977年标点本，第11153页。

月十九日，终于州宅之东堂，享年六十有二”的记载来算，折克柔应该生于宋仁宗庆历二年（1042），卒于宋徽宗崇宁二年（1103）。

以前关于府州折氏的研究中，在涉及折克柔时，因为史料不明，《折氏家族史略》记其事迹不详，没有记其卒年。[①]《折氏家族研究》在“历任知州比较表”中说其因目疾卒于元丰二年（1079）后。[②] 该文的依据，是《续资治通鉴长编》中的一则记载：“以知府州折克柔弟西头供奉官克行为礼宾使、知府州。先是，克柔以目病乞致仕，仍乞以克行承袭。诏克柔与宫观差遣，而有是命。克行，继闵子也。”[③] 折克柔固然因目疾请辞，但其致仕在元丰七年（1084），卒年更在二十多年后的崇宁二年（1103）。不过，这则史料与志文有点冲突，即志文记折克行代职在元丰元年（1078）七月，而《续资治通鉴长编》说是元丰二年（1079）正月。二者之间的矛盾，恐怕要咬文嚼字了。志文说“七月，被旨授代”，《续资治通鉴长编》记“以知府州折克柔弟西头供奉官克行为礼宾使、知府州”，即是说，元年七月折克行乃是代理知州一职，直到元丰二年正月，朝廷正式授命其为知府州事。这样的理解，不知是否确切，敬请方家指教。

折克柔虽然辞去府州知州，但是朝廷并没有立即准其致仕，而是又做了几年闲散的宫祠官，于元丰七年（1084）才致仕。《折继闵神道碑》也记折克柔最终致仕——折克柔算是历任府州知州中唯一一位主动要求致仕的知州了。其后折克柔里居燕闲二十几年，期间还不断受到朝廷封赐。元祐元年（1086），宋神宗去世，哲宗即位。折克柔又加食邑，又迁左藏使，还进封金城县开国侯。建中靖国元年（1101），宋徽宗即位，又迁折克柔为皇城使。崇宁二年，六十二岁的折克柔，寿终正寝。

二　宋夏啰兀城争夺战麟府军军事活动

熙宁四年，西夏叛盟。朝廷命将出师，诸路并进。而麟府为西北

① 戴应新：《折氏家族史略》，三秦出版社1989年版，第29页。

② 李裕民：《折氏家族研究》，《陕西师范大学学报》1998年第2期。

③ （宋）李焘：《续资治通鉴长编》卷296，元丰二年正月丁亥，中华书局2004年标点本，第7198页。

冲，尤在得人。主将询于众，竞推公能属。公请行，提其众隶前军麾下。自正旦西征，次啰兀城，数与贼遇。公贾勇先登，斩获居多。军声大振，众方转战深入。主将属公独以劲骑百余，旁出二十里。夜破一强族，俘馘甚众，大军得无牵制却顾之患。粮道刍粟，飞挽不绝。洎破贼班师，论功殊等，迁西头供奉官。

折克柔出生时，正值元昊积极拓边时期，宋夏关系正处于频繁的战争状态。但随着和议达成，宋夏之间又转入和平时期。熙宁四年（1071），宋夏关系的再度变化，将折克柔推上了历史舞台。

宋治平四年（1067）三月，夏毅宗因连年征宋，向宋朝遣使"献方物谢罪"，表示愿意和平，不再侵扰宋土。宋神宗答应讲和，并赐西夏绢500匹，银500两。[①] 但好景不长，同年五月，夏绥州监军嵬名山投降了宋朝。夏毅宗派兵争夺，失败而归。十二月，夏毅宗去世。梁氏当政后，于熙宁二年（1069）三月上表，请以塞门、安远两寨换取绥州。绥州即今天陕西省的绥德县，在宋夏之间的战略位置十分重要，宋神宗犹豫后予以拒绝。四月，梁氏以此为借口，派兵进攻宋秦州，守将范愿战死。九月，又发兵进攻宋朝庆州，大掠人口。闰十二月，梁太后的弟弟梁乙埋亲自率兵围攻绥德城，无果而退。但是熙宁三年（1070），西夏再次大规模攻宋，深入环庆路，庆州守将郭庆等阵亡。自此，夏毅宗去世前与宋订立的盟约，在梁氏当政时一系列的攻打行动中全面破产。所谓"熙宁四年，西夏叛盟"，指的应该就是这一系列战事。

对于西夏的一系列扰边活动，宋朝采取两方面反击，一方面在河湟地区积极备战，于熙宁五年（1072）取得熙河大捷；同时命种谔为鄜延钤辖，攻取西夏横山地区，即"朝廷命将出师，诸路并进"。

啰兀城之战，是在宋神宗开边政策指导下、种谔谋取横山地区的一次重要战役。据志文记载，折克柔参加了夺取啰兀城的战争，"提其众隶前军麾下，公贾勇先登，斩获居多，军声大振，众方转战深入"。据《宋史》，"韩绛发河东兵城啰兀，继祖为先锋，深入敌帐，降部落户八百"[②]。

① 《宋史》卷485《夏国上》，中华书局1977年标点本，第14002页。

② 《宋史》卷253《折德扆传》，中华书局1977年标点本，第8865页。

据此，则折克柔应当是随仲父、知府州事折继祖一同出征。

关于啰兀的地位以及筑城时间，白滨先生在《啰兀筑城考》一文中，已经详细地论证过。该文认为“啰兀，初建于宋太宗淳化年间，原为抚宁新治所。啰兀为西夏语石城或石头城之意。其地位宋夏边界上，扼横山冲要，为宋夏必争之地。熙宁四年为宋所占，寻复弃。元丰四年宋设置，后废。崇宁三年修复，赐名嗣武寨”①。

啰兀城争夺战，麟府路方面和折家将都有哪些军事活动？《宋史·折德扆传》载：“韩绛发河东兵城啰兀，继祖为先锋，深入敌帐，降部落户八百。”熙宁四年的宋夏战争，韩绛以参知政事身份宣抚陕西、河东，兵分七路，讨伐西夏。

据《续资治通鉴长编》载：“是日（熙宁三年十二月十三日），知太原府吕公弼言：种谔申乞下麟府军马司。发兵，与谔会银、夏州收接归顺蕃族，望朝廷明降指挥。诏公弼一听宣抚司处分。枢密使文彦博等又奏，欲令公弼如谔所请，速差麟府军马司元定得力将官，领兵会谔，仍多募向导，远设斥候，无致坠贼奸计。诏依此与约束。”② 又据《续资治通鉴长编》同卷记载：“初，绛檄河东发兵与谔会银州，有不如期，令谔斩其将。”③ 综合分析，当时种谔领兵赴啰兀城，要求韩绛檄河东出兵会于银夏之地，韩绛准允了这个请求，发河东麟、府、岚、石等州兵出征。

此次麟府军出兵，折继祖所司，《宋史》记为“先锋”，事实并非如此。麟府路出兵，甚至连配合都算不上，种谔仅仅是要求河东军会于银夏之地收接归顺蕃族——立功心切的种谔，行军前不仅没有与河东路麟府军做过沟通，而且在行军前已经打好如意算盘要收接蕃族。种谔的真正用意，是又想得到河东军的配合，又担心河东军抢功，故而用了这么一个荒诞的理由，既让河东军出兵银夏分担西夏的军事压力，又将行军指挥的权力牢牢抓在手中。折继祖同年九月病殁，他有没有亲自参加啰兀城之战，不得而知，不过府州折氏家族随军出战的有折克柔、折克行，还有继字辈

① 白滨：《罗兀筑城考》，《宁夏社会科学》1986 年第 3 期。

② （宋）李焘：《续资治通鉴长编》卷 218，熙宁三年十二月己巳，中华书局 2004 年标点本，第 5303—5304 页。

③ （宋）李焘：《续资治通鉴长编》卷 218，熙宁三年十二月丙子，中华书局 2004 年标点本，第 5306。

的折继世。[①]

关于行军的日期，本志文记为“自正旦西征”。按，正旦即正月初一，据《续资治通鉴长编》载：“……然河东兵由麟州神木寨趋生界，度十五日仅得至银州，谔但与期五日，河东兵恂恂以为言。”[②] 但是种谔心急，限河东兵五日到达。权宣抚判官赵卨认为“麟、银地里，非五日可至”[③]，极力反对；河东方面，熙宁三年十二月十三日，知太原府吕公弼才收到种谔请求河东发兵的申文，文彦博等奏速差麟府军马司定得力将官出征人员。此处言正旦西征，则麟府军马司直到熙宁四年正月初一才命将出征，根据《续资治通鉴长编》记载，河东兵九日才到。而种谔于熙宁四年正月初三已经达到啰兀城，凡二十九日，大小四战。[④]

如此，则河东兵虽然后期而至，但还是参与了啰兀城战役。同时，折克柔到达啰兀城之后，继续有军事活动。不过从其内容来看，似乎仍然是保护粮道的任务。因为这次战役，从一开始谋划到实际执行，都由种谔操办。所以立功心切的种谔，本来十五日的军期，却令麟府军于五日内到达，特别的严苛。后来又不等麟府军，就亲自率军先发。事实证明，种谔要麟府军出动，并没有将其当作主力或者要求两军合围的意思，而仅仅是配合。从河东兵违反军令、没有按期到达、但也没有受到惩罚来看，也能看出种谔的用意。

涉及啰兀城战役的史料，无外乎《宋史》相关列传，最为详细的是《续资治通鉴长编》。本志文的出土，以墓志碑铭的形式，补充了啰兀城战役中河东路麟府军的军事行动。

---

① 戴应新：《折氏家族史略》，三秦出版社1989年版，第87页；《宋史》卷486《夏国下》，中华书局1977年标点本，第14009页。

② （宋）李焘：《续资治通鉴长编》卷218，熙宁三年十二月丙子，中华书局2004年标点本，第5306页。

③ （宋）李焘：《续资治通鉴长编》卷218，熙宁三年十二月丙子，中华书局2004年标点本，第5306页。

④ （宋）李焘：《续资治通鉴长编》卷219，熙宁四年正月己丑，中华书局2004年标点本，第5320页。

三　袭职府州的原因

> 九月，季父继祖寝疾不起，以公世袭，除银青光禄大夫，检校工部尚书兼御史大夫，上柱国，文思使，知府州兼麟府都巡检使。

熙宁四年（1071）九月，折继祖病殁。折继祖临终遗嘱，以兄子克柔袭职。李裕民先生在《折氏家族研究》一文中，曾探讨过知州传袭的特点。其中提到："从习惯上看，折氏崇尚的是父子继承制……兄弟承袭之后，决不再传给长兄之子，一般传给最后一位当知州的兄弟之子，唯继祖例外。"①《宋史》提到，"继祖有子，当袭州事，请以授兄之子克柔，诏从之"②。李裕民先生的分析很有道理，只是还没有揭示折继祖为什么遗嘱坚持以兄之子克柔代立的原因。结合本志文的记载，这个原因似乎可以进一步探讨。

1965年，府谷县出土《宋故福清县太君李夫人墓志铭并序》墓志。李夫人为折惟忠之妾，"年二十二"生折继祖，其卒年为熙宁五年，享年七十四岁。则李夫人生年当在咸平二年（999），据此推算折继祖当生于天禧五年（1021），到熙宁四年（1071）病殁，折继祖享年五十一岁。而据《宋故福清县太君李夫人墓志铭并序》一文称，折继祖三子，长子折克仪早亡。按照估算，次子折克禧当为二十岁左右。而其时，折克柔已经三十岁，正值壮年。折继祖遗嘱坚持以折克柔袭职，应该是折克柔年长的原因。因为折继祖袭职，就是当其兄折继闵殁时，折克柔等人年幼而折继祖正值壮年。府州地当契丹、西夏边境，是北宋河外军事重镇。西夏和契丹，也曾多次兵犯府州。所以，无论按军功还是论年龄，三十岁的折克柔更适合担当知州这一重任。

从这里似乎可以看到，作为北宋唯一可以世袭知州的府州折氏，它的世袭有别于传统意义上长子继承制。折御卿的长子折惟正，在折御卿去世

---

① 李裕民：《折氏家族研究》，《陕西师范大学学报》1998年第2期。

② 《宋史》卷253《折德扆传》，中华书局1977年标点本，第8865页。

后袭职知府州事。但两年后，朝廷因其患病而请他入朝，改任其弟、二十岁的折惟昌袭职。[①] 之后折惟忠的长子折继宣袭职，折继宣因为安抚部落政策不当，被朝廷削职，改任其弟折继闵袭职。折继闵皇祐二年（1050）病，请以继祖代立。其时长子折克俊早亡，次子折克柔年龄不满十岁，而折继祖当时已年近三十岁。此次折克柔代立，又因为折继祖长子早亡，而相比次子折克禧，折克柔正值壮年。之后折克柔请以弟折克行代立，其时折克行也已近壮年。从以上折氏诸人袭职的情况来看，府州折氏的世袭不存在长子继承制，虽然有兄终弟及的情况，但更崇尚的是年富力强。这个因素，与府州的政治、军事位置大有关系。首先府州地当宋、辽、西夏三国边境，政治关系复杂多变，随时会有军事斗争活动；其次府州境内多为"蕃部"，各部分帐落而居，听候"蕃官"折氏调遣，民族关系处理不当，就会发生折继宣时部落离散的事情。这些因素，决定了知府州事一职的人选，年龄不能太小、也不能太老，身体更不能有缺陷，须要上阵会打仗、卸甲能安民。而府州折氏，自折继闵请弟折继祖代立，到折继祖坚请侄折克柔代立，到折克柔请弟折克行代立，都是主动请命。可见府州折氏的世袭，以职责为先。折氏非皇亲故旧，能世守府州，原因即在于此。

四　理政安民

> 七年，岁饥，河外为甚。公遣弟克行劝谕出粜，仍奏贷米五万斛。神宗嘉纳之，悉如其请，全活一方，民益爱戴。

其时为熙宁七年（1074），据《续资治通鉴长编》载："文思使、知府州折克柔言：'今岁河外饥馑，蒙贷赈，尚未周给，人欲流散，恐北敌因而招诱，遂虚并边民户。臣乞保借米三万石、粟二万石赈济，候丰熟偿。'诏赐省仓粟二万石赈济，米三万石借贷。"[②] 志文与史料记载正相符

① （清）徐松辑：《宋会要辑稿》第16册《方域二一·府州》，上海古籍出版社2014年标点本，第9697页。

② （宋）李焘：《续资治通鉴长编》卷258，熙宁七年十二月甲戌，中华书局2004年标点本，第6300页。

合，贷米五万斛，朝廷最终给赈仓粟二万石，另外米三万石是借贷的。志文提到司农丞黄廉，字夷仲，洪州分宁人。第进士，历州县。“熙宁初，或荐之王安石。安石与之言，问免役事，廉据旧法以对，甚悉。安石曰：‘是必能办新法。’白神宗，召访时务，对曰：‘陛下意在便民，法非不良也，而吏非其人。朝廷立法之意则一，而四方推奉纷然不同，所以法行而民病，陛下不尽察也。河朔被水，河南、齐、晋旱，淮、浙飞蝗，江南疫疠，陛下不尽知也。’帝即命廉体量振济东道，除司农丞。还报合旨，擢利州路转运判官，复丞司农。”① 志文言黄廉为司农丞，与本传正相符合。从其言论来看，其时不仅河外岁饥，河朔、河南、齐晋、淮浙、江南均有灾荒，正值王安石变法最艰难的时期。

志文又记载“十年春，大旱。公奉诏虔诚，曾不旋踵，千里霶霈。并帅、丞相韩公绛奏其治绩，上甚嘉之”。《续资治通鉴长编》载：上批：“闻诸路皆少雨，可令转运司访名山灵祠。已雨，速具以闻。监司察刑狱淹延，或就近巡按”②。据此可知熙宁十年春季发生大范围干旱灾害，志文所记不缪。韩绛（1012—1088），字子华，开封雍丘人，庆历二年（1042）进士。神宗时拜枢密副使，熙宁三年（1070）除参知政事，西夏扰边，自请为陕西、河东宣抚使。后以兵败，罢知邓州。七年（1074）拜相。哲宗立，为北京留守，封康国公，后告老致仕。而关于韩绛奏举折克柔，《宋会要辑稿》载：“元丰元年二月七日，文思使、知府州折克柔领忠州刺史，以河东路经略使韩绛言‘克柔承袭，已及六年，乞依折继祖例，优于迁官’，故也。”③ 志文所记，与此亦相符合。

五　折氏谱系与姻亲

折克柔共娶了三位妻子，一位陶氏、两位王氏。因为资料缺乏，对于

① 《宋史》卷 347《黄廉传》，中华书局 1977 年标点本，第 11002 页。

② （宋）李焘：《续资治通鉴长编》卷 281，熙宁十年四月辛卯，中华书局 2004 年标点本，第 6891 页。

③ （清）徐松辑：《宋会要辑稿》第 16 册《方域二一・府州》，上海古籍出版社 2014 年标点本，第 9699 页。

其岳家的详细情况，已经不能确知。从其职衔”卫尉少卿”“閤门祇候”“文思副使”来看，同样为武官，且与折克柔的官品相当。

其第三个妻子王氏，为“文思副使承泰女”。王承泰，史籍无传也无名，不过从这个名字来分析，极有可能是丰州王氏。丰州为北宋河东路麟府丰三州中最小的一个州，其“蕃官”为藏才族王氏，宋初有知州王承美，曾娶折氏女为妻。不过王承美于大中祥符五年（1012）已经去世。如果王承泰与王承美为弟兄，而折克柔又能娶其女为妻，则王承泰与王承美兄弟的年龄差近三十岁（折克柔生于1042年，其妻王氏不会早于这个年龄而生，王承泰势必要活到1042年）。这个年龄差距比较大，又没有佐证，故笔者不能遽下定论。

折克柔共有八子、十五女，志文所列诸子的名字，可以进一步捋清折氏的谱系。《折继闵神道碑》列出折氏家族男女共八十一人，非常详细。可惜的是，并没有列清后代与前辈的继承关系。相关研究专家在排列折氏谱系时，只有根据仅有的墓志碑铭和零散的史料记述来判断。《折克柔墓志铭》列出了折克柔八男十五女及二孙男的详细情况。因为碑文破损，正好缺了长子名字，只留下了皇城使和河东第十一副将的官衔。皇城使，为北宋武官官阶名，属诸司正使首阶，正七品。政和改官制后，更名为武功大夫。根据《折继闵神道碑》的记载，折继闵诸孙中拥有武功大夫官阶的有折可復、折可权二人。[①] 考古学家戴应新在1976年的发掘中，曾掘得砖质墓志一方，据其考证，折可復当为折克柔的四弟折克俭之子。[②] 而折克行三子，《折继闵神道碑》均有著录。则在府州折氏诸子当中，没有做过知州又能拥有如此之高官阶的，应当是折克柔长子——折可权，其武功大夫的官阶，当为恩荫而得。其余七子为可政、可著、可霖，均官右侍禁；可颂、可绩，右班殿直；可常、可赋，立碑时没有官职。其二孙男为彦璋，右班殿直；彦图，立碑时还没有官职。

十五女的婚姻，唯有长女的情况稍微可以探讨，她嫁给了皇城使、昌州刺史李澄。据《续资治通鉴长编》所载的一份处罚名单，其中有“权知

① 戴应新：《折氏家族史略》，三秦出版社1989年版，第71页。

② 戴应新：《折氏家族史略》，三秦出版社1989年版，第100页。

岷州、皇城使、昌州刺史李澄追十四官，免勒停，权管勾岷州”[①]。此所记时间为元符二年（1099）事，而本志文刻写于政和元年（1111），前后相距十二年，《续资治通鉴长编》所记之昌州刺史李澄，应该与本志文所记是同一个人。如此，则与折克柔结亲的李澄，亦为武官，且其官品，与折克柔相当。双方结亲，可谓门当户对。而且李澄官在四川境内，与府州相距遥远。再加上为本志文撰写、书丹、篆盖的郭长卿、蒲卣和上官行做官的分布地域来看，府州折氏虽然孤悬河西，但其政治关系，却不限于河西。

折克柔与牛氏的姻亲关系也值得注意。折克柔次女嫁于绛州知正平县事牛元诲，次女早卒，折克柔又将第三女嫁给他。绛州正平县，今山西省新绛县，牛元诲为北宋知县一级的官员，不仅自己娶了折克柔两个女儿，他的弟弟牛元谘，又娶了折克柔的一个女儿，这个婚姻关系可以算是很密切了。

① （宋）李焘：《续资治通鉴长编》卷570，元符二年三月乙丑，中华书局2004年标点本，第12086页。

将门良驹：折克俭与宋夏战争

鲜卑族裔府州折氏，是宋代唯一拥有世袭知州特权的家族，也是宋代有名的边将豪门。史书谓折氏“代出名将”，自折从阮抗辽自立以后，先后涌现出诸如折德扆、折御卿、折继闵、折克行、折可适等多位优秀将领，他们的事迹或详或略地被记录在《宋史》等史籍中。作为一个历经十代之久的将门世家，折氏子弟亦多知兵，常在宋夏战场上为国尽忠；父祖的恩荫、后天的努力，加之朝廷对折氏的恩宠，折氏子弟在官职升迁方面亦表现出超凡的一面。折氏子弟多数可以轻而易举地获得三班使臣的官阶，战功多者即可得到诸司使、副的官阶。折继闵之子折克俭，以父荫入官，参加了宋朝对夏战争中多次军事行动，最终官至右骐骥使，正如其墓志所谓，堪称折氏“将门良驹”。本文即以其墓志为中心，结合传世文献记载，拟对折克俭的一生及其与宋夏战争的相关史实进行考述。

《折克俭墓志》，全称为《右骐骥使河东路第八将护军武功县开国男食邑三伯户赠右金吾卫大将军折公墓志铭并序》，志石高、宽均为 94 厘米，厚 14 厘米，有宽约 2.5 厘米的花边，现藏府谷县文管会。

折克俭，史籍无传。1976 年，在府谷县折氏坟园内发现了《折继闵神道碑》，其中有继闵“子六人，长克俊，左班殿直，早逝。次克柔，皇城使、忠州刺史、致仕。次克行，秦州观察使、太原府路兵马钤辖、知府州，累赠少师，谥武恭。次克俭，左骐骥使。克廉，右班殿直。克仁，内殿承制，皆卒”的记载，[①] 与折克俭墓志中“考讳继闵，宫苑使、果州团练使、充麟府路驻泊兵马钤辖、知府州、赠太尉”的记载正相印证；不合者，只有折克俭左、右骐骥使的官阶。

① 戴应新：《折氏家族史略》，三秦出版社 1989 年版，第 71 页。

从兄弟六人的官阶来看，兄长克俊早逝，故与五弟、六弟官阶一样，为八九品的小使臣。克柔、克行先后继任知州，官阶较高，皇城使是武官阶正七品的第一资、秦州观察使则属于武官官阶最高一等的正任官阶列，元丰官制后为正五品。四弟克俭虽然没有做过知州，其官阶“右骐骥使”却属于大使臣二十一阶的第四资，仅次于仲兄克柔。克俭又为河东第八将，还有护军的勋官和开国男的爵位，以及死后的追赠。志文撰者官品虽较低，却是时任知府谷县事张惠夫，与折氏同处一方，是深知折克俭经历的人；书丹和篆盖者官品较高，均为从五品的朝请大夫，分别是时任广西路转运副使陈仲宜、开德军府通判吴恂。种种迹象表明，折克俭必定有过非凡的经历和战功。

一　折克俭少时读书

据志文，折克俭，字仲礼，卒于绍圣五年（1098），享年五十有一，则其生年当在庆历八年（1048）。他的简历可以写为：折克俭（1048—1098），字仲礼，北宋府州人。

折克俭四岁的时候，父亲折继闵去世，季父折继祖袭职，并担负起照料家族的任务。因此墓志铭中有“公在襁褓亡怙，恃仲父鞠育，殆过所生”之语。

幼年丧父的折克俭，表现出与众不同的行为：“沉默寡言，不为子弟华靡。须长者命，然后敢出入。择士以交，行不由径，卓然异于流辈，真千里驹也。初，嗜诗书，笃学问，躬延儒生，靡有惰容。”府州折氏，世守本州，习武风气浓郁，武将辈出，能征惯战。相反，折家的文风远不如武风浓厚。折家祖先，从太山公到折嗣伦、折从阮、折德扆、折御卿五代人，史书中没有记载其有读书好文的；到了折继闵时才“读韬略，务通大义，论古今将帅，识其用兵意”。即使如此，折继闵读的也还是兵书一类，而他带兵时，见其“部曲有习书数者，辄笞辱之，以谓：‘边兵当以射猎战斗为生活，今更习书数，疲耎自是始矣。’”[①] 在这种家风之下，折克俭

① 戴应新：《折氏家庭史略》，三秦出版社1989年版，第71页。

知书识礼、择士问学的行为，真的是“卓然异于流辈”了。折克俭这种浓厚的文气，恐怕与其季父折继祖有关。据《宋史》载，折继祖曾得仁宗赏赐《九经》。[①] 李裕民先生曾谓“在北宋前期，折氏对用兵以外的知识是轻视的……到折继祖任知州后，此风有很大改观”。他引《玉壶清话》：嘉祐二年（1057），麟州通判夏倚因公至府州，折继祖拿出“图史、器玩、琴博、弧矢之具”供他欣赏；夏倚则评价说，“虽皇州缙绅家止于是乎，信乎文德之遐被也”；还说“其子弟亦粗知书”[②]。有本志文佐证，夏倚所说的话，当不止为官场恭维之语。

另外，据府谷县文管会所藏《宋故安丰王评事墓志》所记：王光甫（1056—1122），其祖父本为“石之师儒”，嘉祐中，其父迁居府州。王光甫“幼孤，禀质喜文，日谒先生之席听读亡倦”，“僻于文字之乐，谆谆之诲，亦励其子星历、五行、风角、推步之术，而皆尽粹”，到其卒时，“藏书仅千秩以遗□昆，四方金石遗文，靡所不有”。王氏文风浓郁，其长子举进士，不幸早亡。墓志铭为其次子宗望所书，孙男四人，长孙习佛，次三孙均习文。

王氏家族并非显宦，却是府州地方上难得一见的诗书世家，其时代与折继祖知府州、折克俭少年时期大致相同。上有府守雅好文史，中有世家子弟嗜读诗书，下有民人习文传家，则其时府州文气渐开，可见一斑。

折氏地处边境，毕竟须以武立家。折克俭虽然嗜读诗书，却也不得不面临这样的现实。在家族长辈的劝导下，最终“感悟，始习骑射，学军旅，凡战守之画，纪律□□，□深明而博究，以至蕃汉兵，亦熟察其情”。墓志谓其壮志为“当宽明主西顾之忧”。折克俭从一位文士成为武官，“以太尉遗表，补三班奉职”，一步一步走向宋夏战场。

二　元丰四年八月麟府路出界招徕蕃族

熙宁四年（1071），仲兄折克柔袭职知府州事。他对四弟很照顾，“始

① 《宋史》卷253《折德扆传》，中华书局1977年标点本，第8865页。

② 李裕民：《折氏家族研究》，《陕西师范大学学报》1998年第2期。

领州牧，首奏辟公随行指使以□”、“事无巨细，一以属委”。不过在折克柔继任以来，宋夏之间刚刚打完啰兀城之战和熙河之战，局势较为安宁。所以直到元丰四年（1081）前，折克俭一直在麟府路任职，熙宁七年（1074），麟府路军马司委任折克俭权宁府寨靖化堡弓箭手巡检。四年后（1078），折克柔因目疾，归职于三弟折克行，四弟折克俭倾力支持。袭职后的折克行也很看顾弟弟，向朝廷推荐他，并得到时任枢密直学士、河东经略孙永的任用。因为阙文，不知具体情况，但最后两字为“拥队”。熙宁七年（1074），朝廷实行将兵法。每路设一定名额的将，为仅次于军之下的一种军事编制单位。每将设主将、副将、押队、部将、队将、拥队等职务。据此，其时折克俭在军中担任的仅只是基层的军职。

从元丰四年（1081）开始，宋夏关系又开始紧张。这一年，西夏发生政变，惠宗李秉常被其母亲梁氏幽禁。宋朝方面得知消息后，朝野上下一片哗然，以为是兴师问罪的好时机。所以朝廷一面招徕蕃族，一面下令兵分五路，大举伐夏。志文载“四年八月，麟府路军马与第七将分道招来蕃族。适遇敌，公居前迎战，一鼓而破之。奉□□□□□□□□月，诏五路出师，问罪河东”。从行文上来看，这里面似乎是两次出师。而据《折克行神道碑》的记载，当年折克行也是两次出师。[①] 元丰四年（1081），宋夏之间发生第二次灵州之战。宋军五路军马一起出动，欲直捣灵州。然据史籍载，隶属于宦官王中正节制的麟府军，是在当年九月丙午从麟州出师的。[②]

事情原来是这样的：元丰四年四月间，朝廷收到沿边诸将奏文，得知西夏政变。从四月到七月，神宗一方面加紧沿边诸将进一步侦探情况，一面调兵遣将，并最终于七月庚戌日确定出兵日期，即“九月丙午日”。而发起此次军事行动的武将，是鄜延路主将种谔。他认为应该乘西夏政变、各部族迟疑不决之际，出界招徕沿边蕃族；并且于八月初二就领兵出绥德城外，同时命所属各部将出塞招徕蕃族。当时麟府路军马听种谔节制，所以麟府路也参与了这一次出塞招徕蕃族的军事行动。本志文所记“四年八

---

① 戴应新：《宋〈折克行神道碑〉考释》，《文博》1987 年第 2 期。

② （宋）李焘：《续资治通鉴长编》卷 316，元丰四年九月丙午，中华书局 2004 年标点本，第 7650 页。

月，麟府路军马与第七将分道招徕蕃族”的记载，与史料吻合。种谔的行动，引起西夏军警觉。为此，朝廷很是不满，神宗诏令鄜延路经略使沈括，要求种谔等退兵，完养士气，以待原定出兵日期。所以在《折克行神道碑》中才会有麟府路军马出界后一战而班师的记载。

折克俭墓志载宋军元丰四年八月出界招徕蕃族，与《折克行神道碑》所记吻合，当可作信史；鄜延路与麟府路的两次出界，可丰富我们对宋夏关系史研究的相关认识。

三　元丰四年九月麟府路出界攻取宥州

志文载：“厝置司差公为前军右阵队将，进攻宥州，夏贼来拒。公奋击破敌，亲枭贼首，第赏给赐银绢，减贰□□□。”

厝置司，当为麟府路措置司的简写，《续资治通鉴长编》载，其节制官为宦官王中正。[①] 其时，折克俭在军中的地位有所提高，为队将。折克俭率军攻取宥州，乃是为了掠取军需。王中正“不习军事，自入虏境，望空而行，无向导斥候。性畏怯，所至逗留”[②]。司马光的指责不无道理，《续资治通鉴长编》记王中正自九月丙午出界至白草平后就逗留九日，直至十月乙卯，方引兵西行三十里，到鹅枝谷，丙辰至皓峰，又逗留不前。还有两个比较关键的原因，本来麟府路出兵，朝廷要求鄜延路种谔听王中正节制。河东路转运判官请问出界需备几日粮，王中正自以为鄜延路要听命于自己，只要两军会合，鄜延路的粮草也就可以为麟府军所用，所以命令只备半月粮。结果鄜延路种谔因为率先攻取了米脂，朝廷又发诏令，鄜延路不再听王中正节制。王中正管不到鄜延路，就得不到鄜延路的粮草。麟府军开始饿肚子，好在发掘出界外人的窖藏，勉强撑了一阵子。等王中正率军到达夏州时，夏州已经投降了种谔。鄜延军抢功先行，麟府军所得

---

① （宋）李焘：《续资治通鉴长编》卷315，元丰四年八月己未，中华书局2004年标点本，第7618页。

② （宋）司马光：《涑水记闻》卷14，中华书局1989年版，第279页。

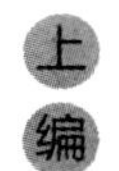

才三十余级，粮食又不够，众军将迫切要求一场战斗。[①]

宥州，在今陕西省靖边县东，原隶定难军，为西夏左厢要地，嘉宁监军司治所，是西夏对宋的交通门户。[②] 而宥州之战，确实给麟府军提供了立功的机会。《涑水记闻》记载，宥州有民五百余家，麟府军攻城，斩首百余级，迫降十余人，获牛马百六十，羊千九百。之后，府州知州折克行又率军发蕃族窖藏，途中遇敌千余，斩首九百余。据《折克行神道碑》记载，此后折克行还有一次胜仗。

综上，元丰四年九月，折克俭与兄折克行奉命出征，因为统军的王中正缺乏运筹帷幄的能力，致使麟府军马缺粮。在此情况下，麟府军决定攻取宥州。在这次战役中，折克行为先锋，折克俭为前军右阵队将，宥州很快被夺取。折克行率军又发窖藏，又两次迎敌，折克俭应该也参与了这些战斗。不过，元丰四年（1081）宋军的征讨，最终还是以失败告终。

四　元丰五年麟府军出界

元丰四年（1081）宋军五路伐夏，终因粮草短缺而全部撤还。西夏方面，秉政的梁太后加紧收复失地，鄜延路与麟府路所得银、夏、宥等地重新被西夏控制。次年四月前，沈括遣部将曲珍屯兵绥德城，准备城守葭芦寨。“括使龙神卫四厢都指挥使、绛州防御使曲珍将步骑二万，治师于东川，言欲袭葭芦，出鄜延东道。夏人悉备东方。师行数里，反旋而西，三日至金汤，拔之，斩首千五百级，俘宥州观察使格众数千人而还。乃移军讨葭芦，遣曲珍屯绥德以图之。夏兵塞明堂川以拒珍。括阴遣别将李仪自河东客台津夜绝河以袭葭芦，河东将訾虎率麟、丰之甲会之。夏回救葭芦，还，得地二百里，控弦四千人，以守河梁。”[③] 其中就有麟府军马司参加，但是其中没有提到府州兵。到四月己卯，沈括上奏：“曲珍已分遣将

---

① （宋）李焘：《续资治通鉴长编》卷318，元丰四年十月庚午，中华书局2004年标点本，第7683页。

② 吴天墀：《西夏史稿》，广西师范大学出版社2006年版，第230页。

③ （宋）李焘：《续资治通鉴长编》卷325，元丰五年四月甲子，中华书局2004年标点本，第7820页。

佐城葭芦寨。诏：‘近据麟府军马司，张世矩已领兵出，讨除左厢屯聚贼马，宜移报曲珍照会诫敕所遣出界将佐，照管士卒，稳审取胜，勿轻敌也。’”① 庚辰，“上批付沈括：‘麟府路谍报，西贼于神木堡聚兵，其首领皆牙头选募血战之人。本路兵出塞当次地分，不可不小心接战，可与曲珍诫责将官，详审措置。’”② 据此则可确定，鄜延路城守葭芦寨的时候，麟府军也出界牵制夏军。

志文记载，与此相符：“□□□□，麟州界举兵入右厢掩袭贼屯，至匿坑浪，公率先与贼鏖斗，贼奔北，遂烧夷附落，队下斩馘百余。叙功，迁右侍禁。”其中所缺四字，当为“五年四月”。惟不知“匿坑浪”在何处，不知麟府军此次出界、与西夏交兵的地点。不过，此处有一错误之处。元昊建国后，在边境设置左、右厢，左厢宥州路，驻兵五万人，以备鄜延、麟、府，右厢甘州路，驻兵三万人，以备西蕃、回纥。故此处所言“入右厢掩击贼屯”，当为“左厢”之误。

五　元丰六年阻击西夏兵犯麟府路神堂寨

经过以上两次战争，宋夏双方损失都很惨重，宋朝方面开始修筑边堡防御，而西夏方面则年年四处扰边，宋夏间局部的小规模战争时有发生。而这些战斗，为折克俭提供了很好的发展机会。四五年间，折克俭的官阶就从正九品的小使臣升到从七品的诸司副使阶。

《宋史》载：元丰六年（1083）五月，“是月，夏人寇麟州，知州訾虎败之”③。《续资治通鉴长编》元丰六年六月辛亥：“河东经略司言：五月，西贼入麟州神堂寨，知州訾虎等领兵出战有功。”④ 本志文记载：“六

① （宋）李焘：《续资治通鉴长编》卷325，元丰五年四月己卯，中华书局2004年标点本，第7831页。

② （宋）李焘：《续资治通鉴长编》卷325，元丰五年四月庚辰，中华书局2004年标点本，第7832页。

③ 《宋史》卷16《神宗三》，中华书局1977年标点本，第310页。

④ （宋）李焘：《续资治通鉴长编》卷335，元丰六年六月辛亥，中华书局2004年标点本，第8078页。

年春，麟守訾虎□师□□□□□□□族。时有贼首数辈，率众遽来。公为中部右骑，引兵冒矢石，直前决战，躬尅酋健，所部诛获百余级，招降耆倪数百户，夺畜产千计。”证以史料，与此正相符合。据《北宋麟府丰三州守臣索引》，訾虎，约神宗元丰五年至哲宗元祐初任守麟州知州。[①] 则其时，折克俭参与了神堂寨战斗，并且大有斩获。所以经过朝廷考核，折克俭由正九品的小使臣，转为正八品大使臣即内殿崇班、内殿承制。

折克俭的官阶升高后，实缺的地位也随之提高。元丰七年（1084），其兄折克行请于帅司，求军马司留充准备差使，朝廷随即授以神木、肃定堡巡检职务。考宋代麟州地理，麟州下设新秦县、银城县、连谷县。银城县又有神木寨、神木堡、肃定堡。不久，折克俭又权第三将部将。当时吕惠卿为河东经略使，元丰八年（1085）二月，又易折克俭权第七将部将，驻地从汾州转到晋州。

六　元丰八年麟府路出界

元丰八年，折克俭再次随兄折克行出战，斩获有功。“会夏贼□□侵□□鄙，开府公为制将出师讨荡，及皆崖、罗浪与贼遇。前锋将破贼寨，乞增兵。开府公帅兵潜袭，部下斩获甚众。录功，推减年为赏。”

但是此次出兵，《折克行神道碑》没有记载。《续资治通鉴长编》载：四月庚戌，“知太原府吕惠卿遣兵入西界，破六寨，斩首六百余级”。后面小字注云：“《吕惠卿家传》云：‘……吕惠卿牒知屯聚所在，迁将刑佐臣、折克行、訾虎以蕃、汉步骑二万二千出左厢，至聚星泊、满郎、嘉伊、革罗朗、三角等处，破六寨，斩首六百余级，凡首领十三人，获铜印十四颗，骆驼牛马以万计，追奔数十里，振旅而归。……”[②] 又，五月甲午：“皇城使、荣州团练使、知府州、兼河东第十二将折克行言：‘率兵入西界夜战，翌日克捷’；崇仪副使、权管勾麟府路军马公事刑佐臣言：‘第一将訾虎率兵入西界聚星泊、满朗，战胜，获首四百级、伪钤辖一人。诏有功当赏者，

① 李之亮：《北宋麟府丰三州守臣索引》，《延安大学学报》2001 年第 1 期。

② （宋）李焘：《续资治通鉴长编》卷 356，中华书局 2004 年标点本，第 8478 页。

经略司书空名迁官宣箚行赏，自朝廷推恩，即具功装以闻。”[①] 两史料结合，则折克行于当年四月入西界至嘉伊、革罗朗。而志文记载，“及皆崖、罗郎与贼遇”，嘉伊与皆崖，革罗郎与罗浪，音韵相近，更增加了本志文的可靠性。如此，则本志文所记不误，可补《折克行神道碑》缺漏之处。

七　绍圣四年麟府军两次出界

志文载，绍圣二年，折克俭充河东第四副将，忻州驻扎。而其时“西鄙未靖”，因为当时西夏以划界未定为名，不断侵扰边境。绍圣三年，夏军数十万入犯鄜延，直达延州城下，攻陷金明寨。《折克行神道碑》记载，为牵制夏军，折克行出兵麟州界外。此间，折克俭“屡申请易边任。俄被帅檄选，公应副河外军期”。应副河外军期，指的应该就是援助鄜延路的战役。四年闰二月以来，折克俭又两次出界，《折克行神道碑》对此也有记载。《续资治通鉴长编》，绍圣四年夏四月乙酉：“枢密院言：‘河东路自去秋及今，折克行等累统制军马出塞，无不胜捷，前后共获贼首三千余级。近出师援助修筑葭芦寨，师旅方还，数日间，将兵出界，照应泾原进筑，直至西界地方长沙川以来，讨荡贼巢，斩级两千，获孳畜、铠仗，焚荡族帐不少。贼众缘此远遁，不敢并边牧。……’”[②]《续资治通鉴长编》从元丰八年至绍圣四年夏四月前的内容缺失，故找不到折克行出师的直接记录。前引记录，是绍圣四年枢密院上奏哲宗皇帝的部分内容。从中可以窥见，绍圣三年秋以来，麟府军频繁出界，斩获巨多。《续资治通鉴长编》又记载河东路经略司奏文，其中提到“闰二月十五日，西贼六万侵犯神堂等堡”、“王师乘胜修筑葭芦”，则本志文所记四年闰二月折克俭出界，当为事实。[③]

---

① （宋）李焘：《续资治通鉴长编》卷356，元丰八年五月甲午，中华书局2004年标点本，第8507页。

② （宋）李焘：《续资治通鉴长编》卷485，绍圣四年四月乙酉，中华书局2004年标点本，第11518页。

③ （宋）李焘：《续资治通鉴长编》卷490，绍圣四年八月癸未，中华书局2004年标点本，第11623页。

绍圣三年到元符二年，孙览为河东经略。因为西夏入境，麟府与鄜延交通受阻，经略孙览欲进筑葭芦，联通秦晋。四年，宋军攻入葭芦川，同时麟府路出兵夏界，折克行陈兵吐浑河。宋军两路出动，西夏狐疑不决，孙览乘势进筑葭芦寨。元符二年，宋军又在麟府路筑河外八寨，而这个期间，鄜延、泾原等路，也大修堡寨。两年以后葭芦寨改名晋宁军，从此晋宁军成为联通麟府与鄜延之间的孔道。在此期间，为保护修筑堡寨工程顺利进行，麟府路又两次出军夏界。当时府州知州折克行兼为河东第十二将，统制麟府路兵马，折克俭隶属其麾下，斩获为多。从绍圣元年（1094）至绍圣四年（1097），折克俭因战功而再升五资，加六宅使，而其实缺，则升为第八将。后来因为进筑神泉寨，折克俭参与谋划有功，迁右骐骥使。

至此，折克俭的官阶升到最高，而府州折氏除知州折克行兼河东第十二将外，折克俭以右骐骥使官阶，为河东第八将。而其时，府州折氏家里，还有一位以刺史致仕的左藏库使即折克柔。而折氏另外一位名将折可适，在泾原路战功显赫，官阶为明州观察使、泾原路副使、都总管。则其时府州折氏在边将中的地位，可见一斑。

府州折氏在北宋时世袭了知州一职，其子弟可以恩荫的方式入职，并且依托宋夏间经常性的军事冲突而获得朝廷的封赏和升迁。折克俭的一生，很细致地诠释了这种历史。他本爱好读书，为折氏文风渐开的一个独特例子，但却为族人所劝："我家居河外旧矣，奋卫御侮，世为长城。自郑公以来秉将钺、袭州麾，久被本朝异眷，虽百死何以报？今贺兰逋寇，擅窃跳梁，正抚剑抵掌，愿□□□□之秋。昔人慨然投笔，尚取封万里。矧山西世将，宜举族效节！尔乃释武事，独区区守笔砚，不亦右乎！"故此，折克俭投笔从戎，以乃父恩荫入职，初补三班奉职。经过四十余年间的战斗生涯，最终升至七品的右骐骥使。他所参加的数次战斗，除一次大战外，多属宋夏间沿边围绕堡寨进筑引起的军事冲突，规模小而见功多，加之乃兄克柔、克行的荐举，故其官阶迁转速度，远超正常速度。而其志文详细的记载，正反映了北宋中晚期以来、宋夏双方在今陕北地区针锋相对、错综复杂的互动关系，可补宋夏关系史、府州折氏史研究的不足。

山西贤将：折可适与府州折氏文武风气的转变

折可适（1050—1110），字遵正，北宋河东路岢岚军人（今山西岢岚），西北名将。朝廷给他的制文有“具官河曲令门，山西贤将。不由附丽，自致功名。谋辟天都，戎妪弃帷而远塞；功成夜帐，泰陵受凯以临朝”的赞誉。[①] 他曾用计策大败西夏国母梁太后；也曾因同袍推诿罪责，被连降十三级；天都山一战，折可适俘获西夏统军嵬名阿埋等部三千余人，并为北宋夺取了梦寐以求的战略高地。凭借着赫赫战功而非将门恩荫，折可适由一名部伍小卒，终获泾原路经略安抚使、兼马步军都总管、兼知渭州军州事的实职，官拜淮康军节度使。在北宋烦琐严密的晋升制度下，折可适无疑是佼佼者。

折可适的成功，离不开他所处的时代。他所生活的北宋中后期，正是北宋积极开边之际，故而他能在连降十三级后再获升迁，一战成名。然而在他人生中也夹杂着悲剧色彩，他因洞悉宋夏边情而反对贸然进攻，终遭罢用；他家世的蕃将身份，更是影响了他一生发展。折可适文武兼备，是府州折氏将门转变中的典型代表。北宋著名文学家李之仪（1038—1117），曾与他为同僚，折可适去世后，李之仪曾撰挽联，并为其文集作序，又作《折渭州画像赞》，又应其子折彦质之邀撰《折可适墓志铭》，全称《淮康军节度蔡州管内观察处置等使持节蔡州诸军事蔡州刺史泾原路经略安抚使兼马步军都总管兼知渭州军州事兼管内劝农使西河郡开国侯食邑一千四百

---

① （宋）胡寅：《斐然集》卷14《折彦质赠父》，文渊阁《四库全书》，第1137册，台湾商务印书馆1983年版，第462页。

户食实封四百户上柱国折公墓志铭》，为后世研究留下了珍贵的史料。[①]《东都事略》《元一统志》及《宋史》中有关折可适的传记，即本此墓志铭。作为府州折氏分支，折可适在折氏家族文武风气的转变上占有重要地位，但目前专门就折可适相关问题进行研究的著述还很少。本文即据其志文，试对其中所反映的折可适几个问题作一探讨。

一　岢岚折氏与府州折氏的关系

河东路岢岚军（今山西岢岚）折氏与河西府州（今陕西府谷）折氏同源，即由府州迁居到岢岚军，即岢岚折氏是府州折氏的分支，其迁居世次《折可适墓志铭》中表露无遗：

> 公讳可适，字遵正，其先与后魏道武俱起云中，世以材武长雄一方，遂为代北著姓。后徙河西，有号太山公者，因其所居，人争附之。李克用为晋王，知太山公可付以事，收隶帐下。凡力所不能制者，悉命统之，而能辑睦招聚，横捍西北二虏，封上柱国。以其地为府谷镇，又以为县、为州、为节镇。更五代，皆许之相传袭。其世次至御卿入本朝，尤为太祖皇帝所信任，数下诏书奖慰，赐赉不赀。是生郑国公从阮，生礼宾副使德源，德源生惟让，赠左清道率府副率，则公之曾祖也。祖讳继长，内殿承制、閤门祗候，左千牛卫上将军。考讳克儁，文思副使，赠左领军卫上将军。[②]

此段志文，清晰地记载了折可适家世族源及其与府州折氏的关系。府州折氏的族源，历来有鲜卑说和党项说两种，笔者根据新出土的《折惟正

① （宋）李之仪：《姑溪居士后集》卷20《淮康军节度蔡州营内观察处置等使持节蔡州诸军事蔡州刺史泾原路经略安抚使兼马步军都总管兼知渭州军州事兼管内劝农使西河郡开国侯食邑一千四百户食实封四百户上柱国折公墓志铭》，文渊阁《四库全书》，第1120册，台湾商务印书馆1983年版，第723—730页。为行文方便，以后简称《折可适墓志铭》。

② （宋）李之仪：《姑溪居士后集》卷20《折可适墓志铭》，文渊阁《四库全书》，第1120册，台湾商务印书馆1983年版，第723页。

墓志铭》《折克俭墓志铭》，结合文献记载，曾撰文进一步论证过折氏的族源为鲜卑族，在后来陕北民族面貌整体党项化的背景下，折氏也成了党项人。①

府州折氏在折宗本、折嗣伦、折从阮时期强势崛起于振武军所属的府谷镇，在河东节度使李克用南下逐鹿中原、辽王朝乘机攻破振武军治所（今内蒙古和林格尔）、对代北、河西地区构成严重军事威胁之际，已经党项化；洞悉蕃情、素有战斗力的折氏获得了李克用赏识，获任府州刺史，并最终升任永安军节度使（治今陕西府谷）。府州折氏成长为唐末、五代时期最年轻一支藩镇武装力量。

府州折氏依托中原王朝支持，在契丹军事威胁之下，地位日渐巩固。五代时期中原王朝政权更迭，但无论是后唐、后晋、后汉、后周，抑或是一统中原的北宋，都对守卫中原西北门户的府州折氏礼遇有加，并允许其世袭节度使之职。从阮之后，长子折德扆掌管了府州，其弟折德源也参与了府州的军政管理——折德源正是岢岚军折氏支系的先祖。折德源在史料中出现次数不多，但他同样具备父兄的武略。后周时期，德扆入朝觐见，德源暂代理知州。其间，北汉乘机兵犯府州，被德源击破于黄河东岸保德军沙谷寨（今山西保德）。②

按照府州折氏的世次，唐末麟州刺史折嗣伦是折从阮之父，从阮之后分别是德、御、惟、继、克、可字辈。志文错记、漏记了一代人。错记的是，误将折御卿当做折从阮之父；漏记了御字辈，即折德源之子、折惟让之父。所以折可适曾祖折惟让应该是折德源孙子辈，“德源生惟让”记载有误。府州折氏家族庞大，史料中只记述知州及有战功者事迹，志文记载惟让获“赠左清道率府副率”，看来他并没有什么战功可言，故而在史料中没有踪影。惟让之子折继长，曾任府州百胜寨寨主，名列欧阳修向朝廷推荐有“材能”者的名单中。③ 折可适之父，名为折克儁，他的名讳也见于《续资治通鉴长编》中——只是，其活动地域不在麟府路，而在其南的

① 高建国：《府州折氏族源、改姓的新证据——介绍两方新墓志》，载《西夏学》第9辑，上海古籍出版社2014年版，第110—115页。

② 《宋史》卷253《折德扆传》，中华书局1977年标点本，第8875页。

③ （宋）欧阳修：《条列文武官材能劄子》，《欧阳修全集》卷116，中华书局2001年版，第1765页。

鄜延路。另，《续资治通鉴长编》记其名字为折克隽，不过“隽”与“儁”字，均可与“俊”相通，当是一人无疑。熙宁四年、五年（1071—1072）时，折克隽为鄜延路新夺取的绥德城（今陕西绥德）知城。[①] 折克儁在任时，与其他蕃将如高永亨、曲珍等人积极修筑堡寨、设置把截，受到“各减磨勘三年”嘉奖。可惜的是，折克儁不久就去世了。志文记载折克儁官职文思副使，与《续资治通鉴长编》最后记载折克儁官名正相符合。

综合志文前后内容分析，岢岚军折氏应该是在折克儁时迁居河东的。因为折克儁去世并没有被安葬在府州折氏祖坟，而是葬在了岢岚军北安仁乡道生谷武家会之地。从折可适去世后被安葬于其父“领军墓之西”来看，武家会折氏坟墓应该是从折克儁开始的，因为志文并没有提到“祖茔”或“先茔”的字眼。[②]

折克儁为什么离开麟府路而任官鄜延路，并最终迁居河东岢岚军呢？志文和史料都没有明确记载，笔者以为，这可能与折克儁的父亲折继长有关。折继长本来只是麟府五寨之一百胜寨（今府谷县孤山镇南古城墕村遗址）寨主，论资历只是低级军官；但他遇到了一个机遇，即庆历五年（1045 年）时朝廷曾派欧阳修察访麟府边境，欧阳修经过认真考察，向朝廷推荐了一批有才干的文武人员。史料中没有记载朝廷的录用情况，但从折继长之子折克儁离开麟府路祖居之地来看，折继长应该是得益于欧阳修的推荐。从其官职“内殿承制、閤门祇候”分析，折继长最终似乎没有过人的军事表现，但是他的外任却给其子孙提供了建功立业的广阔舞台，这一支从此走出了麟府路，在岢岚军，特别是在宋夏冲突最前沿鄜延路、环庆路、泾原路等地有了突出表现，并最终获得了其本支才拥有的知州地位；若从战功和官职高低来分析，则分支的表现也超越了本支。

明确了折可适先祖迁居问题，也就明了了折可适及其后人籍贯问题。近来多有学者论及折可适及子折彦质——他在南宋时，官至宰辅。因为多数人并不清楚折可适这一支迁居情况，仍谓其为府州人，其实不确。一般

---

① （宋）李焘：《续资治通鉴长编》卷 223、230，熙宁四年五月丙戌、熙宁五年二月辛酉，中华书局 2004 年标点本，第 5416、5591 页。

② （宋）李之仪：《姑溪居士后集》卷 20《折可适墓志铭》，文渊阁《四库全书》，第 1120 册，台湾商务印书馆 1983 年版，第 728 页。

而言，古人的籍贯与其坟茔所在密不可分。折可适去世后，朝廷曾“命本路走马承受问其家安葬之地”，并最终葬于岢岚军北，可见从朝廷到其家族，均已认同了这一支为岢岚军人。再从志文看，折可适之弟折可通为岢岚军知军，其家族还有一些上了年纪的人物，也住在岢岚军。因此，岢岚折氏是府州折氏的分支，折克儁、折可适以及南渡的折彦质，他们应是河东路岢岚军人。

二　折可适与洪德城之战

折可适少年时，其父折克儁在鄜延路为将。折可适受鄜延经略使郭逵赏识，“充鄜延路经略司准备差使”。他年少有勇，随种谔出塞俘获众多而“有名行阵间”。其父折克儁受命为绥德城知城后，曾因划分地界与防守边境，与西夏方面反复争辩。据志文，可适作为父亲得力助手，做了大量工作。但折克儁随即去世，折可适失去了庇护，出仕为“乌波川堡把截”。此后近二十年间，折可适虽然也有多次战功，至如随郭逵南征安南，但他一直是最底层的兵官。即使在元丰四年（1081 年）宋军五路伐夏战斗中，折可适“战三角岭、收复米脂城，获级为多”的情况下，他也只于次年得“权佳芦（今陕西佳县）寨主”。[①] 这二十年间，折可适唯一较大的变化是，他和一批青年将官被从鄜延路调任到环庆路。在元丰七年（1084 年）二月的记载中，折可适出现在环庆路经略司上功名单中，但仍然是普通的将官。

元祐六年（1091 年），朝廷除授章楶为环庆路经略安抚使，宋朝对西夏的军事经营随之出现积极局面，折可适的武勇才干迅速得以展现。章楶与折可适帅、将之间的完美组合，在元祐七年（1092 年）的洪德城（今甘肃环县北）战役中尽显无遗。章楶提倡“大抵战兵在外，守军乃敢坚壁”的主张，强调野战军的角色。从元祐六年至七年，他多次派折可适等人出界袭扰西夏军。志文记折可适于此间破敌安州川、尾丁硙，从权第二

① （宋）李焘：《续资治通鉴长编》卷 327，元丰五年六月癸丑，中华书局 2004 年标点本，第 7871 页。

副将迁第三将、改第七将，基本可与《续资治通鉴长编》互为参证。[①] 只是，志文将折可适元祐七年的成名之战错记为六年。

元祐七年，宋夏爆发洪德城战役。为报复宋军一年来多次袭扰，其年十月十二日，西夏梁太后大举亲征，沿白马川包围了环州城（今甘肃环县）及其西北的乌兰寨、肃远寨和洪德寨。“楶先用间知之，遣骁将折可适伏兵洪德城。夏师过之，伏兵识其母梁氏旗帜，鼓噪而出，斩获甚众。又预毒于牛圈潴水，夏人马饮者多死。”[②]《宋史》记载较为简单，且看《续资治通鉴长编》。折可适以第七将身份统领第二、第六将近万名兵力，受命提前四日出界控制沿途要塞。在马岭遇敌，并侦知西夏军已经推进到木波镇，两军即将正面交锋。折可适充分发挥了章楶的战略思想，避开西夏军主力，绕道迂回至西夏军背后，并秘密进入了洪德寨、肃远寨和乌兰寨，切断了西夏军的归路。十八日，西夏军前军、中军、后军陆续经过，当西夏梁太后的中军大帐经过折可适伏兵的洪德城时，宋军多路军马齐发，将西夏军截为几段、不得相顾。[③] 此战中，折可适率领的八千余人苦战一昼夜，直捣西夏军中军指挥帐，致使西夏梁太后狼狈逃跑，但因宋军支援主力没有及时跟进，致使宋军战绩有限，仅获得了西夏军丢弃的大量驼、马辎重等物品。香港已故年青史学家曾瑞龙先生如此评价：“这场不大的战术胜利，背后代表着不容低估的战略意义。……这一役的成功和府州折氏的后起之秀折可适杰出的指挥水平分不开，而路帅章楶对弹性防御所作出的鲜明精辟的演绎，更是功不可没。”[④] 志文与《续资治通鉴长编》记载可互为参证，折可适于此一战成名，随即以环庆路第七将、皇城使、贺州刺史身份获“领遥郡团练使，带御器械、环庆路兵马都监”，一跃成为中高级军官[⑤]。

---

① （宋）李焘：《续资治通鉴长编》卷468、470、471，元祐六年十一月己酉、元祐七年二月庚辰、元祐七年三月甲午、中华书局2004年标点本，第11175、11228、11244页。

② 《宋史》卷328《章楶传》，中华书局1977年标点本，第10589页。

③ （宋）李焘：《续资治通鉴长编》卷479，元祐七年十二月壬申，中华书局2004年标点本，第11407—11409页。

④ 曾瑞龙：《拓边西北——北宋中后期对夏战争研究》，中华书局（香港）有限公司2006年版，第58—59页。

⑤ （宋）李焘：《续资治通鉴长编》卷479，元祐七年十二月壬申，中华书局2004年标点本，第11407页。

三　折可适与天都山之战

洪德城之战后四五年间，折可适坐镇宋夏前沿镇戎军（今宁夏固原）。但在绍圣四年（1097），因同袍将官、泾原路总管王文振推诿，折可适被朝廷连降十三官，以“权第十三将”身份守卫镇戎军辖下的荡羌寨（今宁夏海原东）。但也正是这次变故，为折可适迎来了更大的战机——天都山之战。

绍圣四年，章楶调任泾原路，迅速谋划对葫芦河川一带的军事进筑。折可适曾是章楶得力助手，章楶到任后特意紧急调用折可适。其后，章楶发动熙河、秦凤、环庆三路兵马大举出界牵制西夏军，乘机在石门峡和好水川进筑堡寨。其时，环庆路总管王文振为统制，折可适为同统制官，并作为前军出界。战斗过后，折可适一路兵马“失一百三十三人，获级一百六十”，战绩平平但全军而返；相比之下，“兵骄而贪功”，“又昧于道路”的熙河一路援军意外覆没，多名将领阵亡；熙河主将苗履为推卸罪责，诬告折可适违反节制，“趣熙河人马接战，比贼兵众至，而可适军则遁归”。宋哲宗得报后，“只为丧失人命”愤恨曰“可适可斩”，宰相章惇亦欲军法处置折可适；幸得枢密使曾布据理力争、又得路帅章楶深为保护，并查实折可适并未违反节制，熙河路援军系统制官王文振遣行。[①]

志文作者李之仪其时身为通判，就在折可适军中。志文与《续资治通鉴长编》均记载调发熙河路援军的是统制官王文振，折可适并没有违制之罪。此后因为牵涉泾原路总管王文振以及熙河路名将苗履，而据章楶奏议，此案实系苗履“移过可适”，故朝廷必欲处罚。[②] 最终在路帅章楶保护下，可适被连降十三官，许继续效命。

折可适躲过一场浩劫，暂时“权第十三将，守荡羌寨”——荡羌寨为宋军新筑堡寨，紧靠战略高地天都山，是宋夏最前沿阵地。在路帅章楶的

① （宋）李焘：《续资治通鉴长编》卷491，绍圣四年九月丁丑，中华书局2004年标点本，第11662—11666页。

② （宋）李焘：《续资治通鉴长编》卷491，绍圣四年九月丁丑，中华书局2004年标点本，第11665页。

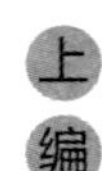

指挥下，折可适很快从前次打击中恢复，于次年即元符元年（1098 年）的七月、八月间，三次出界，俘获颇多。[①] 天都山周围是良好牧场，战略位置突出，西夏于此设置统军司镇守。志文和《续资治通鉴长编》均记载，折可适秘密侦察到西夏天都山统军司统军和监军驻地，率轻骑夜半袭击，一举将其包围，并降服其部众三千余人。消息传到朝廷，就连此前要军法处置折可适的宰相章惇也不得不说“此奇功也”，哲宗“屡称折可适”，命御前受贺。[②]

天都山一战，是北宋中后期对夏战争一次重要胜利，宋军占据了天都山，极大地增强了泾原路防御力量。天都山突袭成功，折可适功不可没，但其实并非如墓志所述是折可适一人之功。这次突袭，是路帅章楶指挥，由可适与另外一位名将郭成——南宋郭氏将门开创者——密切配合而完成的。“夏统军嵬名阿埋、西寿监军妹勒都逋皆勇悍善战，楶谍其弛备，遣折可适、郭成轻骑夜袭，直入其帐执之，尽俘其家，虏馘三千余、牛羊十万，夏主震骇。”[③] 而据《郭成行状》记载：“公乃与荡羌寨将折可适议曰：贼新衄可乘，若轻兵捣其巢穴，可以大获。可适以为然，乃诣幕府白帅，帅以万骑与之。十二月辛巳，潜兵将萨川由纳木会，分六道以进，夜至锡斡井，诸酋方聚饮，不虞见袭，蕃官额芬、将佐张泽即帐中擒阿密都克布及其家属、伪公主、夫人首领等，俘馘三千余人，获牛马羊以十万计，振旅还平夏。”又：“其获阿密都克布也，帅以军受俘，称公之绩，嘉叹再三。公曰：此折防御之功也。可适亦曰：我与郭君异道而出，郭君实获二酋，某何力之有？帅曰：诸将惟务争功，二君乃尔相推邪？遂俱被褒赏。”[④] 折可适与郭成功成而不争，一时传为佳话。因故朝廷对二人共同加授，可适东上阁门使，洺州防御使，权泾原路钤辖，并管领天都山新降服蕃众；郭成，“转引进使、雄州防御使、泾原路兵马钤辖”。折可适与郭

---

① （宋）李焘：《续资治通鉴长编》卷 500，元符元年七月癸酉、元符元年八月戊寅、元符元年八月庚寅，中华书局 2004 年标点本，第 11925、11929、11930、11937 页。

② （宋）李焘：《续资治通鉴长编》卷 504，元符元年十一月壬辰，中华书局 2004 年标点本，第 12017—12018 页。

③ 《宋史》卷 328《章楶传》，中华书局 1977 年标点本，第 10590 页。

④ （宋）王之望：《汉滨集》卷 15《故客省使雄州防御使泾原路兵马钤辖兼第十一将郭公行状》，文渊阁《四库全书》，第 1139 册，台湾商务印书馆 1983 年版，第 874、875 页。

成，早在之前没烟峡战斗中就结下生死之情，此次相互配合突袭成功，俱立功受赏，二人感情更笃。之后，折可适更是与郭成约为婚姻，将一女嫁与郭成之子郭浩。

在折可适建议下，北宋于新近夺取土地上设置西安州（今宁夏海原西），以可适“知州事兼安抚使”①。至此，折可适仕途进入平稳期，“在治七年，止以所得部族丁壮为用，人人皆效死力以捍边面。累迁引进客省使，正为和州防御使，进明州观察使，为泾原路副使、都总管”②。后起之秀折可适，此时与其叔父、府州知州折克行并列为名将。

徽宗朝以来继续对西夏进行积极的开边政策，久任边境的折可适历练的更为沉稳。崇宁四年（1105）到大观四年（1110），折可适一直是泾原路帅。其间，因与路转运使在设置粮草仓场问题上发生意见冲突，可适曾一度被罢职。折可适功勋卓著，徽宗特赐第京师，并将其子折彦质从武职换为文职——北宋崇文抑武，有“文不换武”之说，朝廷特命其子换文，算是优待。不久，朝廷起用折可适再帅泾原，“到镇四月，感疾，遂告老，未报，而以十月二十九日薨，享年六十一，乃大观四年也”。

四　折可适与折氏家族文武风气的转变

府州折氏原为鲜卑族裔，经党项化后又逐渐汉化；折氏家族世代为中原王朝守御河东边境，武风浓郁，子弟部伍多不习文。据笔者统计，有宋一代折氏家族男性成员带武职者，计有 62 名之多；在所知 28 名女婿身份中，有 24 名为武职，充分显示出折氏家族武风之浓郁。③

宋代将门众多，“将家子”依靠恩荫，得以二世、三世为将。“需要指出的是，宋朝毕竟不存在固定的世袭及门阀制度，这就决定了将门现象仍具有相当大的不稳定性。如过度依赖家门功勋而缺乏战场锻炼，便不能不

① （宋）李之仪：《姑溪居士后集》卷 20《折可适墓志铭》，文渊阁《四库全书》，第 1120 册，台湾商务印书馆 1983 年版，第 726 页。

② （宋）李之仪：《姑溪居士后集》卷 20《折可适墓志铭》，文渊阁《四库全书》，第 1120 册，台湾商务印书馆 1983 年版，第 726 页。

③ 高建国：《鲜卑族裔府州折氏研究》，博士学位论文，内蒙古大学，2014 年，第 67 页。

退化承担武将的能力，随着荫补资格的逐渐下降，纨绔子弟就很难保持重要的官爵，不免被排挤出武将队列。因此，北宋两世、三世为将者不少，而三代以上为将者就相当有限了。”陈峰先生也指出如折氏家族等例外情况，并指出折氏将门之盛，“主要依赖长期对夏战争中军功的维系”①。陈峰先生所论确实，折氏将门依靠频繁的战争中所获的军功，维系将门传承了十代之久，可称历史上传承最为悠久的将门世家。但正因如此，折氏浓郁的武风一直没有改观，限制了它在文化上的进步。

折氏家族文化的发展，至折继闵、折继祖任知州时才稍有变化。史载折继闵“及壮，喜读韬略，务通大义，论古今将帅，识其用兵意”②。折继祖主政府州时，“奏乞书籍，仁宗赐以《九经》”③。折继祖不仅主动向朝廷求赐经典，还搜集了“图史、器玩、琴博、弧矢之具”向宾客展示。④曾亲眼见过折继祖收藏的麟州通判夏倚感叹道：“虽皇州缙绅家止于是尔”，同时还提到“其子弟亦粗知书”⑤。夏倚的话，其实并非虚溢之词，折继祖的侄子折克俭和折克臣，就是两个例子。

折克俭（1048—1098），字仲礼，折继闵第四子。年少时“择士以交，行不由径，卓然异于流辈，真千里驹也”，又“嗜诗书，笃问学，躬延儒士，靡有惰容”⑥。折克俭好文，引起了家族长者“训导”：

> 我家居河外旧矣，奋卫御侮，世为长城。自郑公以来秉将钺、袭州麾，久被本朝异眷，虽百死何以报？今贺兰逋寇，擅窃跳梁，正抚剑抵掌，愿□□□□之秋。昔人慨然投笔，尚取封万里。矧山西世将，宜举族效节！尔廼释武事，独区区守笔砚，不亦右乎！⑦

---

① 陈峰：《北宋“将门”现象探析——对中国古代将门的断代史剖析》，《中国史研究》2004年第3期。

② 戴应新：《折氏家族史略》，三秦出版社1989年版，第67—68页。

③ 《宋史》卷253《折德扆传》，中华书局1977年标点本，第8865页。

④ （宋）释文莹：《玉壶清话》，中华书局1984年版，第27页。

⑤ （宋）释文莹：《玉壶清话》，中华书局1984年版，第27页。

⑥ 高建国：《鲜卑族裔府州折氏研究》，博士学位论文，内蒙古大学，2014年，第135页。

⑦ 高建国：《将门良驹：折克俭与宋夏战争》，载《宋史研究论丛》第18辑，河北大学出版社2016年版，第102页。

此后，克俭“始习骑射、学军旅，凡战守之画、纪律□□，□深明而博究，以至蕃汉兵，亦熟察其情”。他后来戎马一生，但“莅官之余，虽术数奇技，皆其所长。每闲暇，辄邀僚友造园亭把酒赋诗，怡然终日”①。可见，少年时好文的心理，影响到了后来的生活。

折克臣在文化上的造诣，足可证明折继祖时期的崇尚风雅，已经有了一定程度的积累。折克臣（1033—1070），字艰甫。② 父亲折继宣，曾在1034—1039年担任府州知州，因为部落离散而被朝廷免职，由其弟弟折继闵继任。折克臣墓志记其“精于书学，深得义献法”。③ “义献”，应指东晋大书法家王羲之、王献之父子，因为没有折克臣传世字帖，到底他书法如何，不能判断。墓志于此种情形下，多有谀笔，但克臣会书法这一点是毋庸置疑的。也许正因为折克臣雅好书法，所以他三个女儿中，就有一个嫁给了进士谢绶。④

府州折氏文化能力不断提高，现存府谷县文物管理委员会的《曹夫人墓志铭》就是折彦文亲笔书写，这也是包括岢岚折氏在内的府州折氏家族现存少见的书法作品。

岢岚折氏继续保持了浓郁的武风。折可适祖继长、父克儁均为武官；他本人在武职方面更是大放异彩，其武勇和官职，都在府州本支之上；其弟可通，亦官为皇城使、知岢岚军；长子折彦野官为西染院使，秦凤路第一副将，殁于熙河开边之役；⑤ 女婿、从弟亦皆为武职。至于次子折彦质，出入文武之间，官至端明殿大学士、参知政事、签书枢密院事，成为折氏官职最高的一人。

岢岚折氏的发展，有两个明显特点。一是它的发展并非单纯地依靠家族恩荫，更多地是通过武勇才干获得，这一点在前述折可适与洪德城、天都山两次战役分析中充分得以显示；二是，走出世居的府州后，它的文风

① 高建国：《鲜卑族裔府州折氏研究》，博士学位论文，内蒙古大学，2014年，第135、137页。

② 高建国：《鲜卑族裔府州折氏研究》，博士学位论文，内蒙古大学，2014年，第143—144页。

③ 高建国：《鲜卑族裔府州折氏研究》，博士学位论文，内蒙古大学，2014年，第44页。

④ 高建国：《鲜卑族裔府州折氏研究》，博士学位论文，内蒙古大学，2014年，第144页。

⑤ （宋）许翰：《襄陵文集》卷3《折彦野等赠五资敕》，文渊阁《四库全书》，第1123册，台湾商务印书馆1983年版，第516页。

发展更为迅速。折可适“好学乐善，喜读书，虽医药占卜无不通贯。议论滚滚，愈扣愈无穷”，“为文长于叙事，作诗有唐人风格”[①]。同僚李之仪难免有溢美之词，从他“有文集十卷、奏议三十卷、晚著边议十篇”[②]；及去世后，李之仪受其子之请，为他的文集作序等记载来看，可适读书、作诗、有文集的记录当不为虚。至其次子彦质，“幼承庭训，笃于艺学，妙蕴英发，落笔不凡”，高宗赐其进士出身；[③] 彦质广交游而有《葆真居士集》《时政记》存世，可惜皆已散佚，只存所撰《种师道行状》及在贬途诗文若干。彦质子知常亦工诗文，惜不存，仅南宋人陈傅良《折子明提刑自湘中以诗问讯用韵酬之》有所反映。宋金之际，失去了世袭特权和武勇技能的折氏，散落四方，至金明昌四年（1194），终于出了一位真正的进士；而南方的折氏，文化程度也颇高。总体来看，折可适是府州折氏文化发展上的关键人物。大约在他时期，府州折氏在文化发展方面出现了极大的改观，有多人雅好诗文；在他之后，其子折彦质大放异彩，得赐进士出身，有文集传世。在折氏衰落后，武勇的才干消失了，却出现了以文化继续维持家族传承的分支。

余　论

如果从忠孝的观念和文风渐开的程度来看，岢岚折氏已经是汉人无疑了，况且折可适一生戎马，战功显赫，在宋夏边境最为吃紧的泾原路镇守多年。但宋朝还是有一些人将其当作边人、甚至蕃将看待，除曾布明确指出“如折可适、王瞻辈，皆蕃夷之人，何可与书”外，[④] 另外两件事也表明了这样的歧视：一是宋哲宗明知折可适在没烟峡一战中并没有违反节制

---

① （宋）李之仪：《姑溪居士后集》卷20《折可适墓志铭》，文渊阁《四库全书》，第1120册，台湾商务印书馆1983年版，第728页。

② （宋）李之仪：《姑溪居士后集》卷20《折可适墓志铭》，文渊阁《四库全书》，第1120册，台湾商务印书馆1983年版，第729页。

③ 韩荫晟：《补〈宋史·折彦质传〉》，《宁夏社会科学》1993年第5期。

④ （宋）李焘：《续资治通鉴长编》卷513，元符二年七月己巳，中华书局2004年标点本，第12206页。

却深欲治罪；再是元符三年，“诏枢密院具曾任管军及堪充管军人姓名以闻”，“又言刘安、张存、折可适等皆边人，不可用”[①]。北宋对折可适等边将的态度，也正如宋朝对府州折氏的利用，既笼络委以重用，又心存防范。这无疑是宋人的民族心理在作祟。时至于今，我们应该给予府州折氏、岢岚折氏在戍守宋朝西北边疆、团结所部各少数民族、促进民族融合方面的贡献给予积极评价。同时，我们也要对军功家族府州折氏在文化上的进步给予深入关注。

综上，岢岚折氏是府州折氏的分支，其远祖为折从阮次子折德源。这一支折氏的外迁，可能在文思副使、知绥德城折克儁时期；其迁徙原因，笔者推测可能与其父折继长受到欧阳修的举荐外任有关。折克儁去世被安葬于岢岚军北安仁乡道生谷武家会之地，成为岢岚折氏的始祖。外迁岢岚的折氏，获得了比府州折氏更为广阔的发展空间。虽然折可适在其父去世后近二十年间仕途一直没有起色，但在元丰时期调任环庆路后，依靠自身武勇和路帅章楶栽培，在洪德城、天都山战役中发挥出色，迅速成长为宋军镇抚一方的路级将领。岢岚折氏继续保持了府州折氏的浓郁武风，父子兄弟、婚姻等辈皆为武职；而其文风相较府州本支，进步更快。折可适、折彦质父子文武兼备，均有文集留存，惜今不传，止留折彦质诗文若干。

---

① （宋）李焘：《续资治通鉴长编》卷520，元符三年正月戊子，中华书局2004年标点本，第12380页。

《草垛山徐德墓志铭粗释》补证

2010年前，神木县杨家城附近出土北宋墓志石一方。神木县地方文史学者杨文岩老先生曾据志文撰成《草垛山徐德墓志铭粗释》一文，并在神木县杨家将文化研究会主办的《杨家将文化》刊物上将拓片和志文予以公布，并对志文内容作了初步考释。① 笔者仔细阅读该文后，发现作者抄录志文时有错抄、漏抄的地方，标点也有错误，造成断句不通顺、文义理解不清楚的麻烦；另外，可能由于作者对于宋代官制缺乏深入了解，致释文对于志主徐德的身份认识与史实存在较大差异。所以，笔者不揣浅陋，拟对志文作进一步的补证释读。

一 《徐德墓志铭》志文

兹据志石图片，将志文移录如下：

> 宋故秉義郎徐府君墓誌銘」
>
> 上舍張仲愈撰」
>
> 學正王天祐書丹」
>
> 將仕郎行兵曹事李及時題額」
>
> 君諱德，字淂之，世為麟州新秦縣人也。父智，故贈率府副」率。
>
> 君起家微賤，奮身行伍，善騎射，精擊刺，勇冠軍中，人」以驍

① 杨文岩：《草垛山徐德墓志铭粗释》，《杨家将研究》2010年第2期。

銳稱之。自朝廷用兵西南，君無一戰不在其間。」富良之役、宥州之師、青崗斯羅之戰，龍橫□□之討，君」用命鬪賊，摧鋒奪隘，累以功遷府州威遠都虞候。崇寧四」年，換授右侍禁，差充保德軍沙谷渡巡檢。在任，賊股栗」不敢入境，嘗以夾岸有江鄉雅趣，秩滿，遂謀居焉。大觀元」年，朝廷以君有兆和川斬馘之功，轉左侍禁。大觀二」年，該八寶赦恩，轉西頭供奉官。政和三年改授秉義郎。」君向從軍富良江日，嘗冒瘴氣，幾於不救。後以年老，舊瘴」再發，醫不能療，政和四年十一月二十六日卒於家之正」寢，享年七十一。君先娶劉氏，內殿承制劉公之女也，故」贈崇德縣君。繼娶董氏，今封永壽縣君。男五人：長為僧，法」名道隱，受業於府州天寧寺；次曰知常，武藝精絕，宛有父」風；次亦為僧，法名惠淨，落髮於保德軍承天院，係名表白;」次曰衡幼，居学校，升为外舍生；次曰徽尚。稺女一人，早亡,」皆劉氏所出也。孫二人。卜以政和五年正月初一日，葬于」麟州新秦縣石堡嶺之原，妻劉氏祔焉。君之行事，余熟」知之，其子有請，義辭不克，因走筆為之銘云:」

猗歟徐公起寒微，門閭高大生光輝。」战功屡立闻帝围，榮曳朝服脱戎衣。」赤心报国天弗违，壽踰七十人亦稀。」就葬先茔得其归，慶流子孫有所依。」

二　志文补证

一、志石青石质，圭首、长方形，高 62.3 厘米，宽 56.1 厘米，厚 7.7 厘米。碑额、志文均为楷书，碑额题“宋故秉义郎徐君墓志铭”。志文抄录时，应使用特殊标记，标明志文换行书写之处，考释性的墓志解读，一般采用“」”样符号表示志石文字到此换行书写。为向读者表明此意，笔者据拓片特意加入“」”符号。志文共 27 行，满格 22 字，遇“朝廷”、“君”字空一格书写。

二、《粗释》一文在抄录志文时，将志文繁体字换作简体字书写，但在繁简转换时，将部分字换成了与原文不符的字样，如下：

1. “上舍张中愈撰”，原为“张仲愈”；

2. “学正王天佑”，原为“王天祐”；

3. “君讳德，字得之”，原为“字淂之”；

4. “换授右侍禁羌，充保德军沙谷渡巡检”一句之“羌”字，原为“差”字；

5. “在任，贼服栗，不敢入境”一句中“服栗”二字，原为“股栗”，意为“因紧张、害怕而两腿发抖”。

6. “尝以夹岸有江，卿，雅趣秩满，遂谋居焉”一句中，“卿”字原为“乡”字繁体“鄉”。

7. “大观元年，朝廷以君有兆和川斩馘之功，转又侍禁”一句中，“又”字错抄，当为“左”字。宋代侍禁分为左、右两班，迁转时由右而左。[①] 徐德于崇宁四年（1105）时已经换授右侍禁，大观元年（1107）时，该当迁转为左侍禁。

8. “君向从富良江日，当冒瘴气，几于不救”一句中，“当”字应是“尝”字，意为徐德昔日出兵富良江时，曾经饱受瘴气之苦，差点儿送命。此后落下病根儿，因此去世。这样理解，于意为顺。

三、《粗释》一文在抄录志文时，有漏字之处。“富良之役、宥州之师、岗斯罗之战、龙横青鱼之讨”一句中漏抄一字，当为“青岗斯罗之战”，且作者将“岗斯罗”理解为党项语“藏底河”的同一语译音也是没有根据的；另外，“龙横”之后两字模糊不清，《粗释》一文将其径抄为“青鱼”二字，构成“龙横青鱼之讨”一句，《粗释》将其理解为“如猛龙横空的杀敌气势和鱼跃般的动作敏捷”,[②] 也是不恰当的。“龙横青鱼之讨”与“富良之役、宥州之师、青岗斯罗之战”的句式是相同的，似当为一地名或部落名。但笔者遍查史料，并没有发现有如此名者。笔者以为，此种情况，当以“□□”符号表示为佳。

四、《粗释》在断句标点时，有错标之处。

1. “累以功迁府州威远都虞。候崇宁四年”一句句读有误，当为“累以功迁府州威远都虞候。崇宁四年”。前句与上句联通，“崇宁四年”开启下句。“都虞候”是宋代禁军中的一种职务的称谓，宋代禁军一般以五百

---

① 龚延明：《宋代官制辞典》，中华书局 1997 年版，第 591 页。

② 杨文岩：《草垛山徐德墓志铭粗释》，《杨家将研究》2010 年第 2 期。

人为一单位，称为“指挥”，设一指挥使掌军，其下又设一虞候作为副职；“每军各有都指挥使一员，都虞候副之。”[①] 史记府州有禁军威远军，“本胡骑之精锐”,[②] 设二指挥，约有 1000 人的规模。府州威远军与麟州飞骑军原本属于地方厢军性质，在庆历元年（1041）后升格为禁军。因此，“累以功迁府州威远都虞。候崇宁四年”这一句的正确句读为“累以功迁府州威远都虞候。崇宁四年”。

2. “换授右侍禁羌，充保德军沙谷渡巡检”一句除将“差”字错认为“羌”字外，句读也错了，当为“换授右侍禁，差充保德军沙谷渡巡检”。《粗释》以为“后至徽宗崇宁四年（1105）他被选拔进入皇家的正规军，入‘右侍禁羌’部队”，以为“禁羌”是“专门来防御河西党项羌犯境的朝廷直属部队”，这都是错误的认识。历史上并没有什么“右侍禁羌”的部队，只有“右侍禁”的称谓。侍禁分左、右侍禁，原是服务于皇帝周围的一种职名，经演化至宋代时，逐渐成为武官阶称谓的一种，属三班小使臣行列。宋代武官由三班借职才算有了官品，依次而上为三班奉职、右班殿直、左班殿直、右侍禁、左侍禁、西头供奉官、东头供奉官、内殿崇班、内殿承制。如果讲官品，左、右侍禁在北宋前期为八品，元丰官制改革后定为正九品。“羌”字原为“差”，“差充”连用，是宋代官职授予时的一种表达方法。宋代官、职分离，此外还有临时性质的差遣职务，凡授职带有“差”字者，即表明是差遣职务，而差遣职务恰是具体担当的、真实职务。

3. “尝以夹岸有江，卿，雅趣秩满，遂谋居焉”一句除将“乡”字繁体错认为“卿”外，句读也错误了，当为“尝以夹岸有江乡雅趣，秩满，遂谋居焉”。徐德任职的保德军沙谷渡，地处黄河边，沙谷渡所在是防御契丹的边境河东保德军，河西即为抗击西夏的军事重镇府州城，保德军与府州城夹岸而居，比河为邻，滔滔黄河中流而过，两岸怪石嶙峋、风景独特，至今晋陕大峡谷中仍有很多此类名胜。徐德当是因担任沙谷渡巡检时，经常往来于黄河两岸、上下，留恋黄河两岸的水乡美景，因而决定定居于河边。

---

① 龚延明：《宋代官制辞典》，中华书局 1997 年版，第 412 页。

② 《宋史》卷 187《兵一》，中华书局 1977 年标点本，第 4593 页。

三　对徐德官职认识的纠正

宋代官、职分离，此外仍有差遣职务，名目繁多，即使是专业性的历史工作者，稍不留神也会这个问题上犯错误。《粗释》一文对徐德官职的认识，与历史真实相去甚远。

《粗释》在“墓志内容浅谈”中说，“徐德是神木县北宋时代曾经在徽宗身边当过侍卫的禁军武官”，“由于他曾身进皇墙，官至秉义郎，所以他去世后，兵部主持兵将事务的专职官员将仕郎李及时给他的墓葬题了额”，“在当地古代的人物中，特别是武职，这样的官阶不为很高，可是就因为他入朝‘侍禁’，临终获此殊荣”①。显然，《粗释》作者对宋代武官官职制度并没有深入的了解，以致作者得出以上错误的结论。

从志文内容看，徐德是麟州新秦县人，祖上并没有什么特殊背景，因为“起家微贱”，徐德只好“奋身行伍”；而他“善骑射，精击刺，勇冠军中”的本领，使得他在多次战斗中获得了立功、升迁的军功资本。徐德初入行伍时，只是无名小卒。志文并没有记述他一生中第一个职务是什么，但从志文看，“累以功迁府州威远都虞候”，“累”表示军功累积，“迁”表示依次升迁，则是他因多次军功获得职务，依次升迁至府州威远军都虞候。崇宁四年（1105）时换授的右侍禁，使他获得了正九品的武官阶。以此官阶，他又获得了保德军沙谷渡巡检的差遣职务，后来再因军功升迁至左侍禁。大观二年（1108），“八宝赦恩”，徐德意外又升一官，成为了从八品的西头供奉官。后来改授的秉义郎，只是政和二年（1112）官制改革之后，西头供奉官的改称而已，从官品上来说，徐德至去世时，也只是从八品的小武官。

纵观徐德一生，右侍禁、左侍禁、西头供奉官以及后来改换的秉义郎，这是他的官阶，政和二年官制改革后，左、右侍禁为正九品，西头供奉官即后来改称的秉义郎为从八品。右侍禁、左侍禁、西头供奉官，从它的来源上讲，都是皇宫内在皇帝身边的服务职务，但由于历史的演变，这

---

① 杨文岩：《草垛山徐德墓志铭粗释》，《杨家将研究》2010 年第 2 期。

些称谓后来逐渐与本职工作相分离——官阶与职务分离后，其功能仅为标示高低，并不代表他做的实际工作。徐德的差遣职务即他真正负责过的职务，是府州威远军的都虞候、保德军沙谷渡的巡检。由于《粗释》作者对此演化缺乏深入的了解，因此造成了该文前述的几处错误认识。可以讲，作为一名从八品武官，徐德从来也没有“身进皇墙”，更没有“在徽宗身边当过侍卫的禁军武官”。

至于“兵部主持兵将事务的专职官员将仕郎李及时给他的墓葬题了额”，这句话也是误解了。将仕郎是宋代文官阶的最低阶，属从九品。宋代的兵曹，全称是“开封府兵曹参军事”，所以带差遣官的行兵曹事李及时，也并不是什么兵部的大官。

神木县北宋《徐德墓志铭》释读

2010年前，神木县杨家城附近出土北宋墓志石一方。志石青石质，圭首、长方形，高62.3厘米，宽56.1厘米，厚7.7厘米。碑额、志文均为楷书，碑额题“宋故秉义郎徐君墓志铭”，志文满格22字，共27行；遇“朝廷”“君”字空一格书写。

神木县地方文史学者杨文岩老先生曾得拓片一张，并撰成《草垛山徐德墓志铭粗释》一文，将拓片和志文予以公布，并对志文内容作了初步考释。[①] 笔者仔细阅读该文后，发现作者抄录志文时有错抄、漏抄的地方，标点也多有瑕疵；另外，由于作者对于宋代官制缺乏深入了解，致释文对于志主徐德的身份认识与史实存在较大差异；最后，作者显然对志主徐德经历的几次大战没有充分认识——据志文，徐德曾参加过北宋征讨安南的战役，曾亲临富良江——今越南红河——作战，又曾随军征讨宥州，也曾随麟府路军在青岗岭、厮罗川、龙横川、青鱼河等地与西夏军发生激战。可以说，徐德的军事生涯，是北宋中晚期宋夏关系的真实写照。徐德也因军功得授府州威远军都虞侯、保德军沙谷渡巡检之职，其中府州威远军、保德军沙谷渡在墓志铭中出现，据笔者所知，尚属首次——府州威远军在庆历时期升格为禁军，保德军沙谷渡是河东通往麟府路的重要渡口。所以，笔者不揣浅陋，拟对志文作进一步的深入考释。

承蒙神木县杨家将研究会折和平先生提供志石原图并拍摄者孙致远先生誊录志文，笔者得以对原志文进行仔细阅读，并在孙致远誊录志文基础上，重新抄录、标点了志文。为论述方便，下文在提到《草垛山徐德墓志铭粗释》一文时，以《粗释》代称。

① 杨文岩：《草垛山徐德墓志铭粗释》，《杨家将研究》2010年第2期。

一、兹据志石图片，将志文繁体移录如下：

宋故秉義郎徐府君墓誌銘」

上舍張仲愈撰」

學正王天祐書丹」

將仕郎行兵曹事李及時題額」

君諱德，字淂之，世為麟州新秦縣人也。父智，故贈率府副」率。

君起家微賤，奮身行伍，善騎射，精擊刺，勇冠軍中，人」以驍銳稱之。自　朝廷用兵西南，君無一戰不在其間。」富良之役、宥州之師、青崗、斯羅之戰，龍横、青鱼之討，君」用命鬪賊，摧鋒奪隘，累以功遷府州威遠都虞候。崇寧四」年，換授右侍禁，差充保德軍沙谷渡巡檢。在任，賊股栗」不敢入境，嘗以夾岸有江鄉雅趣，秩滿，遂謀居焉。大觀元」年，朝廷以　君有兆和川斬馘之功，轉左侍禁。大觀二」年，該八寶赦恩，轉西頭供奉官。政和三年改授秉義郎。」君向從軍富良江日，嘗冒瘴氣，幾於不救。後以年老，舊瘴」再發，醫不能療，政和四年十一月二十六日卒於家之正」寢，享年七十一。君先娶劉氏，內殿承制劉公之女也，故」贈崇德縣君。繼娶董氏，今封永壽縣君。男五人：長為僧，法」名道隱，受業於府州天寧寺；次曰知常，武藝精絕，宛有父」風；次亦為僧，法名惠淨，落髮於保德軍承天院，係名表白;」次曰衡幼，居学校，升为外舍生；次曰徽尚。穉女一人，早亡,」皆劉氏所出也。孫二人。卜以政和五年正月初一日，葬于」麟州新秦縣石堡嶺之原，妻劉氏祔焉。君之行事，余熟」知之，其子有請，義辭不克，因走筆為之銘云:」

猗歟徐公起寒微，門閭高大生光輝。」战功屢立闻帝围，榮曳朝服脱戎衣。」赤心报国天弗违，壽踰七十人亦稀。」就葬先茔淂其归，慶流子孫有所依。」

二　徐德经历的几次大战和他的官职

从徐德卒于宋徽宗政和四年（1114）享年七十一岁的记载来算，他应当生于宋仁宗庆历四年（1044）。由此知，徐德（1034—1114），字浔之，麟州新秦县人。

志文载徐德“起家微贱，奋身行伍，善骑射，精击刺，勇冠军中，人以骁锐称之”。所以他父亲徐智应该是没有军功的，只因沾了子孙的光，得了个赠官即率府副率。徐德的功名，是靠他自己一刀一枪拼出来的。北宋时期麟州为边地，窟野河西即为西夏所有，即使在麟州境内，也散居着众多的党项部族，根据他们与官府关系的亲疏和是否为朝廷效命，又分为熟番和生番。麟州境内和边外的党项人，其生活方式当为半农半牧。麟州本为边地，蕃汉杂处，民风自然尚武，声名远播的杨家将、世袭府州的折家军，就是麟府人尚武的典型。《元一统志》在记到麟州近邻府州时就说“地近边而民知战，府谷旧郡志云：民不满十岁皆谙武艺，人尚义气，俗无浮华”。[1] 府州的骁将张岊、麟州建宁寨的土豪王吉、麟州新秦县的白智，也像徐德一样，是靠着勇武的技艺而屡立战功的。

志文说，“自朝廷用兵西南，君无一战不在其间。富良之役、宥州之师、青岗、斯罗之战，龙横、青鱼之讨，君用命斗贼，摧锋夺隘，累以功迁府州威远都虞候。崇宁四年（1105），换授右侍禁，差充保德军沙谷渡巡检。”这一段文字极其简单地概括了徐德一生参加过的几次大战，却是徐德能够从行伍小卒晋升为秉义郎的军功资本，故不可不详察。

富良江，即今越南红河；宥州，在今内蒙古鄂托克前旗境；笔者核对原文附录拓片，《粗释》在抄录原文时，“青岗斯、罗之战”一语中漏抄一“青”字，致使《粗释》作者认为此“岗斯罗”是党项语“藏底河”的译音，其实不确——青岗、斯罗是麟府路与西夏接壤地区的小地名。笔者也曾误认为，青岗斯罗，当是青唐唃厮啰的译音——青唐唃厮啰政权是吐蕃赞普后裔以青唐城（今青海西宁市）为中心而建立的割据政权；但细

---

[1] （元）孛兰肹：《元一统志》，中华书局1966年标点本，第387页。

读《折克行神道碑》及《宋史·折克行传》，笔者发现折克行曾“破贼于青岗岭”，“又击厮罗川”，“青岗岭又破之”，足证青岗岭、斯罗（厮罗）川为地名无疑；[①] 包括下一句“龙横、青鱼之讨”中的“龙横”、“青鱼”，也是麟府路与西夏接壤地区的两道水川，“大破之青鱼河”、“又入津庆、龙横川”。[②]《折克行神道碑》在20世纪70年代中出土于府谷县折氏祖坟，碑文内详细记载了折克行一生大小“百七十战”的时间和地点——这些地名，均位于麟府路与西夏接壤的今陕北地区，可惜后半部分文字剥落，无从辨认。但“青岗岭”、“厮罗川”、“龙横川”和“青鱼河”四处地名赫然在目。因此，笔者以前的认识也是有错误的，青岗、厮罗（斯罗）、龙横、青鱼，都是麟府西南境的地名。

徐德随军征讨富良江，时在熙宁八年（1075），其时交趾军以为北宋正在变法，广西防务空虚，进而令辅国太尉李常杰率军8万攻入宋朝广西境内，并于次年正月攻陷邕州（今广西南宁市），屠尽城内约5万军民。交趾军兵犯广西并残酷屠杀的行为，激起了宋朝的回击。熙宁九年（1076），朝廷以鄜延帅郭逵为安南道行营马步军都总管经略招讨使，兼荆湖南北路、广南东西路宣抚使，率兵夫30万前往征讨。郭逵征安南，随行携带其在鄜延路与河东路的旧将，见于史书的就有郭逵旧将燕达；而府州折氏的一支折德源的后裔折可适，就被辟为“安南安抚司奇兵队将”；[③] 府州人张构，时任麟州镇川堡兵马监押，也在出征行列，并“充奇兵先锋马军队将，被甲荷戈，率敢死之士三百人，首破其决里隘口，战富良江，夺其战舰，斩获二十级，获马二匹”[④]，张构因此军功，被授予西头供奉官之衔。而宋军也确实取得了富良江大战的胜利，最后因兵夫不习惯南方的暑热瘴气，将士多有病死，双方和议而退。其时，徐德年过三十岁正值壮年，因此他从征安南、参与富良江大战的记载，当属史实。至于他具体的作战地点和斩获，志文没有详记，不能妄猜。

宥州之战是元丰四年（1081）时神宗五路伐夏、宦官王中正所部军与

---

① 戴应新：《折氏家族史略》，三秦出版社1989年版，第88页。

② 《宋史》卷253《折德扆传》，中华书局1977年标点本，第8866页。

③ （宋）李之仪：《姑溪居士后集》卷20《折可适墓志铭》，文渊阁《四库全书》，第1120册，台湾商务印书馆1983年版，第724页。

④ （民国）高克恭纂修：《府谷县志》卷7上，1943年，府谷县图书馆藏本

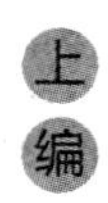

西夏军的一次战斗。元丰四年，西夏幼主李秉常与其母梁太后发生内讧，宋朝乘机出动五路大军，大举伐夏。其中，由宦官王中正率领的一路军马，代天子而征，从麟州出发越大漠而西。麟府路的宋军，因为王中正指挥无方而少有斩获，而随后发生方向不明、军粮不继的严重问题几乎将此路军马陷入绝境。辛亏府州知州折克行捉到五名西夏人，使为向导并掘得窖藏，宋军军心才稍有安稳。宥州是西夏左厢军统军司的治所，宋军到达时，西夏军已经退走，王中正轻易占领后反而屠杀了城中人户，并且冒领军功，这就是宋军的宥州之战。其后，王中正率领的这一路宋军无功而返。

这次出战，随从王中正出发的麟府路将官，有麟府路军马司管勾将领张世矩、府州知州折克行，折克行之弟折克俭、折克禧也在从征行列。徐德既属麟府军，应该也在出征之列，只是他的具体军功，志文没有记载。

北宋与西夏的关系，至元丰四年（1081）后，再没有较大规模的战斗；但因为北宋在后期转变战略思路，于麟府、鄜延、环庆、泾原、秦凤沿线进筑堡寨，步步为营，因而围绕某一新筑堡寨的掩护与破坏，宋夏沿边之间的零星战斗时有发生。时任府州知州折克行，守边三十年，大小百七十战，就是这种战斗生活的反映。作为麟府路的一名军兵，徐德在参加过征讨安南、讨伐宥州的战役后，又多次出界战斗，其中即有与府州知州折克行一同出征过的青岗岭、厮罗川、龙横川和青鱼河四次战斗。而关于此四处地方的具体位置，因史籍缺载，一时难以考察。

宋朝军制有禁军、厢军之别，禁军是朝廷中央军，厢军原本是地方的镇军。府州威远军的编制原本属于厢军即地方军，宋仁宗庆历元年（1041），西夏国王元昊大举围攻麟府州，兵围麟州三十一天，围攻府州七天，攻陷了北宋丰州城和麟州建宁寨。最终在麟府军的顽强抵抗下，元昊率军退走。此战后，宋朝加强了麟府路的军事守备，将同属厢军的麟州飞骑军、府州威远军升格为禁军。史记府州威远军“本胡骑之精锐”，设二指挥，约有 1000 人的规模。① 担任过威远军指挥使的人，有府州富商宗延英曾祖宗行德；而都虞候，则是指挥使之下的军职。徐德为府州威远军都

① （宋）李焘：《续资治通鉴长编》卷 134，庆历元年十一月丁未，中华书局 2004 年标点本，第 3196 页。

虞候，这也是史料中首次出现威远军都虞候的记载。

其后，徐德又升任保德军沙谷渡巡检一职，这也是志文史料价值的一大耀眼之处。《粗释》和孙致远先生都将“差”字错抄为“羌”，其实不确。宋代的官职复杂，“官”与“职”并不相同，“官”为等级标准，“职”是差遣的具体职务，“差充”一种文字表述，常见于授予某官差遣职务时。

保德军即今山西省保德县，北宋时属河东路，原名定羌军，景德二年（1004）改名保德军。保德军与麟州、府州隔河相望，麟府路守护的就是黄河以东包括保德军在内的广大河东地区的军事安全；而宋朝送往麟州、府州的军队和钱粮以及麟州、府州与宋朝的一切往来，都是通过保德军交通的。保德军与麟府州隔河而望，沿河渡口有沙谷、大堡等处渡口。其中沙谷渡在五代时，还曾设立过沙谷寨，后周世宗显德时，永安军节度使折德扆之弟折德源曾败北汉军于沙谷寨，“斩其将郝章、张剑”[①]；建隆元年（960），永安军节度使折德扆又破北汉军于沙谷寨。[②] 宋仁宗景德二年，河东转运使鲍中和曾上言：“岚州合河津岁收渡钱二百八十余贯，自废浊轮寨，商旅止由保德沙谷、大堡等津，请依合河渡收课。”朝诏“合河、沙谷、大堡等津，并勿收渡钱”[③]。可见沙谷渡等处为河东、河西的一切往来必经之处，其军政、商贸地位自不待言。宋朝在重要关隘、渡口设置巡检管理往来事宜，徐德担任的保德军沙谷渡巡检，即是这种情况的反映。其时徐德官衔才为右侍禁，武官阶中的倒数第二品——九品，位低而任高职，故称“差充”。至于《粗释》一文说徐德曾因此做过皇帝的侍卫，那是错理解了宋朝的官制了。直至他去世时得到的秉义郎官衔，也不过是武官五十三阶中的第四十六阶而已。终其一生，徐德的官位仅排在武官的下级。笔者这么说，并不是有意降低这方墓志的价值，但纵观宋史，又有多少寒门武官戎马一生，而到死也总不过是八品、九品的地位，只有像府州折氏等豪门大族、朝中大员、高级将领等特殊群体的子孙，才可轻而易举

① 《宋史》卷253《折德扆传》，中华书局1977年标点本，第8861页。

② （宋）李焘：《续资治通鉴长编》卷1，建隆元年五月丁卯，中华书局2004年标点本，第16页。

③ （宋）李焘：《续资治通鉴长编》卷61，景德二年十一月庚午，中华书局2004年标点本，第1374页。

获得八品、九品的地位。

三　志文反映的麟州文风、宗教等问题

文物就是历史的见证，从《徐德墓志铭》，我们还可以一窥麟州的文风、宗教等社会问题。

徐德有子五人，其第四子衡幼“居学校，升为外舍生”。北宋麟府州民风尚武，史料多有记载；而有关地方教育和文士、学子的史料却极其少见。麟州杨家将迁移到中原的一支杨畋弃武从文，而麟州本地的杨氏，未见记载读书的情况；府州折氏也是在北宋中后期，知州、子弟才陆续粗通文墨，折继祖曾向朝廷乞赐《九经》，家藏诗书、图册等文具，其侄折克俭喜从文士，雅好赋诗；折克臣颇通书法，可惜没有作品流传；现在留下来的，是末任知州折可求之子折彦文为妻曹氏亲笔撰写的志文。麟府之北的丰州，曾有过敕建文庙的记载，而府谷县也曾发现残损碑额，上书“敕建至圣文宣王碑”，可证亦是北宋文庙的文物。

北宋时的麟州，也应该有文庙和学舍等教育场所。徐德之子徐衡幼、上舍张仲愈、学正王天祐，就是麟州的学子与教官——学正既是主管一地教育的官员，也是一地学子之师。本志文即是应衡幼之请，由其友人、上舍张仲愈撰文，而书丹者，即是麟州新秦县学正王天祐。至于将仕郎、行兵曹事李及时只是州县的幕僚官，这种低级官吏，一般由外地或本地的选人或落第举子担任。但像麟府等边地州官一般都是武将，只有通判、县令以及幕僚官，多由朝廷派文士出任，一地文教能否蔚然成风，就靠这些人的教化了。而实际上，朝廷对于麟府州也有倾斜的文教政策，比如给予其免解进士的名额。目前已知府谷县出土的府州人张括墓志文、麟州新秦县银城乡的白智墓志文，就是由麟州免解进士孙觉民所撰。综合分析，麟州文教的建置，在宋代是比较齐全的，有学子、有学正，外舍、上舍、免解进士，靠了墓志的记载都有出现。

徐德长子、三子均落发为僧，这是尤可注意的地方。《粗释》将其解读为宋末乱世、民人遁入空门避难之意。笔者以为其说多有猜测，对佛教虔诚的信仰，无论是宋朝还是西夏，都普遍存在；即使是宋夏边境的党项

各族，也都普遍信仰——在今延安安塞、子长、志丹等地的石窟中，就留下多处宋夏时蕃部民人修佛造像的题记。① 所以，徐德两子出家的记载，当从人们对佛教的虔诚信仰中去理解。

徐德长子法名道隐，“受业于府州天宁寺”，三子“法名惠净，落发于保德军承天院”，惟“系名表白”不知谓何。府州天宁寺，史书无载，但府州城下黄河边有永宁寺，这是可以确知的，折继祖之妻慕容夫人去世后就曾停灵于永宁寺；乾隆时府谷曾发现政和三年“宋保德守刘仲祥公题壁”，内即有“府州前永宁院主、西庄村山寺主持”等字样。② 今寺已不存，而黄河边仍有永宁寺隧道。另外，府谷县出土的北宋中后期人王光甫墓志记载，他的长孙若思，“从浮图氏”，也是落发为僧了。庆历元年元昊围攻麟府时，《续资治通鉴长编》记载曾有“麟、府州民吏及僧道诣阙，请益兵以御西贼。召对便殿，赐茶綵，慰遣之，僧道仍赐紫衣、师号。”③ ——《宋会要辑稿》将这一段记载放在朝臣建议废弃麟州的庆历四年——麟府州的僧、道与民吏一起向朝廷请命，可见麟府州的宗教是有一定的影响力的。至于保德军承天院，史无明载，但在清《保德州志》卷三“寺观”一节中，即有承天寺，谓“元时建”。承天院即承天寺，宋夏时期多建有承天院（寺），著名文学家苏轼、黄庭坚就有相关的诗词传世，而西夏王朝修建的承天寺塔，至今仍矗立在宁夏银川市内。这些事实当可说明，北宋时麟府二州的佛教很盛行。

徐德先娶刘氏，为内殿承制刘公之女。此“内殿承制刘公”不知谓谁，但亦为低级武官，双方倒是门当户对。而实际上，北宋军队里通过婚姻关系提高、巩固家族势力的情况，普遍存在，像府州折氏娶妻嫁女，通常都选择中下级的武官门第。徐德的婚姻，也是这类现象的一个实例。

---

① 李静杰：《陕北宋金石窟题记内容分析》，《敦煌研究》2013 年第 3 期。

② （民国）高克恭纂修：《府谷县志》卷 7 上，1943 年，府谷县图书馆藏本。

③ （宋）李焘：《续资治通鉴长编》卷 134，庆历元年十一月丁未，中华书局 2004 年标点本，第 3196 页。

宋代边贸中的一位牙商*

中国历史时期民族众多，经过不断交融与交流，最终形成多元一体的中华民族。“在历史上的中国这一民族大熔炉中，陕北地区的民族与民族融合无疑具有典型的意义。”① 鬼方、猃狁、白狄、匈奴、卢水胡、鲜卑、羌、稽胡、突厥、党项、女真、蒙古、回等少数民族都先后在这里留下了生活的足迹。因此，有学者称“陕北地区在历史上大多作为古代中原民族与西北少数民族的绳结之地和中原政权在北方、西北方的屏障与根基。”②

北宋时期，陕北北方有强大的辽王朝，西北有西夏国，介乎三国之间的麟、府、丰三州，军政地位得以凸显，成为宋朝抗御辽抗夏的军事前沿。③ 三州之中，府州处于核心。宋朝一方面委任折氏家族为知州，长期控御边面党项各族；又向麟州派驻官员，加强军事守备力量。麟府地区遂成为一个特殊的军事区域，宋时称为“麟府路”。麟府路蕃汉杂居，亦农亦牧，边贸经济较为发达。边贸经济的发展，一方面是由于宋朝需要辽和西夏的马匹、牛羊等物品，“另一方面由于原料和技术的原因，许多物品自己（西夏）不能够生产，只能依靠与外界交流取得，而与之相邻的契丹、回鹘，吐蕃诸部不能满足这种需求，因此西夏王朝前期对外商业活动，主要是与中原北宋的商品贸易。”④ 在这种背景下，府州出现了一位名为宗延英的商人，他的生平即是宋夏贸易的反映。

---

* 本节与邹楠、强泽东合撰。

① 周伟洲：《历史时期陕北地区的民族与民族融合》，《西北民族论丛》第 12 辑，社会科学文献出版社 2015 版，第 14—15 页。

② 杜林渊：《陕北历史文化的区位特征》，《中国社会科学报》2019 年 5 月 10 日第 7 版。

③ 周群华：《宋麟府丰三州建置及其战略地位》，《四川文物》1995 年第 6 期。

④ 杜建录：《宋夏商业贸易初探》，《宁夏社会科学》1988 年第 3 期。

《宗延英墓志铭》新中国成立后出土于府谷县高石崖乡王家塄村，具体时间不详。1987 年，府谷县文管会征集于府谷镇红花村，碑石现藏府谷县文物管理委员会，图文载录于《榆林碑石》。[①] 墓志青石质，圆首方形。碑额隶书题写“宗君墓志铭”，高 79 厘米，宽 58 厘米，厚 14 厘米，周边刻有宽约 2 厘米的花纹。碑身右侧题：“宋故府州宗府君墓志铭并序。”志文楷书 24 行，行 26 字，共 677 字。志文由乡贡进士王慎修撰文，乡贡进士安俊书丹，乡贡进士苏霖篆额，碑石立于北宋元丰五年（1082）。

据志文，宗延英为府州一名牙商。封建王朝时代，树碑立传是王侯将相、达官贵人的特权，普通人鲜少有墓志随葬，商人墓志更为少见。《榆林碑石》收录的 700 余篇墓志碑刻，仅此一方为商人墓志。故此，笔者拟对此方墓志做一考述，以见教于方家。

一　宗延英家世

志文载：

> 君讳延英，字遵贤，其先本洛阳人。曾祖讳行德，严毅有武力。建隆初，为府州威远第一指挥使，因家焉。今遂为府谷人。祖汉杰，力农不仕。考讳重矩，和谨公直，精于吏事，占籍军马司孔目官。

据志文，宗延英祖籍洛阳，因曾祖宗行德担任府州威远军第一指挥使，因而举家迁徙于府州府谷县。其迁居时间为“建隆初”，即宋朝初建之时，此点信息提供了陕北人口迁移的信息。《榆林碑石》收录五代与北宋碑石共 13 方，除却一方买地券，余下 12 方中有 6 方的志主都是从外地迁居于陕北。[②] 其来源包括中原汉族，也涉及边境少数民族。如《大晋故定难军摄节度判官兼掌书记朝议郎检校尚书水部员外郎兼侍御史柱国赐绯鱼袋荥阳毛公墓志铭并序》记载：“公讳汶，字延泳。家居巩洛，族本王

① 康兰英：《榆林碑石》，三秦出版社 2003 年版，第 86 页。

② 康兰英：《榆林碑石》，三秦出版社 2003 年版，第 247—262 页。

京，派盛苗丰，升朝显贵。”[①] 即毛汶祖籍在中原巩洛之地。又如《大晋绥州故刺史金紫光禄大夫检校太保兼御史大夫上柱国李公墓志铭并序》载：“公讳仁宝，字国珍，乃大魏道武皇帝之遐胤也。自仪凤之初迁居于此……”[②] 李仁宝是夏州拓拔氏苗裔，此文将其族源追记为鲜卑族。唐宋时期，人口迁居的方式较为多样，常见的方式有因宦迁徙和少数民族内附，当然也有非常规的方式。如五代时期，府州折氏曾收留一名从内地“逃难”而来部将，名叫李处耘，后来经折从阮举荐，成为时任禁军将领赵匡胤的部将。[③] 宗延英曾祖宗行德，看来是因为戍边而迁居于府谷，丰富了因宦迁徙这一方式。

宗延英家族从洛阳迁居到府谷，是因为其曾祖父宗行德担任了“府州威远第一指挥使”。这是一个怎样的官职呢？宋朝军制有禁军和厢军之别，禁军是宋朝的中央军，为正规军；厢军是宋朝驻州之镇兵，名为常备军，实是各州府和某些中央机构的杂兵。《宋史·兵志》载“威远府州厢兵，本胡骑之精锐，庆历初，升禁军。指挥二。”[④] 如此，威远军本是府州厢兵，又为“胡骑之精锐”。五代、北宋初期，府州曾设永安军节度使，节度使一职由折氏家族担任，其所统部族主要是鲜卑、突厥、回鹘、党项、吐谷浑等族。威远军在建隆初年既然为厢军，当原属折氏所辖府州永安军属部。威远军在庆历时期升格为禁军，与该年（1041）发生的麟府保卫战有关。当年，西夏国王元昊率兵围攻麟府州，兵围麟州 31 天，围攻府州 7 天，攻陷了北宋丰州城和麟州建宁寨。最终，在麟府二州的顽强抵抗下，元昊被迫退走。此战后，宋朝加强了麟府路的军事守备，将麟州飞骑军、府州威远军升格为禁军。威远军设二指挥，约有千人的规模。[⑤] 指挥，为宋代军制的编制单位，《武经总要》称：“凡五百人为一指挥。”[⑥] 因此，宗行德是在威远军还是厢军时即担任指挥使一职，管理约 500 名士兵，其身份当为一名兵官。

---

① 康兰英：《榆林碑石》，三秦出版社 2003 年版，第 247 页。

② 康兰英：《榆林碑石》，三秦出版社 2003 年版，第 251 页。

③ 《宋史》卷 257《李处耘传》，中华书局 1977 年标点本，第 8960—8961 页。

④ 《宋史》卷 187《兵一》，中华书局 1977 年标点本，第 4593 页。

⑤ 高建国：《神木县北宋徐德墓志铭补释》，《北方文物》2016 年第 4 期。

⑥ （宋）曾公亮等：《武经总要》，《中国兵书集成》，解放军出版社 1988 年版，第 23 页。

宗延英祖父宗汉杰，“力农不仕”。从事农业生产，没有步入仕途，其身份为一名农民。府谷县农业开发较早，但有文字记载确是在唐代。《李文饶文集》记载：“访闻，麟、胜两州中间地名富谷，人至殷繁，盖藏甚实。望令度支拣干事有才人，充和籴使。乃秋收就此和籴，于所在贮蓄。”[①] 可见其时府谷地方户口渐盛，农业开发已经形成一定规模。宋代府州农业人口规模有多大？据《太平寰宇记》载“皇朝管主客汉户五百七十”，《元丰九域志》：“户：主一千二百六十二，客七十八”；《宋史》载府州：“崇宁户二千九百一十七，口六千七百二十”[②]。三组数据反映出，宋代府州人口虽逐年增长，至宋末也未达万人。与今日相比，宋时府州可谓地广人稀。宗汉杰或许正是看中这一点，没有继续从军，而选择了农业生产维持生计。

宗延英父亲宗重矩，“和谨公直，精于吏事，占籍军马司孔目官”。由此知，宗重矩又摇身一变，成为一名吏员。此处的“军马司”，全称“麟府路军马司”。麟府路军马司是宋朝在与辽和西夏接壤的麟府地区设立的最高军政防御机构，约设于咸平五年（1002）李继迁围攻麟州的特殊时期，军马司主管官员由并代路钤辖兼任，通常带有“管勾麟府军马公事”的职衔，三年一换。管勾军马公事的权力大于麟府丰三州的知州，主管麟府丰境内的军事行动和蕃族事务，包括招徕蕃族、安抚蕃族、修筑堡寨、护送军需、划分地界和干预丰州知州王氏的人选等问题。[③] 孔目官，唐代时开始设立，为各府州及方镇孔目院属员，掌管文书簿籍或财计出纳事务，隶都孔目。因为军府细事都要经过其手，一孔一目无不综理，故名之。宋代州及学士院、三司、开封府、殿前司、马步军司、崇文院等府署皆置孔目官。故宗重矩的身份为麟府路军马司中一名掌管文书档案的吏员。

宗延英于元丰五年（1082 年）四月十二日患疾去世，享年 81 岁，则

---

① （唐）李德裕：《李文饶文集》卷 14《论用兵二·要条疏边上事宜状》，河北教育出版社 2000 年校笺本，第 253 页。

② 乐史：《太平寰宇记》卷 38，中华书局 2007 年标点本，第 813 页；王存：《元丰九域志》卷 4，中华书局 1984 年版，第 165 页；《宋史》卷 86《地理二》，中华书局 1977 年标点本，第 2135 页。

③ 高建国：《鲜卑族裔府州折氏研究》，博士学位论文，内蒙古大学，2014 年，第 45 页。

其当出生于北宋咸平四年（1001 年）。关于他的身份，志文称：“郡官委君往定博买协中之式，西人咸听约束，无敢增损其价。后屡载缯帛茶货，市贺兰之牛、紫河之马……”说明他是府州一名贩卖货物、从中取利的商人。

论者多以为自科举盛行以来，封建社会各阶层流动性增强，身份变化较快，出现了“朝为田舍郎，暮登天子堂”的现象。目前出土的墓志志主多属达官贵人，展现的往往是一位官员几代人身份变化的图景。府谷县出土的宗延英墓志反映，宗氏家族因宦迁徙，四代人身份经历了由兵而农、而吏而商的转变。此点不仅为研究北宋时期陕北地区社会变迁提供新史料，也将丰富今人对宋代阶层流动的历史认识。

二　宗延英参与的宋夏贸易活动

前文指出宗延英家族四代身份经历了较为复杂的变化，至其本人成为一名商人，在府州宋夏贸易中扮演重要角色。志文载：

> 君有马癖，尤善别良驽，虽伯乐在前，必从其说矣。向因夏国纳款，始议和市、通商。郡官委君往定博买协中之式，西人咸听约束，无敢增损其价。后屡载缯帛茶货，市贺兰之牛、紫河之马，岁且千数，利或倍蓰，未常与群小计锥刀之末。

据志文，宗延英首先是一名相马能手，其商业经营内容之一即是贩马，这与府州为宋朝博买蕃马中心地的历史背景是相符的。五代以来，麟府地区蕃汉杂居，所谓蕃人，即指内迁而来的党项、吐谷浑等族，他们主要依靠牧养马、牛、羊等动物为生。《宋会要辑稿》称：“凡马所出，以府州为最，盖生于黄河之中洲曰子河汊者，有善种”①，府州产良马，是宋辽夏三国对峙的结果。马匹是冷兵器时代战争必需品，而良马却产于中原之

① （清）徐松辑：《宋会要辑稿》第 15 册《兵二四·马政四·杂录一》，上海古籍出版社 2014 年标点本，第 9110 页。

外西北方向。五代以来，中原王朝主要向周边的契丹、党项、吐谷浑、吐蕃等族购买马匹。宋辽间虽设有多处榷场发展贸易，但契丹严格控制马匹交易。“西夏所居，氐羌旧壤，地所产者，不过羊马毡毯。其国中用之不尽，其势必推其余与它国贸易。其三面皆戎狄，鬻之不售，惟中国者，羊马毡毯之所输而茶綵百货之所自来也。故其民如婴儿，而中国乳哺之矣。”[①] 因此，宋夏间的贸易，马匹即是大宗。宋朝境内，“凡市马之处，河东则府州、岢岚军，陕西则秦、渭……皆置务遣官以主之”[②]。马匹也是上层贵族骑乘的消费品，宋朝为首先满足军事需要，严格限制文官武将私买蕃马，其明文申禁之处，即“府州蕃马”。此即府州宗延英善于相马的背景。

北宋经济文化较于西夏发达，但西夏占据了部分草场地带，牲畜产量甚为可观。宋夏两种不同类型的经济结构客观上需要通商贸易实现经济交流。[③] 宋夏贸易形式有三种，一是贡使贸易，二是榷场贸易，三是边民贸易。边民贸易之中又有和市与走私之分。三种贸易形式的大宗交易，均涉及与战争密切相关的马匹贸易。北宋战马来源方式主要有二：一是由国家自行养马或括集民间马匹，二是向塞外及边境少数民族地区购买补充。前者实行的效果并不理想，“然马之孳息，不足以待国用，常市于边州”[④]。

因此，买马就成了宋朝长期的紧迫任务。自五代至北宋，府州都是中原与边境各族马匹贸易的中心之一。北宋买马的方式也分两种方式，一是招马法，使蕃部进贡马匹而给予回赐；二是市马法，为纯粹的商业交易。招马的方法，“每岁皆给以空名敕书，委沿边长吏择牙吏入蕃招买，给路券送至京师，至则估马司定其直”[⑤]。这种办法在五代时已经出现，“五代的马匹之输入中心为吐浑、党项、吐蕃、回纥等，所以沿边知州乃各遣其

① （宋）赵汝愚编：《宋朝诸臣奏议》卷138，上海古籍出版社1999年版，第1554页。

② （元）马端临：《文献通考》卷160《兵十二》，中华书局1986年版，第6370页。

③ 霍升平：《论北宋与西夏的贸易》，《中州学刊》1988年第1期。

④ （宋）李焘：《续资治通鉴长编》卷104，天圣四年九月戊申，中华书局2004年版，第2421页。

⑤ （清）徐松辑：《宋会要辑稿》第15册《兵二四·马政四·杂录一》，上海古籍出版社2014年标点本，第9110页。

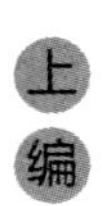

心腹牙校至蕃部招勾蕃人的马”[①]。

宗延英“有马癖，尤善别良驽，虽伯乐在前，必从其说矣”。可以说，府州长期以来的马匹贸易养成了宗延英善于相马的能力，也正是这项出色的技能，使他能够见信于地方官员，承担重要的贩马任务。

墓志记载：“向因夏国纳款，始议和市、通商。郡官委君往定博买协中之式，西人咸听约束，无敢增损其价。”北宋康定元年（1040）至庆历二年（1042）间，西夏连续对宋发动了三次大规模战事，皆以宋朝失败而告终。西夏虽屡胜，但经济负担也到了极限，与和平的经贸交流相比，实在是得不偿失。因此，宋夏重启和谈，经过一系列复杂努力，双方于庆历四年（1044）再次达成和议，此即“庆历和议”。据志文知，宗延英参与了宋夏在麟府地区的和谈活动，主要负责双方贸易款中的定价问题，这点亦是其商人身份的重要体现。

据志文，宗延英并非一名普通的商人。志文流露，宗延英当是一名兼充牙人的商人。“牙人，即中介人，又被称为牙商、牙郎、牙侩、牙保等，是我国封建社会时期商品经济中的中间人，与商品流通密切相伴，是依附于商品交换的一个职业群体。”[②] 有学者指出，宋代牙人发展出新特点，“牙人突破评定物价、检查核实、契约中介等职能，自己代购和代售商品、替人收税和催贷，职能的全面化使其得到了更加广阔的生存空间”[③]。宗延英作为一名牙人，同样具有上述特点。“后屡载缯帛茶货，市贺兰之牛、紫河之马，岁且千数，利或倍蓰，未常与群小计锥刀之末。”这就表明，宗延英除了宋夏贸易中的物价评定外，自己也参与贸易。他曾多次携带丝织物、茶叶等商品，前往西夏与辽朝交换“贺兰之牛”“紫河之马”，贸易往来十分频繁，且获得丰厚利润。此处的“贺兰”当是位于今宁夏的贺兰山；“紫河之马”亦在史料中出现，又记作“子河汊之马”，位于府州北境紫河镇，即今内蒙古和林格尔县境内紫河入黄河口处。

综上，宗延英的身份为一名牙商。在宋夏关系的曲折发展中，商业贸易占据了重要地位，尤其是马匹贸易。北宋王朝对于战马有着十分强烈的

---

① ［日］畑地正宪：《五代、北宋时期的府州折氏》，转引自折吾彦等《府州折家将历史文化研究论文集》，内蒙古人民出版社 2014 年版，第 129 页。

② 孙莎莎：《宋代牙人制度研究》，硕士学位论文，山东大学，2012 年，第 6 页。

③ 阴春英：《宋代牙人相关问题研究》，硕士学位论文，南京师范大学，2012 年，第 1 页。

渴求，宗延英因相马技能突出，被当地官员委托充当贸易中介的牙人。他也积极从事边贸交流，参与宋与辽夏间的大宗贸易如马匹买卖，获利颇丰。据志文，宗延英家族“衣食七百余指”，当有三四十人的规模。他能使如此规模的一个普通家族“闺门雍睦，闾里称之”，自己又娶“马氏、李氏、赵氏”三妻，次子宗文某子承父业、三子宗度“业进士”，可以想见志文谓宗延英的商业活动“岁且千数，利或倍蓰”，当不虚妄。中唐以来，中国社会兴起了一个新的“富民”阶层。“他们是在商品经济发展的背景下，以经营农业为主、兼及工商的各行各业的致富者。”① 根据宗延英特殊的身份背景，他或许也应当划分为这一阶层。

三　宗延英的文化崇尚及府州文教

富民不享有政治特权，但一般拥有良好的文化教育。这既与富民的财富有关，也与宋代社会发展水平息息相关。宋代商业经济的繁荣促进了科学技术的进步，为文化教育的发展奠定了物质和技术基础。“同时宋初统治者不断扩大科举取士规模，鼓励世人读书仕进；振兴图书事业，充实教育发展的基础；积极赞助文教，公私各方面踊跃办学；尊师重教，礼遇文人，以此垂范世人，昭示文治盛典等。”② 雕版印刷术在北宋中期以后的广泛应用，促成了宋代州县地方教育的普及和发展。这些因素共同促成了宋代文教的兴盛。

在北宋崇文抑武、文教兴盛的大背景下，即使是处于抗御辽抗夏前沿的府州，文化事业也有较大发展。府州第一大家族，是世袭知州的折氏家族。折氏数代将门，武风浓郁。至继字辈，始有读书之风。折继闵（1018—1050）“及壮，喜读韬略，务通大义，论古今将帅，识其用兵意”③。其弟折继祖（1022—1071）主政府州时，“奏乞书籍，仁宗赐以《九经》”。宋代时的《九经》，指《易》《书》《诗》《左传》《礼记》《周

① 林文勋、薛政超：《富民与宋元社会的新发展》，《思想战线》2017 年第 6 期。

② 魏彦红：《北宋皇帝重教研究》，博士学位论文，河北大学，2014 年，第 14 页。

③ 戴应新：《折氏家族史略》，三秦出版社 1989 年版，第 67—68 页。

礼》《孝经》《论语》和《孟子》九部儒家经典。折继祖不仅主动向朝廷乞求经书，还搜集了“图史、器玩、琴博、弧矢之具”向宾客展示。[①] 此外，折继祖侄子折克俭（1048—1098）和折克臣（1033—1070）也喜爱读书。折克俭“择士以交，行不由径，卓然异于流辈，真千里驹也。初，嗜诗书，笃问学，躬延儒生，靡有惰容”[②]。折克臣“精于书学，深得义献法”[③]。可见，这一时期府州折氏家族文风转盛。

《宗延英墓志铭》记载的内容也印证了当时府州文教状况。此篇墓志的修撰者王慎修、书写者安俊、篆额者苏霖均为乡贡进士。“乡贡进士”最早出现在唐朝科举史料中。《新唐书》载：“唐制，取士之科，多因隋旧，然其大要有三。由学馆者曰生徒，由州县者曰乡贡，皆升于有司而进退之。”[④] 乡贡进士，指获得礼部贡院科举考试资格而落第的士人。三位士子身份为“乡贡进士”，侧面反映府州地区文化教育已有一定的发展。

宗延英本人，亦是尚文之人。“遇暇，多游州庠乡校间，勉励青衿，若父师之教。”志文透露，府州有地方州学，宗延英空闲时常盘桓其间，并能如父如师一般勉励士子努力学习。宗延英的文化崇尚及其与府州州学的良好关系，可能正是三位乡贡进士愿意为其撰写墓志铭的深层缘由。志文还称他：

> 常诫子弟曰：富贵贫贱，本天也，而由人乎哉？但出孝入悌，勤事耕稼，温饱当足尔，慎勿他求！

宗延英这种天命观、孝悌思想、以农为本的理念，正是儒学讲求的核心所在。宗延英经商时“未常与群小计锥刀之末”，亦与儒家倡导的“重义轻利”观念相符。此外，他“每听逢掖谈古今治乱，神竦意悦，终日忘倦”，对此类文化活动表现出强烈的关注。宗延英第三子宗度“业进士”，“五孙男，方佩觿就训”，也正在接受教育。这些细节，充分反映了跻身于

① （宋）释文莹：《玉壶清话》，中华书局1984年版，第27页。

② 高建国：《将门良驹：折克俭与宋夏战争》，《宋史研究论丛》（第18辑），河北大学出版社2016年版，第93页。

③ 高建国：《鲜卑族裔府州折氏研究》，载博士学位论文，内蒙古大学，2014年，第144页。

④ 《新唐书》卷44《选举志上》，中华书局1975年版，第1159页。

富民行列的宗氏家族浓郁的文化风气，也反映了府州文化教育事业的发展。

宋朝是中国历史上经济、文化的繁荣时代。此种繁盛，在边境地区如府州也深有反映，《宗延英墓志铭》即是一例。志文记载了宗延英家族因宦迁徙于府谷县，四代人由兵而农，而吏而商，身份变动频繁，提供了陕北人口迁徙的新史料。志文所涉宋与辽夏边贸活动及宗延英的牙商身份，亦是研究宋代经济史的重要史料。此外，志文所载志主文化崇尚，对研究府州地区文化教育发展状况亦有重要史料价值。总之，《宗延英墓志铭》是一方极具史料价值的宋代商人墓志。

下编

碑石整理

折嗣伦碑

碑文写于五代后梁约乾化元年（911），清乾隆三十三年（1768）前后，时任知县郑居中发现于府谷县。书撰者不详，碑石现已不存，无拓片传世。《金石萃编》《全唐文》《府谷县志》著录了碑文，本文录自《金石萃编》。

《金石萃编》碑文前有注曰："碑高九尺，广三尺七寸，前面已缺，仅存二十八行，正书，字数剥泐无可考，在府谷县。"文后先引《关中金石记》一段文字，次有王昶按语一段。引文为："文云有子五人，三曰从远。从远即从阮，以后唐庄宗镇太原时领府州刺史。文内又有'当今晋王感公有大忠'云云，则是碑梁时所建也。文云'大魏之苗裔，宇文之别绪'，又云'爰因忠烈，为唐裔陇西氏'，于《克行碑》云折'出河西折屈'，《五代史》从阮父嗣伦，与此异。"按语如下："碑残缺，无年月、讳字可见，但据文中有'昔先王求枚嗣祚'之语，知折君名嗣祚耳。凡碑叙事皆称为'公'，此语直言嗣祚，盖承先王为言，明尊君也。嗣祚有子五人，次曰从远，《五代史》有《折从阮传》，云'从阮，字可久，本名从远，避汉高祖旧名，故改下字'，即此人也。《传》称父'嗣伦，为麟州刺史'。今作'嗣祚'，与史异。然云'享龄五十，终禄于麟郡'，是嗣祚终麟州刺史，与《传》相合，即嗣伦无疑矣。《旧史从阮传》：'唐庄宗初有河朔之地，以代北诸郡屡为边患，起从阮为河东牙将，领府州副使。同光中，始授府州刺史。'碑称从阮'动合楷模……府府州副使'，又云'当今晋王感公有大忠于王室'，是碑之立，当在同光改元以前，故尚称晋王耳。碑叙嗣祚世系、行事颇详，而剥蚀过甚，无从据以补史，惜哉。"

折嗣伦（862—911），官至麟州刺史，史籍无传，府州折氏家族早期代表人物。因碑文残缺，不知名讳，《金石萃编》判为《折嗣祚碑》。经与《旧五代史》折从阮本传对照，确知为折嗣伦之碑。

折嗣伦碑

……人為之受命；瑞影搖彩，嶽瀆所以降神。昔周文王有大明，嗣太王季……祖諱華，雲中人也，永西伯之苗裔，大魏之後，宇文之別緒。以金城……俞，自武德中……詔府谷鎮遏使，不改善政，永……子孫黼黻……之榮……能不施勞於民，不伐善於已。慷慨……以魏孝文皇帝廿七代之孫也。世襲家聲，勳庸不……昔先王之顧命……巨唐之芳葉，爰因忠烈，為唐裔隴西氏焉。所謂……若作席上琳琅，人間柱石。鹽梅麯糵……不謂臨危致命，不顧其死，見義有勇，無懾於……獎式義方……不可奪也……可稱也。不以私誣義，罔以虛眩真，守金石……為府谷鎮……持戎醜。疆境之內，民無雜居，杜烽戍之虞……尚書兼御史大夫，考績……庶政，增以厥貢良驥可千乘，與部族歸榨薹之地，黔黎有豐年之詠。……昔先王求枚嗣祚也，以前……乾符歷數……元兇……不敢。以懸河之……辨無不對。當進賢任重，為黎先行……欲移勳列，爵未足稱……吾懷何如……其德不回，馳驛……於雲□之，然將明命於……王睹之爽然曰：虜延深遠□□危……雖鑒中利刃……當今晉王感……公有大忠□……王室，有大……駕為……溪上氏□，祖媵之禮也。而乃衣錦，桑榆顯榮也。先世……聖唐之瑞派，子子孫孫，引無替之道也。俾乎黻冕金……行，勳業惟新，敷五教以在寬，闡六條而彌政，稼穡有通歧之詠，庶民無聚斂之怨……公下車之日，覲人多……弊，褰帷撫問，愛如己育。遂乃布馹鷄之善、牧馬之政，聆風嚮化，繼至……累降名綬，加□陰功，罔効□靈山岳。其年冬末有二日，享齡五十，終祿於麟郡焉。噫！……永有……為州……之譽……趙宣子、郭伋……有子五人，長曰從……軍使。次曰……軍使。次曰從遠，動合楷模，……府府州副使。次曰從依，攝麟州司馬、檢校尚書祭酒、兼御史中丞。次曰從……祖塋之左右。授機應符契運，葉瑞來儀，清風朗月，孤高不群，口無擇言，哲中尤哲，賢中又賢。岩谷歸神，昆崗熾焰。玉石俱焚……矚俯眺……封樹，諸子舁……

折御卿墓志铭

碑石刻于北宋嘉祐元年（1056），20世纪50年代出土于府谷县杨家沟，始完好无损，弃置道旁十余年。1976年，考古学家戴应新寻获时已残碎不全，仅存111字。青石质，残石呈长方形。残石已不存，拓片存府谷县折氏文化研究会。

折御卿（？—995），北宋府州人，官至永安军节度使，第二任世袭府州知州，北宋名将。折御卿为折德扆次子，开宝九年（976）袭职知府州事。主政府州近二十年，屡立战功。太平兴国四年（979），宋太宗兵伐北汉，折御卿攻岚州、破岢岚军，擒获军使折令图，斩杀北汉宪州刺史霍翊、擒获夔州节度使马延忠等七人。太平兴国七年（982）契丹兵分三路攻宋，折御卿率军阻击获胜。同年，夏州李继捧入朝北宋，其族弟李继迁则举旗抗宋。淳化五年（994），宋太宗征讨李继迁。折御卿率部助战，获银夏等州蕃汉户八千帐族内附，马、牛、羊以万计。至道元年（995），契丹自振武（今内蒙古和林格尔县）犯边，折御卿率众邀击，败之于子河汊（子河汊，又名紫河镇，即内蒙古清水河县境内紫河入黄河口处）。同年冬，卒于军中。

折御卿临终遗言："家世受国恩，敌寇未灭，御卿之罪也。今临敌，安可弃士卒自便？死于军中，盖其分也。为白太夫人，无念我，忠孝岂得两全？"为时人讴歌，宋人奉其为名将，在岚州宜芳县立祠庙奉祀，后徽宗赐庙额曰"显忠"。

折御卿墓誌銘

大宋故永安……公折公，諱……于府州府……先是墳……餘祀……亂……金帶寶……以夙承……吉於嘉祐……日辛酉……歲十月甲戌……視其柏椈殆不□用命易之……一新，塋兆再完。公始娶蘇氏……王氏，進封郡夫人，次梁氏，封□人，後以子貴，進封河南郡太夫人。……公之穴，禮也。

孫如京使康州刺史知府州軍州事兼管內勸農事兼麟府……

折惟正墓志铭

碑石刻于北宋景德二年（1005），砂石质。将仕郎守寿州霍丘县尉智周撰文，随使知宅案司李赍书丹并撰额。碑石现藏府谷县文物管理委员会。

碑呈正方形，高、宽均为68厘米，厚16厘米。碑身右侧题“故庄宅使延州管界沿边都巡检使金紫光禄大夫检校尚书□□射兼御史大夫上柱国平恩县开国伯食邑九百户折公墓志铭并序”。共29行，满格26字。

折惟正（964—1004），字可法，北宋府州人，第三任世袭府州知州。至道元年（995），袭父职，权洛苑使、知府州事。至道三年，奉诏入朝，留任掖庭，所袭父职授予其弟折惟昌。任郑州兵马大都监，参与北击契丹的军事活动。迁庄宅使，授延州管界沿边都巡检使。景德元年（1004），卒于延州。

故莊宅使延州管界沿邊都巡檢使金紫光祿大夫
檢校尚書□□射兼御史大夫上柱國平恩縣
開國伯食邑九百戶折公墓誌銘并□」

新授將仕郎守壽州霍丘縣尉智周撰」
隨使知宅案司李賁書並篆額」

公諱惟正，字可法。其始，先有唐貞觀中賜姓折氏，自唐季曆五代，凡」三十世。繼立嗣侯，綿綿弗絕，庶繁備載。曾祖諱從阮，官為靜難軍」節度使、同中書門下平章事。薨，贈尚書令。娶滎陽郡太夫人，楊氏之」重孫也。祖諱德扆，官為永安軍節度使。薨，贈侍中。娶京兆郡太夫」人，路氏之孫也。皇考諱御卿，官為永安軍節度使。薨，贈尚書□。夫人□氏，夫人楊氏、夫人王氏，天水郡太夫人□氏，各抱器能，為□」王爪牙，控□金方，扵國有大功。公即□□也。

公仁勇□慎，□」叶時□未冠年，補充西頭供奉官。既諧祿任，□□忠□。至道元□」十二月十八日，以父薨，循舊制，立嗣侯，權授洛苑使、知府州軍州事。」既理要郡，□著政聲。公所居里時，與還賊接境，臨陣交鋒，□□□□」月，朝廷嘉其勞効。至道中，加授金紫光祿大夫。詔離□□，留任」掖庭。咸平初年正月，又加授食邑三百戶。嘗任鄭州兵馬大都監，□」必豪俠畏威，民□德仁。會高陽路告獫狁犯境，在擇能者禦之。□」詔公曰，鄭之彼□□□登赴敵，甚致肅寧。未期年，還授莊宅使，□□」如故。移授延州管界沿邊都巡檢使。景德元年九月七日，□□薨」扵延州傳舍，春秋四十有一。

娶馮翊縣君王氏，即里中人也。宣□」武陟鎮使王延貴之長女也。婦順母訓，中外咸知。生子二人，殿直繼□。」次子奉職繼烈。孫女一人望卿。

景德二年五月一日，旅□□□鄉，當年」八月八日□葬於皇考大塋，從吉地也。扵戲！公之忠力果毅□」扵國孝廉幹尽著，于家如金石在珮，動而□□其大者，蘊武緯通」□□，君濟民為己任，有識者深知之。□繼世侯，樹勳立績，未偕」先德，忽乎掩谢，可不痛惜乎！寄公之门馆，仰公之遺烈，故作斯文，無隱情、無愧詞焉。其銘曰:」

世祿德門，斯之謂□。懿勳□績，斯之不朽。福善則□」，弗享遐壽。□勞□□，□□厥後。嗚呼折公，何不足有」。

折惟某墓志铭

碑石刻于北宋嘉祐元年（1056），已残，青石质。残石呈长方形，高43厘米，宽35厘米，厚10厘米。共8行，现存66字。右侧题名仅剩“大宋故洛苑使”六字。

志石残缺，难知名讳。志文载其子继融，落款官衔为其侄折继祖，故志主当为折氏“惟”字辈成员。又，志文载，志主为“令公长子”。“令公”是一尊称，宋代指生前加官中书令或死后追赠中书令者。已知折氏人物自折从阮、折德扆、折御勋至折御卿，均以“节度使”衔赠“侍中”。唐朝时，侍中为门下省长官，与中书令、尚书令并列为宰相。因此推测，残志所称“令公”当是溢称。因折御卿长子为折惟正，其墓志已出土，故以此排除“令公”为折御卿的可能，则其只能为府州首任世袭知州折御勋，志主应是其长子折惟某。

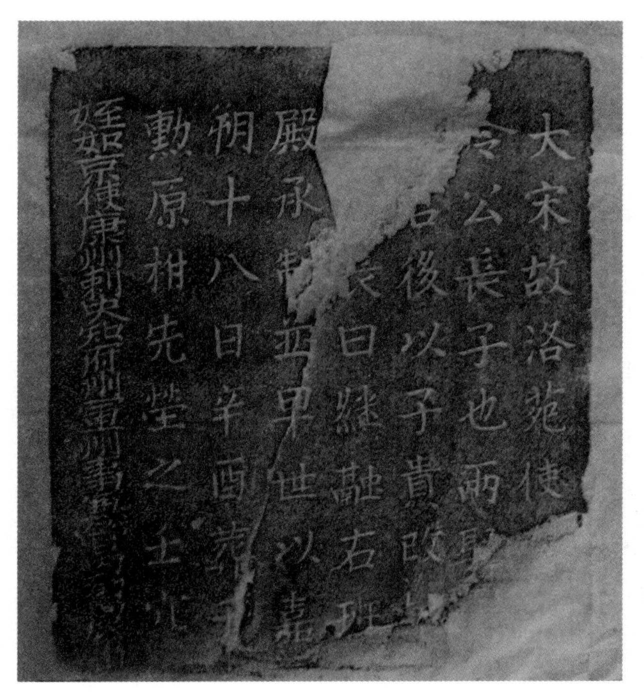

折惟某墓志铭

大宋故洛苑使……令公長子也，兩娶……□，君後以子貴，改……□□長曰繼融，右班……殿承制，並早世，以嘉……朔十八日辛酉葬于……勳原祔先塋之壬穴

姪如京使康州刺史府州軍州事兼管內勸農……

李夫人墓志铭

碑石刻于北宋政和元年（1111），1975 年出土于府谷县，由从事郎守府州观察推官杨大荣撰文，东头供奉官权麟州横阳堡兵马监押张天成书丹并篆盖。现藏府谷县文物管理委员会。

碑呈正方形，高、宽均为 68 厘米，厚 17 厘米，有宽 2 厘米花边。碑身右侧题“宋故福清县太君李夫人墓志铭并序”，共 32 行，满格 32 字。1975 年，府谷县傅家塬公社修梯田时发现古墓一座，墓室已毁，仅留墓志铭一盒，志石与志盖间用四叠天福铁钱相撑。志盖篆体三行，“大宋福清县太君李夫人之墓”，今已不存，惟留志石。

李夫人（999—1072），北宋开封人。十三岁时，嫁府州知州折惟忠为妾；二十二岁，生折继祖，为折惟忠第三子。后折惟忠年老，放归众妾。李夫人随其父回开封，改嫁苏州富豪田氏。折惟忠长子折继宣、次子折继闵、三子继组相继袭职。折继祖知府州后，思念母亲，令人到京师寻访，并最终访得李夫人下落。折继祖遣侄子到苏州请准田氏，迎请李夫人回归府州。三十八年后，李夫人再次回到府州，母子团聚。折继祖上奏宋仁宗，用自己遥郡官为李夫人请封。宋朝特旨，封李夫人为福清县太君。政和元年（1111），折可大葬其父折克行等。按照礼法与祖制，作为妾的李夫人不能进入祖坟安葬。其孙折克禧请于府守折可大，于折家祖坟附近另择坟园，安葬祖母李夫人。

宋故福清縣太君李夫人墓誌銘並序」

從事郎守府州觀察推官楊大榮撰」

曾孫婿東頭供奉官權麟州横陽堡兵馬監押張天成書並篆蓋」

夫人姓李氏，世居開封，系出仕族。年十三，從府守崇信軍節度使折公諱惟忠為」箕帚之助。熙寧五年閏七月初四日，終於正寢，享年七十有四。以政和元年十月二」十日，葬於府州府谷縣將相鄉崇勳里小柏塢之原。

夫人秀外慧中，不妄笑」語，心無妒忌，宜其家人。時崇信母梁國太夫人性簡嚴，少許可，治內有法，舉族」畏之。崇信與嫡夫人劉氏晨昏定省，不敢輒詣，必先遣夫人入，伺顏色乃前。」梁國數謂崇信及嫡夫人曰：“斯人純厚謹恪，它日可委以事，宜善待之。”由是，特」不以衆姬遇。

年二十二，生西作坊使、解州防禦使、贈左金吾衛上將軍繼祖，是

為」崇信之季子。後崇信寢疾，議盡出侍姬。厥父聞之，來自京師。夫人願留侍甚堅，」厥父謂曰："吾與汝母俱老，汝弟尚幼，須汝歸，庶幾可活。"夫人意未決，崇信聞之，」側然語夫人曰："爾雖持心近義，然不顧爾親，非孝也。"遂厚贈以資其行。

景祐初，」崇信薨，長子文思使、恩州刺史繼宣，次子宫苑使、果州團練使、贈大尉繼閔，相繼領」州事。皇祐二年，太尉薨，朝廷擢金吾承襲。金吾既貴，念夫人自與父歸，音塵杜」絕，使親友詢訪。久之，聞夫人適蘇州豪族田氏，已有三十八年，體力康強，子孫成」列。金吾遣侄持書于田氏，懇請夫人以歸，越水陸五千里，安輿而來。金吾偕夫人」慕容氏歌鐘燕樂，日奉甘旨，復剡章聞上，願納現任遙刺一官以丐封邑。仁宗皇帝嘉之，特封福清縣太君，時以為榮。

熙宁四年，金吾以疾捐館，孫男三人，孟」曰克儀，文思副使，蚤亡。仲曰克禧，皇城使，前麟州兵馬都監，上柱國。季曰克淨，左侍」禁，蚤亡。曾孫男七人，可致，皇城使，環慶路準備將領。可久，皇城使，河北第十一將。可」褒，供備庫副使，麟州通津堡兵馬都監。可與，東頭供奉官，河東第一將部將。可規，右」班殿直，真定府元氏縣尉。可攻、可矜蚤夭。元孫男九人，五人以蔭從仕，余尚幼。孫女」六人，曾孫女四人，皆適仕族。

政和元年，侄曾孫、四方館使、榮州團練使、知府州」可大，將葬其父安武太尉、母和义夫人，盡舉族人二百馀喪葬之。克禧白府守，」願別卜地以葬夫人，府守許焉。嗚呼！其亡也，不祔崇信之兆者，不敢亂嫡庶之」分；其葬也，不厝諸姬之域者，蓋以盡子孫之孝。禮以義起，於是為稱。克禧論次行實，」請銘于餘，義不敢辭。乃為銘曰：」

于嗟夫人，綽有淑德。少從折公，陰相內職。祇是女君，」分無潛忒。宜其家人，見稱梁國。實生金吾，蕃垣西北。」戲彩承顏，歌鐘鼎食。封邑之榮，恩禮殊特。身後之光，」子孫蕃息。孝盡送終，異其兆域。刻銘納幽，以傳罔極。」

定羌崔海刻」

折继闵神道碑

碑石约刻于北宋宣和元年（1119），1976 年经考古发掘、出土于府谷县杨家沟西塬头，现藏陕西省西安碑林博物馆。《折继闵神道碑》由其孙折可求请准宋徽宗，碑文由朝奉大夫张叔夜奉敕撰，保和殿大学士、朝议大夫蔡靖奉敕书并题盖。碑石高大丰硕，高 2. 22 米、宽 1. 07 米、厚 0. 27 米，青石质；碑文楷书，共 35 行，每行满格 92 字。

折继闵（1016—1050），字广孝，北宋府州人，是第七任府州世袭知州。折继闵是第五任世袭知州折惟忠次子，以父荫入官。宝元二年（1039），袭职。西夏元昊称帝（1038），以战求和。府州地接西夏，折继闵多次率军与其作战。在职 11 年，大小 30 余战。

折继闵一生最辉煌的是府州保卫战。元昊称帝后连续发动三川口战役（1040）和好水川战役（1041），大获全胜之际，乘势引兵来攻麟府丰三州之地。庆历元年（1041）秋，元昊围攻麟州 31 日不克，转而围攻府州。当时，管勾麟府路军马公事康德舆懦弱畏敌，坚令闭城不战。折继闵凭借府州城地利，组织部属积极防御。7 日后，元昊见攻城无望，解围而去。在新任管勾军马司公事张亢的支持下，折继闵先后修筑了多个军事堡寨，将西夏军赶出州境，府州城保卫战取得胜利。迁宫苑使、普州刺史。

同年十月，往麟州护送军需，中伏而还。庆历二年（1042），再次护送军需往麟州。途遇西夏军，激战，获胜。修筑建宁寨，受命防护工役，智胜西夏军。同年，元昊再次出兵攻宋，发生定川寨战役。折继闵奉诏牵制夏军，破元昊属部容州刺史耶步移守贵。庆历三年（1043）冬，西夏军数万犯府州清塞、金城等堡，折继闵率军击退，追至杜胡川（今秃尾河）。皇祐二年（1050）卒。

□□□□果州團練使麟府路駐泊兵馬鈐轄知府州軍州事贈太尉折公神道碑」

朝奉大夫試給事中兼同修國史清源縣開國男食邑三百戶賜紫金魚袋臣張叔夜奉敕撰」

保和殿大學士朝議大夫燕山府路安撫使馬步軍都總管知燕山府兼管內勸農使節制河北四路軍馬餘杭郡開國侯食邑一千戶食實封一百戶賜紫金魚袋臣蔡靖奉敕書並題蓋」

□□之制，計品秩，許立碑於墓之神道，非特俾揚其前人之休烈，抑亦廣為臣者之勸。皇祐甲午，襄知府州軍州事折繼閔卒，卒之五年乃葬。

後以子克行贈太尉，未及立碑而克行卒。其孫可求始請於朝，翼得鑱堅石、表阡陌，以紀繼閔。」□且以臣叔夜被上獎遇，采其虛名，使為文以傳信後世。政和天子詔："可。"臣叔夜不才，列在史官，而上方以可求為忠勇可任，矧繼閔功有足記者，將不得辭。

臣謹按：折氏自唐末世有麟府之地，初，宗本為唐振武軍緣」河五鎮都知兵馬使。其子嗣倫，為麟州刺史。孫從阮、從阮子德扆相繼據府谷。五代，周以為永安節軍節度，捍蔽戎虜，歷世賴之。太祖皇帝建隆二年，德扆朝京師，陳太原可取狀，沾賜甚渥，復遣還鎮。爾後子孫遂世為知府州事，得用其」部曲，食其租入。臣以謂當真主之興，四方屈膝，獻其境壤；而折氏傳襲，至今不絕，非夫世濟忠義、勤勞王家，炳丹青而不渝、盟帶礪而無愧者，孰能與於此！

繼閔於德扆為三世孫，祖御卿，父惟忠，或生秉旄鉞，或追贈至節度使，」國史有傳。曾祖妣路氏，祖妣蘇氏、楊氏、王氏、梁氏，並封郡國太夫人。

公字廣孝，資環瑋，性莊重，少不為兒嬉。及壯，讀韜略，務通大義。論古今將帥，識其用兵意。天聖二年，以父任為三班奉職，稍遷左班殿直。景德中，妣彭城郡夫人劉氏錄先」世勳閥來上，會乾元節，許入賀。上慰勞甚至，且問所與俱來者。劉以公對，特改右侍禁。

寶元二年，兄繼宣坐事謫，公權總州事，彌月，詔以西京作坊使即真。公齒尚少，而下條教、舉綱目，練達如素官者，境內安之。十月，丁內艱，」改如京使。明年，元昊寇邊，詔公率所部出塞，掩其不備，俘虜甚眾。康定初，夏人出涇原，詔牽制其後。公入賊境，破野寨二十餘所，斬級數百，璽書褒焉。六月，復擊並塞賊屯，斬獲千計。秋稔未穫，偵言虜將肆掠，公設伏以待。後賊酋党」兒、偽觀察來守順果引兵入寇，㠯縱之，既而，伏兵奮擊，賊眾驚潰之，斬奪其器甲，守順僅以身免。九月，復出塞，斬賊三百餘級，焚其族帳，獲牛馬槖駝以還。自是虜騎遠遁，民得以刈穫，兵用足食。十二月，諜言虜藏才族与夏人叛，自相魚肉。公」慮其乘勝且為邊患，因駐兵境上，賊知有備，稍引去。

慶曆元年，率兵至汴黃、吴拔尼，猝與賊遇，戰橫陽川，斬首二百，擒羌酋十餘輩，取其輜重。二年七月，夏人點集，聲言入寇，未知其所向。公策之曰："虜頻年寇陝右，今此舉儻在河外！"遂勒兵，繕」治攻守具。已而，果以數十萬衆圍麟州。不克，遂進圍府州。公先是已清野，俾蕃漢聚落入保城邑，且語其下曰："賊傾國來，其鋒不可當，今堅壁勿與戰，使進不克攻，退無所掠，勢必不能久。"寇至，圍數重，城中震恐，公曰："吾州世與寇為仇，城破，當」為甘心焉？唯以死守耳。而曹世受國恩，宜思所以報者。"因俾積薪，脫不如意，約舉族自焚，義不斃虜手，示終不降。士卒賈勇，無不一當千。州城依山，不井汲，汲扵河。寇據河壖，斷汲道。公率精鋭，被山緣險，翼以勁弩，虜稍怯，遂復得水，人心稍」安。北城素庳，賊趨之，衆議棄，專保南城。公持不可，曰："攻者，拙也。吾之前人初城於此，比之金湯。虜雖蟻附，顧處勢不便，終以亡；今釋弗守，敵將輕我。"補庳增高，矢石如雨。元昊躬督戰，攻其西門，勢益急。會有朱衣白馬者，出入兵間，以策麾其衆，」儀狀甚偉。公遣彀弩，潛禱曰："昊賊逆命，天若助順，當一發而斃。"遂應弦洞胷而殞。城上軍合噪，元昊遽引兵踰嶺而西，衆稍引卻，是夕遂遁，無一騎留者。去攻豐州，豐遂陷。圍凡七日而解，積屍蔽野，得其甲胄弓矢數萬，朝廷錄其功，遷宮」苑使、普州刺史。

十月，詔護麟州戍卒衣，抵中堠寨，賊萬餘騎夜猝至，公麾下兵不滿二千，遂為所乘，雖殺傷大當，猶坐是下遷。

二年，與本路鈐轄張亢，以兵三千護芻糧，轉餉麟州。與賊數萬戰於青眉浪，彼恃其衆，麾兵圍之。公與亢謀曰："事迫」矣，不亟鬥，則圍不解，禍將及。"公披甲上馬，令其下傅矢外嚮，突圍而出。遇險隘，稍留數百騎伏其旁，賊追騎將及，㠯佯北，逮其過險，遂反兵接戰，伏騎亦發，斬首七百級。虜自蹂踐，赴死崖谷者不可勝計。奪馬五百匹，器仗倍之。三月，城建寧寨，」寨介麟府間。檄公護其役，賊騎來抗築。公以梟將預出賊背，而以羸兵誘致之，且戰且北。比及營，射以強弩，而賊後兵夾攻之，賊遂北，追斬二千餘級，軍聲益振。其後虜入蕭關，圍鎮戎，詔公與高繼元出塞，擣其空虛，兵至罵泊，斬賊酋賤」遇，破偽容州刺史耶布移堡障，奪其牛馬千餘，得器械數百。

三年冬，夏人以數萬衆，分寇清寨、金城等堡。既去，公率兵追至杜胡川，及之，大破其衆，斬首四百級，獲其甲馬，盡得其所虜掠以歸。朝廷聞之，賜詔褒美，並賜錦袍、金帶、銀」綵以旌其功。

五年二月，詔築寧府、安豐、西安、靖化、永寧五寨。復築河濱堡以扼賊衝，人罔告勞，不日而成。六年，疏其前後功，遷果州團練使、麟府路兵馬鈐轄，仍知州事。

七年，軍賊折高留劫掠嵐、憲境上，急則入虜中，愈年不能得。」詔遣公捕之。公曰："此跳梁草間，不足污兵刃。"遣間諭禍福，高留並其餘黨章海等出降。上嘉其能，下詔褒諭。自元昊叛，河西之民遷徙以避兵，因留雄勇津，循河上下，僑寓者眾。公躬自訓諭安輯之，俾還故業，得戶三千，□以萬數，」於城之北建三堡以處之。河外遂復完，歲減戍卒，而虜無窺伺意，人至扵今稱之。

皇祐四年四月三日，以疾卒於正寢，享年三十五。以嘉祐二年十月十八日葬府州府谷縣天平山之先塋，禮也。

公勇扵用兵而仁扵拊下，吏治詳明，迎刃立解。」死之日，部曲、姻戚、門生、故吏哭於轅門者以千數。惜乎！天嗇其壽，不能既其才。雖然，大小積三十余戰，捕斬前後萬計，以攻則克，以守則固，其功亦足以暴當世、垂不朽矣。其後，子克柔、克行，孫可大、可求相繼為郡。克行治郡最久，以功名終。其」馭下肅，部曲有習書數者，輒笞辱之，以謂："邊兵當以射獵戰鬪為生活，今更習書數，疲耎自是始矣。"孫可求數戰有功，上以"忠勇"載於旂以賜之。雖子孫皆以才自將，然亦公之澤未艾也。

公初娶劉氏，贈吳郡太夫人。次娶慕容氏，贈魏」郡太夫人。後娶郭氏，贈魯郡太夫人。咸以賢淑見稱。子六人：長克俊，左班殿直，早世；次克柔，皇城使、忠州刺史，致仕；次克行，秦州觀察使、太原府路兵馬鈐轄、知府州，累贈少師，謚武恭；次克儉，左騏驥使；克廉，右班殿直；克仁，內殿承制，皆卒。女」九人：長適右侍禁慕容令問，次適皇城使、知邕州彭崇一，次適皇城使、知戎州慕容令儀，次適左藏庫使、江南東路兵馬都監劉奎，次早死，次適進士陳居正，次適東作坊使王安靜，次未嫁而卒，次適三班奉職王若沖。孫二十二人：長可復，武」功大夫；次可寶，武翼郎；可權，武功大夫；可大，中亮大夫、吉州防禦使、知府州，贈耀州觀察使；可畏，進義校尉；可變，保義郎；可卞，秉義郎；可政，忠翊郎；可懿，早亡；可著，忠訓郎；可節，保義郎；可霖，忠訓郎；可求，右武大夫、康州刺史、充太原府路兵馬」都監、知府州，兼麟府州管界都巡檢使，兼河東第十二將、同管勾麟府路軍馬公事；可頌，成忠郎；可常，早亡；可表，承信郎；可績，保義郎；可存，忠訓郎、閤門祇侯；可賦，承信郎；可右，忠翊郎；可直、可昚，並成忠郎；曾孫二十八人：長曰彥輔，次景亮，並」三班借職，早亡；彥補、彥璋，保義郎；彥璹、彥莊、彥若、彥文，成忠郎，閤門祇侯；彥珏、彥祓，承節郎；彥祜，承節郎；彥裕、彥方，成忠郎；彥祉、彥環、彥珣、彥璠、彥弈，保義郎；彥玠、彥琚、彥祚、彥璪，彥琝、彥禔、彥瑀、彥襲，未仕。咸以忠」義自許，振其家聲，近世將門，莫之與抗。銘曰：

維山之麓，維河之濱，氣之所鐘，是生虎臣。事上以忠，惠下以仁，董此軍旅，拊其民人。弗懈於勤，以終厥身，燁燁秀幹，落落雄姿。粵在髫齔，不為兒嬉，壯行所學，」自信弗疑。遇事冰釋，見賊風馳，投亡而存，□正為奇。寶元之初，元昊始叛，蠆尾鼠牙，毒我疆畔。詔公出師，舉無遺筭，堂堂魚麗，纍纍鵝鸛。殄彼殘虜，席捲霧散，藐」然孤城，重圍援絕。犬羊蟻附，炊骸喋血，□以忠義，礪以名節。弩貫羌酋，胷洞支裂，萬眾奔潰，東無留轍。列築堡障，異乎城郎，杵重如雲，凱歌洋洋。固吾之圉，復我侵疆，」安輯邊氓，既寧既康。天子嘉祐，褒詔有光，噫公之才，宜貴而壽。三十有五，用不克究，累將重侯，慶貽厥後。府谷天平，卜兆惟舊，鬱鬱佳城，閟此白晝。」

慕容夫人墓志铭

碑文刻于熙宁二年（1069），2012 年出土于府谷县杨家沟。右班殿直刘迪书撰，现藏府谷县文物管理委员会。

碑石略呈正方形，高 94 厘米，宽 92 厘米，厚 21 厘米，周边有宽 5 厘米蔓草花边。共 30 行，满格 30 字。楷书，右侧题“宋故夫人慕容氏墓志铭”。

慕容氏（1029—1066），北宋太原人，折继祖之妻。高祖慕容延钊是五代、宋初名将，官至山南东道节度使；曾祖慕容德丰，成州团练使；祖父为慕容惟素，内殿承制、閤门祇候。其父为□允，内殿崇班。慕容氏十七岁嫁于成州团练使折继祖，恭执妇道，合家称欢。皇祐初年（1049），入朝觐见，受到宋仁宗礼遇，赏赐丰厚。慕容氏生三子两女，男为克仪、克僖、克静。治平三年（1049），卒于府州。

宋故夫人慕容氏墓志铭

（前缺）右班殿直劉迪書」

夫人姓慕容，□□□□□□，高祖王父諱延釗，山南東道節度使、檢校太尉，□」侍中，追封河□□□。□□□父諱德豐，客省使、成州團練使。王父諱惟素，内□」承制、閤門祇候。皇考□允，升内殿崇班。夫人年十七，歸我府牧折公今皇□」使、成州團練使諱繼祖者。

夫人始嬪，時團練君方為右侍禁，上有伯□伯母治」家嚴毅，夫人恭執婦道，雞鳴而起，以幽閒之德和娣姒，以柔順之道睦□族，□」得中外百口曾無間言，閨門之内□□□□。皇祐初，自□□亡，朝廷遷團練君」為染院使，承襲典郡事。

是歲秋，天子大饗帝於明堂，夫人因修覲禮入谢」聖恩。到闕之日，恩賜饔餼米麵羊酒等物甚厚。洎對見，上與太皇太□」共坐，宮嬪周侍。夫人容止可觀，進退有度，略無懼色。上因問曰："誰氏之子？"□」人對曰："□妾祖延釗，在太祖朝任襄州節度使，於聖朝有戰功。先臣□任內殿□□，臣妾有姑□□□天族。"上嘉其惠，黠面，賜霞帔裙袍冠□」珥，洎金銀□綵，越于常品。□住京師，逾□，每遇朔望，上遣中人撫問□□時新。

朝辭日，從容奏曰："臣妾夫有女兄，先嫁侍禁趙世長，不幸夫亡。携三□□」歸，守義幾二十載。其孤今已成人，願陛下賜一官，令養其母。"上可，□□」三班差使，殿侍，即前監火山軍甲仗庫趙宗說也，今為右侍禁。

夫人生□□」家而知艱難之事，居富貴之位而無驕傲之色。始女于家，有承順父母□□。」婦于室，有輔佐君子之道。終母于堂，有恤孤慈幼之惠。嗚呼，夫人有是□□」□眉壽，長守富貴，何天奪其數之速耶？吾不知夫□□□之意何哉！

夫人□」子，男長曰克儀，次曰克信，次曰克靜，皆殿直。女□□，次適借職劉鑑，長與□」在室。孫一人，曰寶得。夫人以夫貴，始封京兆縣君，□累恩，徙長安、福昌、錢塘、□」壽、金華五邑。治平三□七月三日，以疾終於州廨之□□，享年三十有八。□」月三日，權窆于州之□□永寧之佛舍。卜得熙寧二年十一月癸酉，歸□」府州府谷縣將相鄉安仁里天平山先舅□□兆次。先遠有日，」團練君匄銘其墓，慎修，折氏族子之壻也，牢□□□，謹為銘曰：

女之賢淑，曰惟慕容，家以孝譽，□□□宗。入覲天闕。對敭□□」，被服膺賜，一門□烽，壺□是終。□□□□，刻銘于石，□永□□」。佳城鬱鬱，□葬□□，松柏蕭□，□□□□。荒山萬□，□□□□」，魂而有知，号永祚□」。

折继新墓志砖

墓志为陶砖质，呈正方形，边长 28 厘米，厚 5 厘米，1976 年出土于府谷县西瑜头。竖行，阴刻，铭文三行，正中一行字体稍大。据志文，折继新为折惟质长子。

讳惟质供」
大供奉讳继新」
奉之长子」

折继全墓志砖

墓志为陶砖质，呈正方形，边长 28 厘米，厚 5 厘米，1975 年出土于府谷县西㙉头。竖行，阴刻，铭文三行，正中一行字体稍大。据志文，折继全为折惟质第四子。

讳惟质供」
五殿直讳继全」
奉第四子」

高世忠墓志铭

碑石刻写于北宋元丰五年（1082），2018 年出土于神木市。志文由乡贡进士张仲通撰文，内殿崇班权麟州同都巡检横阳堡驻劄张世永撰文，内殿崇班前权麟州同都巡检横阳堡驻劄张僅篆盖。碑石现存榆林市文研所。

碑石呈方形，边长 72.5 厘米。志盖篆书，题“宋故内殿承制閤门祇候高君墓志铭”，外为一圈宽 4.7 厘米的忍冬纹；志文楷书，右题“宋故内殿承制閤门祇候骑都尉麟州俄儿族巡检高君墓志铭并序”，共40 行，满格 41 字。

高世忠（1016—1082），北宋麟州人，官至内殿崇班、閤门祇候。高世忠是党项族，父祖三代均为麟州义军都军主，是宋朝麟府路蕃官世家。四子高永年，征青唐战殁，《宋史》有传。

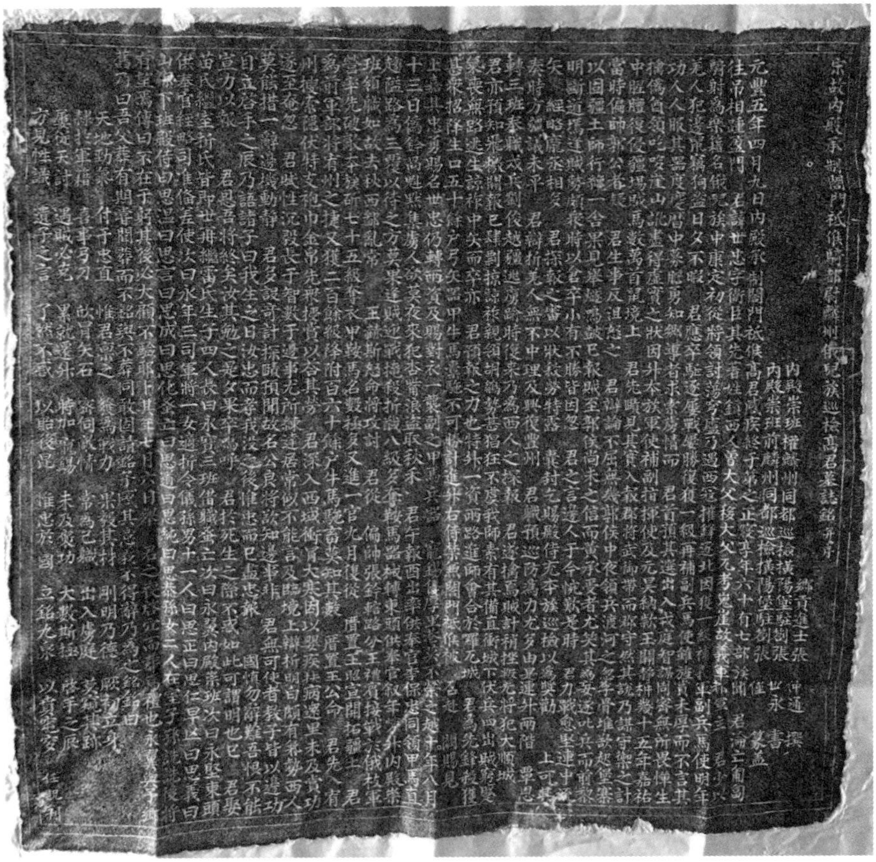

宋故内殿承制閤門祗候騎都尉麟州
俄兒族巡檢高君墓誌銘並序」

鄉貢進士張仲通撰」
内殿崇班權麟州同都巡檢横陽堡駐劄張世永書」
内殿崇班前麟州同都巡檢横陽堡駐劄張僅篆蓋」

元豐五年四月九日，内殿承制、閤門祗候高君感疾，終於第之正寢，享年六十有七。部族聞君淪亡，匍匐往吊，」相踵盈門。

君諱世忠，字衛臣，其先著姓，鎮西人。曾大父移、大父兀、考嵬崖，故義軍都軍主。君少以」騎射為樂，籍名俄兒族中。

康定初，從將領討蕩穹廬，乃遇西寇，摧鋒逐北，因獲一級，補義軍副兵馬使。明年，」羌人犯邊，鼠竊狗盜，日夕不暇，君應卒驅逐，屢戰屢勝，複獲一級，再補副兵馬使。雖旌賞未厚而不言其」功，人人服其器度。

慶曆中，募膽勇知嚮導者求索虜情，而君首預其選。出入戎庭，智謀周密，無所畏憚，生」擒偽酋領吃哆崖山訛，盡得虛實之狀，因升本族軍使、補副指揮使。及元昊納款，玉關靜□，幾十五年。

嘉祐」中，腥膻複侵疆埸，賊馬數萬，首鼠境上。君先睹見其實，入報郡將武禦帶，而郡守然其說，乃謀守禦之計。」當時，偏帥郭公者，疑君生事，反沮怒之，君辯論不屈。無幾，郭侯中夜領兵，渡河之忽李骨堆，欲起堡寨」以固疆土。師行才一舍，果見舉燧鳴鼓，已報賊至，郭侯尚未之信，而黃承受者尤笑其為妄，遂叱兵而前。黎」明，斷道堝逢賊，勢頗眾。時以倉卒，小有不勝，皆因忽君之言，邊人於今惋歎。是時，君力戰愈堅，連中流」矢。經略龐丞相多君探報之審，以狀敘勞，特露囊封，乞賜殿侍、充本族巡檢，以為獎勸，上可其」奏。

時方疆議未平，君辯折羌人，無不中理。及興複豐州，君職預巡防，為力尤多，由是連升兩階，覃恩」轉三班奉職。戎兵劉俊，越疆逃虜。踰時複來，乃為西人之探報，君遂擒焉，賊計稍挫。叛羌將犯大順城，」君亦預知，飛檄關報，已肆剽掠。諒祚親領胡鶵，勢甚倡狂。不虞我師素有其備，直沖城下，伏兵四出，賊窮蹙」氣喪，無路逃生。諒祚中矢而卒，亦君預報之力也，特升一資。

兩路進師，會合於啰兀城。君為先鋒，殺獲」甚眾，招降生口五十餘戶，弓矢、器甲、牛、馬、橐駝不可勝計，進升右侍禁兼閤門祗候。被召赴闕，賜見，」上嘉其忠勇，賜名"世忠"，仍轉兩資。及賜對衣一襲，副之甲馬、兵器，寵賜優厚，裏巷莫不榮之。

越十年八月」十三日，偽鈐咼魁默集虜人，欲莫夜來犯杏嘴浪盜取秋禾。君午報西出，率供奉官李保忠同領甲馬，直」趨隘路，為三覆以侍之。方莫，果逢賊，迎戰掩殺，折馘八級，多奪鞍馬器械，轉東頭供奉官。敘年勞，升內殿崇」班，領職如故。

去秋，西鄙亂常，王赫斯怒，命將攻討。君從偏帥張鈐轄、路分王禮賓接戰於俄枝軍」營，率先破敵，本族斫七十五級，奪衣甲鞍馬名數極多，又進一官。九月，複從厝置王昭宣開拓疆土，君」為前軍部將。宥州之捷，又獲二百餘級，降附百六十餘戶，牛馬駝畜莫知其數。厝置王公命君先入宥」州搜索隱伏，特支袍巾、金帛，先眾授賞，以答其勞。君深入西域，沖冒大寒，因以嬰疾，扶病還裹，未及賞功，」遂至奄忽。

君賦性沉毅，長於智數，於邊事尤所練達。居常似不能言，及臨境上，辯析明白，頗有氣勢，西人」莫能措一辭。邊機動靜，君多設奇計，探賾預聞。故名公良將，預知邊事，非君無可使者。教子皆以邊功」自立。啟手之辰，乃語諸子曰："我生之日，汝忠而孝；我沒之後，惟忠而已。盡忠報國，慎勿辭難。吾恨不能」宣力以報君恩，吾將終矣，汝其勉之！"是夕果卒。嗚呼！君於死生之際，不惑如此，可謂明也已。

君娶」苗氏，繼室折氏，皆即世，再繼雷氏。生子四人，長曰永寶，三班借職，蚤亡；次曰永翼，內殿崇班；次曰永堅，東頭」供奉官、經略司準備差使；次曰永年，三司軍將。一女，適折令儀。孫男十一人，曰思正、曰思仁，早亡；曰思義、曰」山保，下班殿侍；曰思溫、曰思言、曰思成、曰思化，蚤亡；曰思道、曰思純、曰思恭。孫女二人，在室。子孫詵詵，後將」有望焉。傳曰："不在於躬，其後必大"，顧不驗耶！卜其年七月六日，舉君之喪，啟穴而葬焉，禮也。永翼與予鄉」舊，乃曰："吾父葬有期，嘗聞'葬而不銘，與不葬同'，敢固請銘！"予感其意，義不得辭，乃為之銘。銘曰：」

天地勁氣，付於忠直。惟君稟之，發為戰力。果毅其材，剛明乃德。厥初立身，」隸於軍籍。喜事弓刀，欣冒矢石。密伺敵情，常為己職。出入虜庭，莫窺其跡。」屢從天討，遇賊必克。累就遷升，時加寵錫。未及褒功，大數斯極。啟手之辰，」方見性識。遺子之言，了然不惑。以貽後昆，惟忠於國。立銘九泉，以賁窀穸。

任覸刊」

宗延英墓志铭

碑石刻于北宋元丰五年（1082），1987 年，府谷县文管会征集于府谷镇红花村。乡贡进士王慎修撰文，乡贡进士安俊书丹，乡贡进士苏霖篆额。现藏府谷县文物管理委员会。

碑呈方形、圆首，高 79 厘米，宽 58 厘米，厚 14 厘米，周边刻有宽约 2 厘米花纹。碑额隶书“宗君墓志铭”，碑身右侧题“宋故府州宗府君墓志铭并序”，行书，共 24 行，满格 27 字。

宗延英（1002—1082），字遵贤。其先本洛阳人，因曾祖宗行德在宋初时任府州威远军第一指挥使，因此为府州人。祖父宗汉杰业农不仕，父宗重矩精于吏事，为麟府路军马司孔目官。宗延英为府州富商，以相马闻名，善别良驽。他将中原的缯帛茶货贩卖至西夏与契丹，又贩回贺兰山牛、紫河马，反映了宋朝与辽和西夏边境繁荣的和市贸易。

宋故府州宗府君墓誌銘並序」

鄉貢進士王慎修撰」

鄉貢進士安俊書，鄉貢進士蘇霖篆額」

徇利而忘義者，人之常情也。或能治產而不私諸己，處俗而語多及善，」亦君子之徒歟！宗君實得之矣！

君諱延英，字遵賢，其先本洛陽人。」曾祖諱行德，嚴毅有武力。建隆初，為府州威遠第一指揮使，因家焉，」今遂為府谷人。祖漢傑，力農不仕。考諱重矩，和謹公直，精於吏事，占」籍軍司孔目官。

君自幼荏介，然少與群兒戲。既長，衣食七百餘」指，伏臘之供，上下均一。閨門雍睦，閭里稱之。常誡子弟曰："富貴貧賤，」本天也，而由人乎哉？但出孝入悌，勤事耕稼，溫飽當足爾，慎勿他求！"」遇暇，多遊州庠鄉校間，勉勵青衿若父師之教。

君有馬癖，尤善別」良駑，雖伯樂在前，必從其說矣。向因夏國納款，始議和市、通商。郡官」委君往定博買協中之式，西人咸聽約束，無敢增損其價。後屢載」繒帛茶貨，市賀蘭之牛、紫河之馬，歲且千數，利或倍蓰，未常與群小」計錐刀之末。每聽逢掖談古今治亂，神竦意悅，終日忘倦。倘使夙習」吾道，取青紫易於拾芥，孰量其遠到哉！

元豐五年四月十有二日疾，」終於家，得壽八十一。以五月十六日葬于州北谷家里北平側，從吉卜」也。君娶馬氏、李氏、趙氏，皆附焉。三男，曰文中，早夭。曰文□，醇厚」溫謙，以有易無，肯堂者也。曰文蔚，今更名度。三女，長歸里民張安，次」適客將陶英，次嫁故殿直男姚明。五孫男，方佩觿就訓。三孫女，尚□。」

度即李氏所生，業進士，三隨豐州貢版，泣告餘曰："生無祿，以逮親沒，」不能美其所為，豈人子耶？願得銘于石。"故直書其辭云：

利也取之而不污，語也惟善則汲諸。」刻斯銘于堅石，知君子之墓歟。」

鐫者景福」

折克柔墓志铭

碑石刻写于北宋政和元年（1111），2012 年出土于府谷县杨家沟村。朝请大夫权知凤翔军府管勾学事兼管内劝农事提举府界坑冶铸钱公事飞骑尉借紫郭长卿撰文，朝散大夫新差权提点京西北路府狱公事兼本路劝农事骁骑尉借紫蒲卣书丹，朝奉大夫权知梓州军州管勾学事□管内劝农事兼提举梓果等州军兵甲巡检贼盗公事飞骑尉借紫上官行篆盖。现藏府谷县文物管理委员会。

志石有盖，青石质，方形，盖、石均高 92 厘米、宽 90 厘米，盖文篆书“宋故皇城使忠州刺史致仕折公墓志铭”；志文楷书，右题“宋皇城使持节忠州□□□忠州刺史致仕上柱国开国侯食邑一千六百户累赠左金吾卫大将军折公墓志铭并序”。共 46 行，满格 44 字。

折克柔（1042—1103），字立之，北宋府州人，是第九任府州世袭知州。折克柔为折继闵次子，以荫入官。熙宁四年（1071），北宋大军征讨西夏，折克柔隶属前军，抵达啰兀城（今陕西米脂县镇川），率众先登，军声大振。奉主将令，旁出二十里护粮道，因功迁西头供奉官。同年九月，袭叔父职，除银青光禄大夫、检校工部尚书兼御史大夫、上柱国、文思使、知府州兼麟府都巡检使。折克柔临政有方，羌人归附，边境安宁，蕃汉户耕牧乐业。元丰元年（1078），迁持节忠州诸军事、忠州刺史。后因目疾暴作，上书辞职，请以弟折克行袭职，从此里居燕闲。崇宁二年（1103），卒于府州。

宋故皇城使忠州刺史致仕折公墓誌銘

宋皇城使持節忠州□□□忠州刺史致仕上柱國開國侯食邑一千六百戶累贈左金吾衛大將軍折公墓誌銘并序」

朝請大夫權知鳳翔軍府管勾學事兼管內勸農事、提舉府界坑冶鑄錢公事飛騎尉借紫郭長卿撰」

朝散大夫新差權提點京西北路府獄公事兼本路勸農事驍騎尉借紫蒲卣書」

朝奉大夫權知梓州軍州管勾學事□管內勸農事兼提舉梓果等州軍兵甲巡檢賊盜公事飛騎尉借紫上官行篆」

皇宋受命，應天順人，平五季之亂，救民於塗炭，海內景從，惟恐其後。獨劉崇及其子繼元阻命太原，□固不服，尚煩」天眷。折氏介於二虜之間，首能納土歸順，與朝廷為腹心之計，王師賴之，始克平定，天下一統矣。復」從北討西征，時有大功。故其子孫世世竭忠效義，有其土地人民，社稷長久，百世之利，流傳本支，祿食不絕，綿亙無」窮，豈《傳》所謂"盛德必百世祀"者耶！其先世襲爵守土，代有勳績，載在史官，故宜有後。

公諱克柔，字立之，府州府」谷人。曾祖御卿，永安軍節度使，贈太師、尚書令，封燕國公。曾祖母楊氏、王氏、梁氏。祖惟忠，簡州團練使、知府州，贈崇」信軍節度使。祖母劉氏，追封彭城郡太君。父繼閔，宮苑使、果州團練使、麟府路兵馬鈐轄，兼知府州，贈司徒。妣劉氏，」追封雲安郡太夫人；慕容氏，追封齊安郡太夫人；郭氏，追封咸安郡太夫人。

公以父蔭三班奉職，遇皇祐明堂恩，英宗登極，神廟覃霈，累遷至右侍禁。熙寧四年，西夏叛盟，朝廷命將出師，諸路並進，」而麟府為西北沖，尤在得人。主將詢於眾，競推公能屬。公請行，提其眾隸前軍麾下。自正旦西征，次囉兀」城，數與賊遇。公賈勇先登，斬獲居多。軍聲大振，眾方轉戰深入。主將屬公獨以勁騎百餘，旁出二十里。夜」破一強族，俘馘甚眾，大軍得無牽制卻顧之患。糧道芻粟，飛輓不絕。洎破賊班師，論功殊等，遷西頭供奉官。

九月，季」父繼祖寢疾不起，以公世襲，除銀青光祿大夫、檢校工部尚書兼御史大夫、上柱國、文思使，知府州，兼麟府都」巡檢使。方承兵役之後，蕩析離居，邊民危疑，田不墾闢，殊乏備禦防守之計。公慨然臨政，示恩信，明賞罰，繕兵」甲，嚴斥候，未幾而蕃漢安堵，耕牧知勸矣。自是幕府簡靜，優遊談笑於樽俎間，講究邊鄙利害，纖悉詳具。因察訪使」至，條陳以獻。朝廷咸備採用。時有羌人新附，議者疑非心白。會詔旨："願還本土者，量給金帛，縱之。"然」皆感公之化，願屬公部，無一去者。公益加撫存，故恩信大浹。

七年，歲饑，河外為甚。公遣弟克行」勸諭出糶，仍奏貸米五萬斛。神宗嘉納之，悉如其請，全活一方，民益愛戴。會詔譴司農丞黃廉河東」體量安撫，留詩於府之西園："誰道化工無厚薄，常分春色过河西"，蓋美朝廷用公之言以惠養斯民也。」

十年春，大旱。公奉詔虔誠，曾不旋踵，千里霶霈。並帥、丞相韓公絳奏其治績，上甚嘉之。

明年春」除持節忠州諸軍事，忠州刺史，余如舊。忽目疾暴作，上譴天官醫師乘傳往治，三月不効。遂剡章辭職，請以」弟克行代。克行復懇切力辭。士論咸美其友且恭也。七月，被旨授代，仍領宮祠。元豐七年，方許致仕。元祐遇」明堂，加食邑。哲宗登極，遷左藏使，進封金城縣開國侯，再加食邑。元符中，今上登極，遷皇城使，以崇」寧二年二月十九日，終於州宅之東堂，享年六十有二。

弟克行骨鯁挺特，高義不屈，膺朝廷之重寄，紹父兄」之遺烈，鎮撫一方，威惠兼著，其英聲偉績，不負公之推遜，乃見公之知人也。

公天資凝邃，氣識究□」，方略武勇，幼嗣箕裘，博通古今，練達政事，愛人以誠，奉己清約，友于兄弟，敦厚宗族，其惠和好施之仁，剛毅強明□」斷，蕃漢遠邇，靡不景附而心服。八年之間，黠羌醜虜，無一騎敢窺塞者。邊圉肅清，致朝廷莫枕，無西北之□。」方功名會遇，才踰壯歲而能力辭郡政，強仕不惑，堅丐掛冠，里居燕閑垂二十年，揮金宴故舊，不以儻來一毫芥」于胸中。雅好釋老理性之學，或終日晏坐，或應接賓客，不異平時。忽然而逝，非公之視榮辱為外物，齊生死□」一致，孰能與於此哉！此其所以能荷勳業而貽永世也。

初娶武氏，衛尉少卿陶女，封永昌縣君；再娶王氏，閤門祇□」咸宜女，封永福縣君；三娶王氏，文思副使承泰女，封永寧縣君，皆先卒。繼以長子升朝，悉贈郡封。男八人，長曰可□,」皇城使，河東第十一副將，次曰可政、可著、可霖，皆右侍禁；可頌、可績，右班殿直；可常、可賦，未仕。女一十五人，長適□」城使、昌州刺史李澄；次適奉議郎、知絳州正平縣事牛元誨，早卒，以次繼之；次適左班殿直王諄；次六女，在室；次□」將仕郎牛元諮，次四女並孫男二人，曰彥璋，右班殿直；曰彥圖，未仕，皆幼。以政和元年十月二十日葬公於府□府谷縣將相鄉安仁里天窊原祖塋之次。銘曰:」

日磾助漢，掃平禍亂。紀績大常，典冊炳煥。大奈那忠，佐唐有□功。」报之□□，竇薛之封。我宋龍興，有截其所。芟夷弗平，折氏之□。」倚與折氏，襲爵惟崇。余烈方熾，挺生我公。西夏不庭，王師整□」。折馘執俘，開疆拓土。凱旋奏膚，高勳格天。帝命報功，錫之山□。」有民有社，永俾守府。運籌帷幄，折衝罇俎。乃祖乃父，榮號何□。」節使三公，賁於塋丘。偉哉皇城，益大其門。八子簪纓，世祿□□。」濯濯杞□，雷霜遽摧。君子不見，哲人其委。□□永之，于兄□□。」本大枝□，源深流長。瞻彼幽宮，有封□畛。奕□□□，□時□□。」

折克行神道碑

碑石刻于北宋宣和元年（1119），1976 年出土于府谷县杨家沟。碑文由朝散郎毛友奉敕撰文，翰林学士宇文虚中书丹。现藏陕西省西安碑林博物馆。

碑石高大丰硕，高 3.26 米、宽 1.40 米、厚 0.45 米，青石质。碑身两面刻字，碑阳记折克行家世武功，楷书，右侧题“□□□州諸軍事秦□□□□秦州管內觀察使充太原府路兵馬鈐轄知府州軍州事兼管內勸農使兼麟府州□□□□檢使兼河東十二將上柱國高□郡開國□食□□□□□□□□□□□□□□□□□□□□□□□□□□□□□□□□□□□神道碑”；碑阴亦楷书，分上、下两部。该碑久经风雨剥蚀和人为破坏，碑阳存字十九行，另有九行文字漶泐不存，碑阴也缺字不少。这通碑文早在雍正《府谷县志》中即有著录；乾隆年间，府谷知县郑居中再次考察、发现原碑。郑居中抄录碑阴，著录于乾隆《府谷县志》。1976 年，考古学家戴应新在府谷县杨家沟再次发掘出原碑。

折克行（？—1107），字遵道，北宋府州人，第十任府州世袭知州。折克行是折继闵第三子，元丰元年（1078）袭职知府州。守边三十年，多次率兵出境斗敌，曾参加过熙宁四年（1071）、元丰四年（1081）五路伐夏战役，战功卓著。绍圣五年（1098）生擒西夏左厢钤辖令玉儿、没崖等多名部族首领。元符二年（1099）又捉到西夏钤辖哩旺扎布；同年，主持进筑河东八城二寨，打通宋朝麟府路与鄜延路的交通。善抚部族，州境各部族呼为“折家父”。官至秦州观察使，赠安武军节度使，追谥“武恭”。

《折克行神道碑》，雍正《府谷县志》《金石萃编》《折氏家族史略》等书均有著录。《府谷县志》录文时间最早，文字又较他书为多。故本文以为底本，参以《金石萃编》《折氏家族史略》，校以戴应新所藏拓片。

□□□州諸軍事秦□□□□秦州管內觀察使充太原府路兵馬鈐轄知府州軍州事兼管內勸農使兼麟府州□□□□檢使兼河東十二將上柱國高□郡開國□食□□□□□□□□□□□□□□□□□□□□□□□□□□神道碑」①

朝散郎試給事中兼侍講同修國史西安縣開國子食邑五百戶賜紫金魚袋臣毛友奉敕撰」

翰林學士中大夫知制誥兼侍講修國史成都郡開國侯食邑一千一百戶食實封壹伯戶賜紫金魚袋臣宇文虛中奉□□」

武恭公折克行既葬八年，其子右武大夫、康州刺史、知府州可求言於朝："先臣克行官爵皆應法，當有隧道之碑，敢以請。"天子曰："嘻！惟爾之先，保有永安，櫛風沐雨，世捍邊陲。舉州來歸，封□□□，□□□□，□□□□，從河東之駕，克捷有功。自我」艺祖、太宗以來，所以假折氏之靈甚寵，西人之不驕，緊折氏是憑。今其云亡，雖無言，固將休顯之。"迺詔給事中臣友："汝為之銘"。

臣友再拜稽首而言曰："西夏自元昊乘中國久安玩治之後，空国入寇、陷役城戌，杀掠人民，王师數出不利。一方用兵，騷□」□□，始有西顾之憂。熙寧、元豐間，大飭邊備，既開熙河，遂斷賊右臂。鷹揚之將，時則有若王韶、買逵、燕達、种諤，其餘不可勝數。哲宗皇帝懲元祐罷兵棄地驕戈之過，擇將練兵，大復熙豐之政、既城天都，因逼橫山，戎人失

① 雍正《府谷县志》录文题目为："宋政和二年持節秦州諸軍事秦州刺史充秦州管內觀察使充太原府路兵馬鈐轄知府州軍州事兼管內勸農使兼麟府州管界都檢使河東十二將上柱國高平郡開國公食邑二千七百戶食實封五百戶贈安武節度使開府儀同三司折公神道碑。"《折氏家族史略》所录题目为"州诸军事□□□□秦州管内观察使充太原府路兵马铃辖知府州军州事兼管内劝农使兼麟府州管界都检使兼河东十二将上柱国高平郡开国公食□□□□□□□□□□□□□□□□□□□□□□□□□□□□□神道碑"。折克行约于大观元年（1107）去世，政和元年（1111）安葬。政和二年（1112）太常寺追谥为"武恭"。"既葬八年"，即重和元年（1118）朝廷准予为其竖立神道碑。根据拓片缺字情况和神道碑文标题撰写惯例，标题不会出现"政和二年"字样。故笔者以为，"政和二年"是《府谷县志》抄录者将碑阴太常寺拟谥的时间错加于标题所致。根据神道碑体例和折克行的官衔、谥号，这通碑文完整的标题应是："宋持節秦州諸軍事、秦州刺史、充秦州管內觀察使、充太原府路兵馬鈐轄、知府州軍州事、兼管內勸農使、兼麟府州管界都檢使、河東十二將、上柱國、高平郡開國公、食邑二千七百戶、食實封五百戶、贈安武節度使、開府儀同三司折公神道碑。"

气，浸以衰弱。當時邊將，折氏為第」一。公生长兵间，结髮與西人戰，大小百七十遇，未嘗喪敗，鹵獲巨萬萬，功在右府，行在奉常，光榮福祿，有始有終。臣為史官，職得褒善而記功，雖不能，其敢以固陋辭！”

公字遵道，出河西折掘姓，五世祖從阮，唐末為府州刺史。晉以府州賂契丹，從阮不從，自拔歸漢。」子德扆，太祖受命，來覲，委以腹心。德扆生御卿，公曾大父也。太宗征太原，以兵來迎，收復嵐、憲，為永安軍節度使，贈太師、燕國公。大父惟忠，簡州團練使，贈崇信軍節度使。父繼閔，宮苑使、果州團練使、麟府路駐泊兵馬鈐轄，贈太尉。曾祖妣蘇氏，」□氏、王氏、皆太夫人；梁氏，梁國太夫人。祖妣劉氏，彭城郡夫人。妣劉氏、慕容氏、郭氏，吳郡、魏郡、魯郡太夫人。

初，公當承襲，太尉公以公幼，表授其弟繼祖。公久居行間，無所知名。熙寧三年，賊寇慶州，詔种諤合鄜延、河東路大軍城羅兀以牽制之。繼祖以所部」军进，公请行，选为先锋，遇賊開光川、尚堡嶺，再戰皆利。諤患賊抄糧道，即以三千人屬公，戰葭蘆川。於是人行少公，公奮先登，所向如有神。諸老將驚曰：“真太尉子也”。斬首四百級，生降千戶，驅牛羊羸馬槖它萬計。

其後，會公兄克柔以病不能將，遂以公知府州。元」□□年，夏人劫囚其主秉常，詔路出師問罪。張世矩將河外兵，表公別將蕃兵與俱。廷議難以守臣自行，令選子弟部三千人隸世矩。公抗章，願率部落先驅報國。未報，即委管鑰以行。賊據□平逼官軍，公進擊，潰去。是夜，世矩被命班師，以公為後拒，賊酋」咩保吳良躡其後。公止俄枝、盤堆，度賊半度隘，縱兵擊，大敗之，殺咩保吳良。師還，自劾擅興，詔釋不問。

王中正□□，以公將行，選□右□。時軍中旗物，大軍悉已取其善者，餘皆雜惡，不可用。公命□其短長黑白，創五軍陣法，團為五部，部為一色以號，□」□齐肃。至夏州，賊遁去，公遣騎追擊，生擒五人，不殺，使為鄉道，中正命公選千騎先趨宥州，一夕拔之。時賊保險□□□川河，中正命公往援。既至，未戰，公曰：“大軍不易至此，若不速戰，情見力屈，進退不可。”即拔刀躍馬而前，手格殺數十人。所當皆靡，戰士□」□□□谷，裨佐挽公徐之，公不顧，以策招後軍，詒言：“賊陣動矣。”眾讙乘之，大敗賊眾，乘勝追奔十五里。

賊久窺河外，患公每出，□□大□之，□右廂兵丁以□折氏，雖舉國犯他路，而左廂兵未嘗隨。明年四月，破賊於青岡嶺。九月，又擊廝羅川。六年二月，又破□。」□□□□年二月，擊賊三角川，斬偽鈐轄吴埋保等。元祐二年，以蕃兵破賊於怒摩川。六年，會諸將出折水川鏖戰，公□所□□□，大破之青鱼河，斩首千級有奇，余皆赴水死。

紹聖三年，擊賊遮沒浪，大破之。九月，青岡嶺又破之。是月，賊犯鄜延。公統兵牽制，至駱駝」□□□。

孫覽帥太原，議城葭蘆，以復故地，邊將論多不合。覽檄召公問策，公條具所見。遂檄公以師出界，遇賊沒宁浪，□□□即駐兵吐渾河。公遣諸將□□，為深入窮討之狀。賊疑，不敢動也，遂城葭蘆。□□□築，公復牽制。至津慶川，賊至，大敗之，斬二千八□」□□之麻黄川。

五年，掩襲賊鳥浪娘，獲偽左廂鈐轄今玉兒沒崖，副鈐轄兀勒香，□頭□兀姚□□□，破賊，追井□□□□□□橫川。

元符元年，又破青岡嶺。九月，又破□□旁。十月，又破□游川賤兀流，十二月，又破□勒圖。明年正月，大破賊藏才山。二□」□月，又破龍馬川。時詔河東進築□寨，通道郡延，帥遣秦希甫至□□□□公□□□邀□，同時□□□□立川□□在□□中矣，□□□由近及遠，進築法也。公曰:“不然，事有奇正，今八城已□，□□」□士氣之銳，急前收功，而後圖之歸□，氣□□□，萬一為賊所乘，未見□□。”急□□舍步兵□□二千，□□將騎兵五千，以可□」□□奇兵由間道旁擊之。將佐曰:“□寨□□□子輕兵深入□□。”公曰:“□□。”」□□前後，凡斬首萬三千級，生降百餘□，□□賊帳廬舍萬三千所。

□□」□□動至其動則若□□水於千仞之□□□□者，以故大出則□□」□□大至難支，亦有報□□□□□□將□，諸帥方語其□□」□□尤善用間，□□在□□□□人不能欺，賊□□兵□□（以下九行俱泐漫不存。）

折克行神道碑碑阴

《折克行神道碑》碑阴文字最早著录于乾隆《府谷县志》，题为《宋折国公碑阴字迹》；《折氏家族史略》亦有著录，题为《折克行神道碑背面》。碑阴文字分为上下两部分，四周均刻有牡丹蔓草花纹边栏。本文以乾隆《府谷县志》录文为底本，参以《折氏家族史略》，校以拓片。上半部内容为《折克行谥议》，即太常寺给予折克行“武恭”谥号呈文，共24行，唯字迹有所遗漏，大体可读。其行文格式为定例，可参看宋代《慕容彦逢谥议》，见文渊阁《四库全书》第1123册。

折克行神道碑碑阴（上部）

伏以□□先公之世，部落□□內顯者二十五□□事□□指□□而成功，或摧堅□□，或明間操不失於事。□□或朋左右而盡其能，方恭仰□□先□□制禦之□□。是以□□名附於碑记，且俾名不沒於世，咸知诸功效力不□□於之，可以激勵將來，其門功□□可稱者，□□信，故冠之首云。

安豐寨

張王族：右武大夫白□□，防禦使、本族巡檢捎承信□□

安豐寨

下府王乜族：皇城使、合州防禦使、本族巡檢賀升。□□女乜族：皇城使、昭州刺史、本族巡檢遇崖。□□上府王乜族皇城使王巴度。□□組族：皇城使崖□□。上府滅誓族：西京左藏庫□□使寨乜。寧川寨浪王族：武經郎、閤□□□舍人、本族巡檢越守仁。□□□□皇城使、安州刺史升皆（□□）宋平津：內殿崇班新□□。

河濱斥候堡

孤咩族：皇城使、象州刺史、本族巡檢名子。□□皇城使、本族巡檢寨山，內殿承制、本族巡檢啜兒，內殿崇班、本族巡檢乜娘。

寧府寨

兀泥族：皇城使、费州團練使、本族巡檢魁保。上府悉利族：武功大大浪皆。□□武功大夫乜保。

寧邊寨

咩保族：皇城使、本族巡檢六斤。武功大夫、本族巡檢越買。

□□□

毛羽族：武功大夫、忠州防御使、本族巡检杂母买。□□武功大夫、白州御使猧娘。皇城□□州刺史□□。麻乜族：皇城使、白州刺史、本族巡检香布。武功大夫、合州刺史、本族巡检维移□□。下府杂母族：皇城使、本族巡检越买。

皇城使苏信。

折克行神道碑碑阴（下部）

……州諸軍事、秦州刺史、充秦州□□□察使、上柱國、高平郡開國公、□□□□□□七百戶、□實封五伯戶，贈安武軍節度使、開府」□□□□太常寺擬謚。

今據申依□□曰“武恭”。□□戍以忠義□□，奕葉光輝，勳著國史，□□世少有克□□立勇出於天資。以□□入仕，終於彥余之」□□一面，穩若長城。□□優，至於政和二□□谥典始定□□鮮儔焉。有司定謚□□得而議矣。紹职以來」，□□先烈之未復，憤土地之委棄，□□力□□築□□之不忠。俾□□先朝要地，一切資□□，聞命喜□□奮不」□□，而寧邊、寧府二寨不日成功；内而郎司□□，不數旬而八城屹立，自麟府直抵鄜延，無復他虞。公平居不問」□□，征伐先衆而行，雖白刃在前不□（顧）也。□震西陲，前後□□築，凡□□千餘里，而焚蕩族帳、招降戶口、收穫器械並各畜」，□（拓）土斥境，曰“武”，豈謂是歟？崇寧間，□□賊□□逼近府州，公□□議□□，衆有難色。公謂□□弱處之則失機，乃遣二子相□□以往」之，曰：世荷國恩，雖□□（百死）無以□（報），二子豈以私愛不使之功？□□罪□□聞廉□□悯然惧畏□□寇，而能戒訓敕諸子，使」□□古儒將，可以無愧矣。□□谨以□□上曰“恭”，豈謂是歟？□□行，以易公名，官師合□□，以“武恭”谥□□，伏請上考功，以俟覆議」。

□□周宗師□□議曰：“自唐□□祐以來，河西折氏，世守忠義，内屏中國，外攘戎狄，朝廷□□寬，無西顧之憂。其有功在王室，非一日」□□家自□□少時已負敢□□之□□，冒矢石，横行塞上，人皆知其威名。既而世襲守臣，分□（内）外閫，受九軍之制節，當一面之要衝。乃以」□（大）小□□（百數）十戰而未嘗□（喪）北，雖古之良將不能過也。紹聖以來，朝廷憤故土之未復，念斯民之陷溺，爰命邊臣力」□□功，八城二寨不旋踵而屹立，自麟府接晉寧，西通鄜延，拓地幾千餘里，而招降戶口，斬獲首級，又不可以數計，則公之辟」□□効忠訓子弟，以寬政郡人。福□（禄），人之所慕也，而廉察之拜，獨以榮為懼。効死，人之所難也，而麟州之役，獨令二子冒陣而前」□□恩下光□□。公之謹事恭上，有見於此者。太常擬諸謚法，而以“武恭”易名。訂公之實，於是

為稱。謹議。”當部准例都省集合省」准例施行，謹議定謚具狀申都省取裁。」

奉太師判：依申。謹具申都省伏候指揮□□。」

政和二年十一月□□日」

……州刺史、充秦州管內觀察使、上柱國、高平郡開國公、食邑二千七百戶、食實封五伯戶、贈安武節度使、開府儀同三司、折□□」

政和二年十一月□□日。守當官武琉給。」

考功员外郎阙」

考功郎中周宗師」

侍郎慕容彥逢」

侍郎姚祐」

尚書張克公」

折克俭墓志铭

碑石刻写于北宋政和元年（1111），2012年出土于府谷县杨家沟。志文由登仕郎守府州录事参军兼知府谷县事管勾学事张惠夫撰写，朝请大夫直秘阁充广西路转运副使骁骑尉陈仲宜书丹，朝请大夫通判开德军府管勾学事兼管内劝农事都大提举修护本府界黄河堤岸察视保甲云骑尉吴恂篆盖。现藏府谷县文物管理委员会。

碑呈正方形，高、宽均为94厘米，厚14厘米，有宽2.5厘米花边。楷书，共60行，满格60字。右侧题“右骐骥使河东路第八将护军武功县开国男食邑三伯户赠右金吾卫大将军折公墓志铭并序”。

折克俭（1048—1098），字仲礼，北宋府州人。折克俭为折继闵第四子，幼年丧父，嗜读诗书，与儒生交往，有“千里驹”之美誉。后经长辈提醒，始习骑射，立志报国。熙宁四年（1071），折克俭随兄长折克柔出战西夏，步入军旅。直到绍圣二年（1095），一直战斗在北宋与西夏冲突的最前线，屡立战功，升任河东第四副将，忻州驻扎。此后，又两次随军出征西夏，迁任河东路第八将，晋州驻扎。绍圣五年（1098），病逝于晋州任内。

右騏驥使河東路第八將護軍武功縣開國男食邑三伯户贈右金吾衛大將軍折公墓誌銘并序」

登仕郎守府州録事參軍兼知府谷縣事管勾學事張惠夫撰」

朝請大夫直秘閣充廣西路轉運副使驍騎尉陳仲宜書丹」

朝請大夫通判開德軍府管勾學事兼管内勸農事都大提舉修護本府界黄河堤岸察視保甲雲騎尉吳恂篆蓋」

公諱克儉，字仲禮。其先世居雲中，後唐莊宗擢五代祖秦國公諱從阮鎮府州以制西戎。其後石晉失馭，契丹亂華。遂首贊劉氏，勘定京國，終於靜難軍節度」□兼侍中，贈太尉、尚書令。自是，為府州人。高祖鄭國公諱德扆。曾祖燕國公諱御卿，翼扶宋運，克平偽劉。是時，府州復升永安軍矣，咸領本軍節度，贈」□□、尚書令。祖諱惟忠，簡州團練使，知府州，贈崇信軍節度使。考諱繼閔，宫苑使，果州團練使，充麟府路駐泊兵馬鈐轄，知府州，贈太尉。舉能綏衆厲兵，威聲」□□，□御羌夷，遮罩全晉，咸有偉烈，具載國史。妣吴郡太夫人劉氏，魏郡太夫人慕容氏，魯郡太夫人郭氏。

公在繈褓亡怙，恃仲父鞠育，殆過所生。及長，神」□□□，□出塵表，沉厚寡言，不為子弟華靡。須長者命，然後敢出入。擇士以交，行不由徑，卓然異於流輩，真千里駒也。初嗜詩書，篤問學，躬延儒生，靡有惰容。」□□□□："我家居河外舊矣，奮衛禦侮，世為長城。自鄭公以來秉將鉞、襲州麾，久被本朝異眷，雖百死何以報？今賀蘭逋寇，擅竊跳樑，正撫劍抵掌，願」□□□□之秋。昔人慨然投筆，尚取封萬里。矧山西世將，宜舉族效節！爾廼釋武事，獨區區守筆硯，不亦右乎！"公感悟，始習騎射、學軍旅，凡戰守之畫、紀律」□□，□深明而博究，以至蕃漢兵亦熟察其情。嘗曰："它日倘見用，當寬明主西顧之憂爾"。

公蚤以太尉遺表，補三班奉職。皇祐三年，遇明堂恩，轉」□班殿直。英祖初考登極，遷右班殿直，又遷右侍禁。兄皇城使、忠州刺史克柔素奇公之才，熙寧四年始領州牧，首奏辟公隨行指使以□。」公畏慎恭恪，夙夜不少怠，忠州公善之。顧事無巨細，一以屬委。七年八月，本州寧府寨主、靖化堡弓箭手巡檢缺正官，麟府路軍馬司委公兼權。時」□□不稔，公悉力存撫，省差役，出賑貸，蕃漢户晏然安業，忘其歲之饑也。自是強幹之稱，播於遠邇。逾年，代還本任。

元豐改元，因忠州公陳乞，就差公監」□□餘□□酒税。命初下，會忠州以目疾致政，衆議紹襲孰為可。時兄秦州觀察使、贈安武軍節度使、開府儀同三司克行在延安，才將佐爾，公意屬之。」□□□□□□□識慮高明、智勇兩得、威愛交濟、纘累葉勳，庸不負朝廷委寄，未有逾是兄者。宗屬官僚、耆老酋首，僉以為然。逮奏上，適符宸慮，遽允」□□□□□□□□州事，以公新任稍遠，因謂曰："當為爾別圖？邊差遣，庶可協力□效。"廼言公于帥府。時樞密直學士孫公永經略河東，稔聞公材，遂」□□□□□□□□押隊，尋被命改差。

公平生勳績，舉在西夏。四年八月，麟府路軍馬與第七將分道招來蕃族。適遇敵，公居前迎戰，一鼓而破之。奉」□□□□□□□□月，詔五路出師問罪，河東厝置司差公為前軍右陣隊將，進攻宥州。夏賊來拒，公奮

擊破敵，親梟賊首，第賞給賜銀絹、減貳」年磨勘。□□□□，麟州界舉兵入右廂掩襲賊屯，至匿坑浪，公率先與賊鏖鬥，賊奔北，遂燒夷附落，隊下斬馘百餘。敘功，遷右侍禁。六年春，麟守訾虎總師」□□□□□□□□族。時有賊首數輩，率眾遽來。公為中部右騎，引兵冒矢石，直前決戰，躬尅酋健，所部誅獲百餘級，招降者倪數百戶，奪畜產千計。以功亟」□□□□□□□□課，升內殿崇班，又改內殿承制。

七年秋，賊將掠稼，開府公諜知之，念公緩急可任，請于帥司，權留充準備差使。事寢，迺罷。軍馬司檄公」□□□□□□□神木肅定堡巡檢。未幾，復權第三將部將。才親事逾月，承經略呂公惠卿易權第七將部將。公涖職辦集，尋奏即真，時八年二月也。會夏賊」□□侵□□鄙，開府公為制將出師討蕩，及皆崖羅浪與賊遇。前鋒將破賊寨，乞增兵。開府遣公率兵潛襲，部下斬獲甚眾。錄功推減年為賞。是歲,」□廟登極，遷副供備，又磨勘，轉副如京。

元祐二年，朝廷置麟州橫陽堡兵馬都監。大帥曾公布計橫陽正當賊沖，非公不可委，遂剡奏，就易□。」公下車完雉垛，謹斥候，儲積豐盈，寇訟屏息，能聲振遠，無復邊警。比解秩，經略範公純仁奏舉監麟州兵馬，從之。七年，課最，遷東作坊。翌歲，夏秋久霖，潦，城壘」隤毀，幾不可守。會賊嘯聚境上，舉郡惴恐。公自顧職當董護，遂程功分役，環□版築，躬親督視，食息幾忘。未旬浹，堅完如故。眾疑其有神助云。復提兵赴屈」野河西修築乜埋烽、河西堡。逮秩滿，前後修完烽□、城垛、舍庾、營房，計工無□二十萬。守貳議，上章薦留再任，公力辭得已而兩任護戎，酬獎各減貳年磨」勘。時紹聖改元，以課最，陟禮賓使，再遷崇儀使。

公念累立戰效，久沉常選，迺詣闕，蒙樞府銓察，因陳邊計。二年，詔公充河東第四副將，管轄忻、汾、平」定軍兵馬，忻州駐劄。公趨任有日矣，開府公數置酒，惓惓不忍別。及就道，復出弓刀旗甲槍袍泊駿馬銀鞍以贐其行。公既領將權，練卒精審。時西鄙未」靖，每以間處內地為歎，屢申請易邊任。俄被帥檄，選公應副河外軍期。四年閏二月，復築葭蘆城，詔麟府路統制官提師入羌地應援，時公偕往。」公襲擊真鄉流、沒寧浪一帶蕃落，俘馘有功，蒙恩賜銀絹茶藥。既凱旋，會涇原路進築城寨，開府公獻策於朝，為賊有可乘之勢，遂節制諸將進討,」復以公從。

比至津慶川，敵來拒戰，公引蕃漢兵出奇橫沖，賊首尾不支，尋大潰，聯兵追北，攻戮殆盡，奪牛馬駝，它不可勝計。部下獲級數百，褒詔加六」宅使。

公將受代，經略孫公覽嘉公忠勇有謀，奏還本路第八將，管轄慈、隰、晉，晉州駐劄。公坐未暖席，被帥旨，統本將兵，會合進築神泉寨。是」時，公當前鋒，參預謀畫，賊畏懾遠遁，不敢復出。城壘邑屋，指日告成。被賞，減貳年磨勘，尋遷右騏驥使。

公從戰既久，暴露益甚，沖冒寒暑，不幸感疾。紹聖五年九月六日，終於晉州之公宇，享年五十有一。公累曆邊任，知名當時，凡征討輒在選中，親勵所部前登搏鬥，故師每出必以捷歸，論戰功數進官減年，」遂四遷使額，積勳至護軍，爵至武功縣開國男，食邑三伯戶。以子貴，贈右金吾衛大將軍。

公少穎悟，嶷然如成人，天資挺特，識量宏博，事長必恭，待下盡禮。」臨政寬，守法□，□□不自恃，功多不自伐，官秩每遷輒辭，然懷逾分之愧。仕四朝、曆七任，逾三十載，未嘗有毫髮過差。帥府外台守貳，率皆交章論薦，多」至四十餘員。四舉升□，擢路分邊要，不次任使，與夫歲終者，察且相半。

公性明□，蒞官之餘，雖術數奇技，皆其所長。每閒暇，輒邀僚友造園亭，把酒賦詩，怡然」終日。視佳時勝槩，未始不珍賞。喜周人之急，顧家無留資，不屑也。公協贊開府日久，開府知公為深。初領郡政，遇郊霈，即奏公長子一官；復以成」任恩例，奏公減年。逮薨，遺表又官公第四子，蓋公盡所以事兄之道，故開府曲盡友愛，推所奏恩若此。公初升使列，遇郊恩，該廕備，洎終復有」減年恩例，皆公次子授焉。

公娶陳氏，供備庫副使琰之女，封崇安縣君，再以子改封永壽縣太君。出自令族，來配勳閥，仁愛淑慎，率循法度，奉祭享以嚴，」遇娣姒以禮，教子有義，睦族有恩。克成家道，人言無間，《詩》所謂“宜其家人”是矣，後公一紀卒。男五人：長可復，左騏驥使，鄜延路第三副將；次可寶，內殿承制」，鄜延路準備將領：次可畏，三班借差，充河東路經略司聽候差使：次可燮，右班殿直：次可懿，早夭。女四人：長適右侍禁彭詠之，次適三班借職王謂，次適右班」殿直賈仲諤，亡；次適三班奉職林公徽，亡。孫男七人：長彥粹，右班殿直，早亡；次彥邦，次彥祐，三

班奉職：彥祓、彥祚、彥喆、顏溫，孫女十人，並幼。

嗚呼，上自遠祖，下」□□元，勳德名位，襲前傳後，久而彌光，未有如公族之盛！故合門之內，譬被武庫，森列利器，莫非成材。如公一門傑出者也，固宜聲鑿昂宵，以見其才。然」正晝而隕，弗獲□盡，玆宗族鄉黨所以為之嗟惜耶！

公臨終訓諸子曰："吾家素荷國恩，每思捐軀以報，豈謂半途遽謝？明時爾輩宜勉忠節，勿替」家聲。"自公捐館逾十年，長子累勳，遂踐父任，而餘子俱奮材華，浸偕膴仕，殆義方之所致與！

今四方館使、榮州團練使、充太原府路兵馬都監、知府州軍州」事可大，廼公之姪也，卜以政和元年歲次辛卯十月二十日己酉，葬其父開府公、母榮國太夫人。遂舉公喪，葬於府州府谷縣將相鄉崇勳里太平山原」先塋之次，以夫人永壽縣太君陳氏附焉。惠夫守官府谷，聞公之遺德熟矣。今其子纂公之行實來，屬銘于惠夫，平昔所聞為不異，是不可以無傳也。銘」尚何辭？銘曰：」

赫赫冠族，佑宋禦侮，撫鎮一方，控扼二虜。將鉞藩符，襲自遠祖」，茂德奇勳，世書王府。維公閒出，奕葉慶緒，號千里駒，挺明堂柱」。敦厚強毅，才兼文武，奮如鷹揚，翔若鴻舉。練達戎政，數從軍旅」，忘身弗顧，余勇思賈。陷堅破銳，勝突孰禦，誅翦俘獲，屢進官序」。歲在紹聖，黠羌跋扈，時將於忻，請臨邊圉。撫劍喟然，功名是取」，決志出奇，思配吉甫。飛未盡翰，命何弗與，才易平陽，奄終治所」。厥承詵詵，克遵遺矩，躬護來歸，□殯梵宇。迄今一紀，卜宅吉土，」摭實勒銘，昭示萬古」。

定羌崔海刊」

王熙墓志铭

碑石刻于北宋宣和四年（1122），1990 年，府谷县文管会征集于大岔乡王界墕村。志文由沛国朱暐撰文，保义郎河东第七将队将宗坚书丹，忠翊郎前晋宁军通秦寨兵马监押张挥题额，武德大夫河东第七副将府州安丰寨照管赵福填讳。现藏府谷县文物管理委员会。

碑呈方形圭首，高 130 厘米，宽 72 厘米，厚 8 厘米，周边有宽 2 厘米花纹。额题“王公墓铭”，楷书；右题“宋故安丰王评事墓志”，楷书。共 24 行，满格 40 字。

王熙（1056—1122），字光甫，北宋府州人。其先本为玉亭人，嘉祐年间（1056—1063）迁居府州安丰寨。王光甫父母早亡，自幼孤苦，喜读书，因家贫弃文从武，充永安军衙将。精于术数，家有藏书，喜接宾客，遊于士林。王氏文风浓郁，长子王廉夫举进士，孙辈皆习文，反映了宋朝府州的文化风气。

王公墓銘

宋故安豐王評事墓誌

沛國朱暐撰」

男保義郎河東第七將隊將宗堅書丹」

忠翊郎前晉寧軍通秦寨兵馬監押張揮題額」

武德大夫河東第七副將府州安豐寨照管趙福填諱」

公諱熙，字光甫，河東名士也。其先玉亭人，祖諱德寶，元時為石之師儒。父諱廣川，母李氏，大理寺丞」綬之女。嘉祐中，厥考樂安豐之土俗，因遷居，逮今三世矣。

公幼孤，禀質喜文，日謁先生之席聽讀亡倦。」既冠，善屬文，不幸偶二親嬰疾，乃廢書而歎曰："命欤？時運不齊，有負米之憂，安可擇地而處□奉甘旨哉！"」遂頫首即代，充永安軍衙將，以便生理。

熙寧中，兵部韓公維周閲塞垣武備，公實有司。故問必專」對，容止可觀，儼然有吾輩體。韓公識之，問及其所顧，謂竭力之方，不必遊斯道也。未幾，幸引玄旋以食」偵為務。

尤能知命，僻于文字之樂，諄諄之誨，亦勵其子星曆、五行、風角、推步之術，而皆盡粹。此外恬然，無」所寓其意耶！則鄉閭長少、清流志士，車蓋賓謁，樂從公遊者，來無虛日。或謂時不乏人，於今士林中，唯」"王光甫"之名字，溽之何多！蓋此公以道利物，潤色英豪，果于有為也，故如是。其如細謹小行，有負於塵」世者，蓋亦鮮矣。

暐辱知一日，俟公疾即之，眷眷示長往意："餘且死，子可銘諸墓□"，命而涕零，以是不忍」辭，遂拾玄叢挫取。夫出處之分，始終大節而已。享年六十七，宣和四年，歲次壬寅，八月十六日，終於家。」

藏書僅千秩，以遺浚昆。四方金石遺文，靡所不有，其好事也如此。娶郭氏，早亡，今同藏焉。長子廉夫，舉進」士，美樂眾口，不幸先亡。次宗堅，保義郎、河東第七將隊將。女二人，長適苗基，次在室，皆早亡。孫四人，長若」思，從浮圖氏。次若愚、若拙、若訥，皆習文，並幼。女一人，尚幼。其孤卜以是年十月廿四日葬于烏龍川之」北原，從吉兆也。其銘曰：

猗嗟王公，名家之裔。父亡而幼，母年而瘁。母賢子孝，慈顔順意」。務學求師，克上其志。士貧何愧，甘旨未暨。負重涉遠，休難擇地」。始

志於學，中潛於吏。卒窮經術，先業不墜。訓息義方，干祿有位」。達宦要官，親益把臂。老成後進，聲折相事。在涅不淄，同塵尤異」。有如斯人，得之豈易。順受其正，釋然而逝。刻石傳芳，以識幽邃」。

席友刊」

折克禧墓志铭

碑石刻写于南宋建炎四年、金天会八年（1130），2012 年出土于府谷县杨家沟。志文由朝奉郎权通判晋宁军同管勾神霄玉清万寿宫兼管内劝农事借绯鱼袋王惟良撰文并书丹，宣教郎直秘阁权通判武州军州事兼管内劝农事借绯鱼袋郑明之篆盖。现藏府谷县文物管理委员会。

碑石呈长方形，青石质，有残缺，高 97 厘米，最宽处 120 厘米，厚 13 厘米。右侧题“宋故武功大夫赠康州团练使折公墓志铭”。楷书，共 48 行，每行满格 48 字。

折克禧（1057—1115），字佑之，北宋府州人。折克禧为折继祖之子，十岁丧母，十五岁丧父，从小学习兵法。元丰四年（1081）、五年至七年，多次出战西夏，累功进阶官六等，授官为监宁化军甲仗防城库作院。元祐四年（1089），差代州土登寨。绍圣元年（1094），宁化军巡检。元符二年（1099），摄河东第五将，又升任神泉寨知寨。崇宁五年（1106），麟州兵马都监兼在城巡检。四年后，监中山府北岳庙。政和五年（1115），病逝于家。因子贵，朝廷褒赠康州团练使。为官有清廉之誉，能让贤。

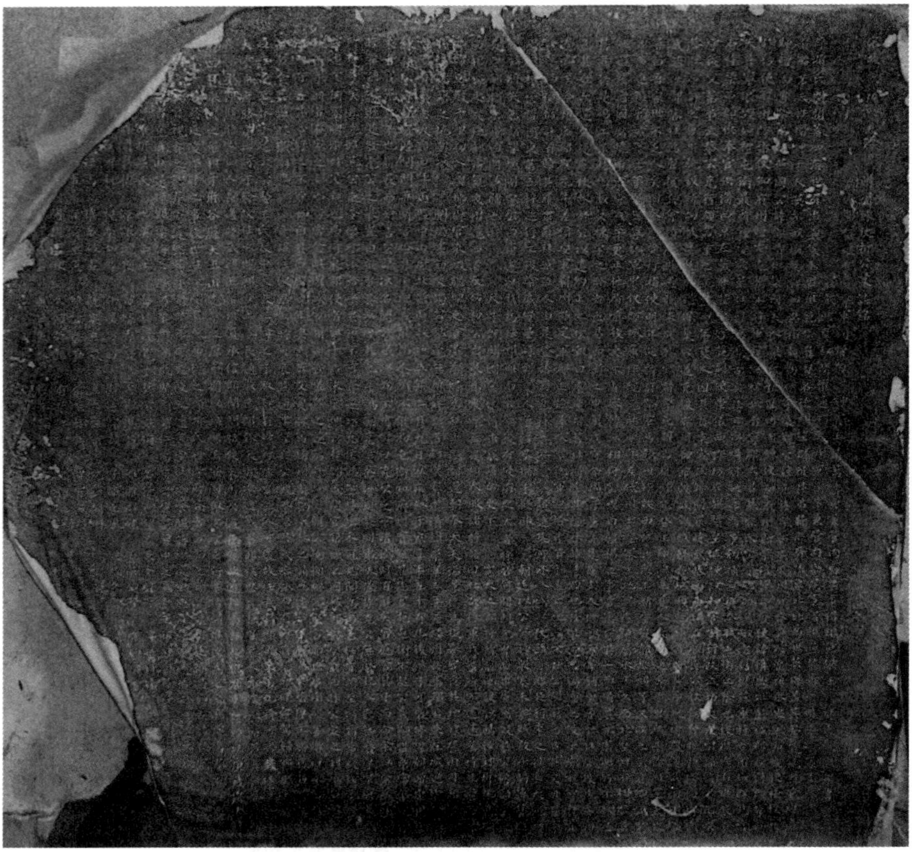

宋故武功大夫贈康州團練使折公墓誌銘」

朝奉郎權通判晉寧軍同管勾神霄玉清萬壽宮兼管内勸農事借緋魚袋王惟良撰並書」

宣教郎直秘閣權通判武州軍州事兼管内勸農事借緋魚袋鄭明之篆蓋」

維折氏門閥著四海，世有忠義，策勳盟府，範儀翼翼，名德相望，群從昆弟，嶄然胥法象，比比為世英傑。蓋其聲氣風烈，勳灼染」習，殆若天性。搢紳士夫，莫不欽熖景仰，相與指顧，為仕途榮觀。

諱克禧，字佑之，府州府谷縣人。曾祖永安軍節度使、檢校太」師、贈尚書令、追封燕國公諱禦卿，妣梁國太夫人梁氏。祖簡州團練使、知府州、贈崇信軍節度使諱惟忠，妣彭城郡君劉氏。考西」作坊使、解州防禦使、知府州、贈左屯衛上將軍諱繼祖，妣普甯郡太君慕容氏。

公資聰晤通敏，方髫齒，莊重特立，不伍群兒戲。」失普寧，哀毁如禮，屯衛最所鍾愛。欲筮仕，刻意學古兵法，日以騎射馳逐為事。初補三班奉職，屯衛之蔭也。後曆左、右班殿直，」右侍禁，西頭供奉官，供備、西京、左藏庫、莊宅、宮苑副使，崇儀、西作坊、左騏驥、皇城使。政和官制行，改武功大夫。

公識詣不凡，牧」守從父、舅弟武恭克行頗器之。元豐四年，夏人囚其酋秉常，王師問罪。時武恭為西征右肋將，公仗劍奮然願備偏裨。武」恭壯而許之，勇果驍毅，所向披靡。夏人退保巢穴，遂克復宥州。初館穀諜報，賊聚兵犯順。統帥遣將騎半夜傳發迎戰。翊日，檄」武恭以部落往為聲援。兵會積慶川，遇賊未成列，公請擊之，躍馬挺槍先登，王師繼進。夏人大敗，追奔十里，斬千餘級還。武恭」喜曰："吾家世不乏人矣！"因奏為隨行指使。明年，從麟府路軍馬張世矩敗西賊于浪王新堡。從郭忠紹等，又敗之於真卿流。累」以多，進階官六等。七年，差監寧化軍甲仗防城庫作院。

元祐四年，差代州土登寨主，地與虜鄰。屬承平久，南北堅好，不相皆負。」巡邏屋廬，因腐撓弗，治守戍卒，更止他所。前後吏不省察，轉以相付。公曰："疆埸之事，當慎守其一而備其不虞，此乃不職之」甚者。"於是鳩工聚材，凡板築棟宇之弊者，悉易而新之。申嚴戍守，令揭于廬。先是，虜封人修謁希等鋪。公嘗馳往勞役，且密物」色其姓氏還。至是，虜使人於公，以違約止之。公報曰："屋廬皆舊址，特圭其陋，而非違約也，汝且遂忘謁希之役乎？"虜不知對止，」邊鄙至今賴之。

紹聖元年，差信安軍、霸州、保寧軍都巡檢，尋改寧化軍巡檢。弓箭手逋亡，地曠不耘，公閱籍，悉召其父母妻子，」喻以禍福，仍許首贖其罪，眾羅拜感泣，人由是登舊籍。

元符二年，詔進築河外八城，以便麟府、鄜延行李之往來。大元帥」以才檄公攝河東第五將，巡行工役。逾歲，堡壘峙列。

夏人爭疆界，猶未聽服，朝廷以公知神泉寨。未幾，賊數千騎薄暮傳」壘，諸將失色，議嬰城困守。公曰："虜遂以我為怯邪？此而不禦，後有侵侮之大者，將若何？"開門免胄而出，虜驚疑趍公，欲語。公徑」

走西鄙，指示虜曰："此汝疆也，我天子既辟國矣，爾酋求哀請命，更下寬大之詔，將所削地復以賜汝。封圻既申，畫」尚猖獗趍死地邪?"虜氣喪慴，遂西首反旆。初公出，眾為寒栗，至是始大服，諸將語曰："壯哉將軍，我輩所不逮遠矣!"

時並邊膏腴」地綿亙數千里，初入輿地，縣官未暇疆理，吏貪墨，並緣為私。詔遣朝奉大夫湯景仁為提舉官，悉其地隸營田司，招置民」兵。湯既籍之，抗圖以聞，仍盡劾吏。公秋毫無所奸，識者頗歎，賞其清慎。

崇寧五年，差麟州兵馬都監兼在城巡檢。秩滿，」浩然有歸志。大觀四年丐監中山府北嶽廟。政和五年二月九日，以疾終於家，享年五十有九。後以子可褒等升朝，贈康州團」練使。

公孝悌雍睦，閨門無間言。檢身須理義，能為人所不能。初屯衛知府州，實繼其兄宮苑。屯衛不起，公義嗣盟，系當襲守。克」柔者，宮苑之子也，齒長而好善。公請以名，闔族議以為不可。公曰："先公之命，諸孤則有辭矣?宮苑舍其子而命余，以餘為賢也，」若棄德遜，是廢先公之舉，豈曰能賢!其以宮苑之子為嗣，克禧奉以周旋，罔敢失墜!苟先公無廢祀，人民無廢守，宗廟有奉，」所獲多矣!且光照先公之令德，可不務乎?"眾知不可奪，遂以克柔為嗣。時公未冠，見聞為動色。仕官所至，以辨事被旌賞，恬然」靜退不衒鬻。謝卿材，父執也，為河東部使者幾十歲，未嘗伸以私。謝或閱官籍，識之，因按部詰。公對曰："非公家之利，慎無以毫」髮干于時者，私家之訓也。方當念此，懼或勿稱"。謝諮嗟久之，遂薦於朝。

公恂恂似不能言，而臨事剛烈善斷，口不談人之」短，人有善，其心好之不啻如自其口出。晚年，與武恭友愛彌篤。麟州駐泊，武恭之請也。逮卒凭棺，動哭悲悼不勝。後每思之，輒」廢寢食。其監北嶽廟，優詔任便居止。時可褒兼通津堡兵，公就養，忽思武恭孤幼有以存撫，即日命駕歸鄉里，甫浹日」遇疾，遂至啟手足云。

公娶王氏，太中大夫正倫之子，淑懿有婦行。生男三人，可褒，故任武略郎，河東第九將；可與，故任武德大」夫，雲中府路第一將；可矜，故任承節郎。女二人，長適敦武郎張天成，次適武翼郎侯思彥。孫男三人，彥愷，承節郎；」彥悅，承節郎；彥悌，承節郎。孫女四人，長適修武郎王佑，次適承儀郎、閤門祗候來為，次適張寔，次適保義郎張伯灝。

彦愷將以庚戌歲十月」初四日[1]舉公之柩，祔于府谷縣天平山先塋之原。前期，以琅琊王安國敘次公之行實狀，請惟良為之銘。竊嘗考《春秋左氏》所」□曹子藏、吳延陵季子之事，後世莫不聞其風而悅之。維折氏世守府谷，當方面之寄，朝廷待遇如古諸侯，富且貴，當世」□□比擬。公視棄之如棄介履，然其亦凜然子臧、延陵之遺矣！倘非涵養醞籍以成全德，有意于遺名利混榮辱，不以倘來之」□□□□儔克爾。由是扞艱禦侮之際，乃能折衝破堅，所謂仁而勇者，豈其胸中之氣素完邪！銘曰：」

維折屈氏，世奠西土，蠢兹戎羌，莫餘敢侮。名德相望，策勳盟府。傳子付孫，為宋室輔。」閶閶翼翼，源深流長。苗裔秀髮，丕顯其昌。雛雛群峙，玉瑩蘭芳。有如公者，白□□□，」□名與利，視榮如辱。介屣方面，羽儀宗族。子臧之風，延陵之躅。清□□□，□□□□。」□□汗馬，摧敵破堅。既果且毅，直之無前。元符辟國，以公護邊。□□□□，□□□□。」□□□事，有備無患。維公勞勤，所至輒辦。世官或巧，有私龍斷，□□□□，□□□□。」□□□□，閨門克□，久而彌篤，有光終初。忠儀之美，清慎之譽，□□□□，□□□□。」□□□□，□付且啬，殲兹良人，位不滿德。吉原幽宮，有神器□，□□□□，□□□□。」

① “庚申岁十月初四日”字体稍大，不似全文规整，似为临时改刻。

折克臣墓志铭

碑石刻写于政和元年（1111），2012年出土于府谷县杨家沟。志文由将仕郎宿州符县尉李□撰文。现藏府谷县文物管理委员会。

碑石呈方形，青石质，高64厘米，宽60厘米，厚8厘米。出土时已碎成数块，拼合后右下角仍有残缺，共28行，满格32字。

折克臣（1033—1070），字艰甫，北宋府州人，官至东头供奉官、郴州管界巡检使。父折继宣，明道二年（1033）袭职知府州事。宝元二年（1039），因故被降职为楚州都监。折克臣以父荫入官，嘉祐初（1056），始去乡里，先后监并州、代州仓草场。治平（1064—1067）初，任真定府平山县警寇；后迁东头供奉官，任郴州管界巡检使。熙宁三年（1070），病卒于郴州官舍。

宋故供奉官折君墓誌銘并序」

將仕郎宿州符縣尉李□□□□」

君姓折氏，諱克臣，字艱甫，世居河西，為府州府□□（谷人）。□□□□□（曾祖諱御卿），□□□□□□（永安軍節度使），」中書令、尚書令、燕國公。祖諱惟忠，簡州團練使，贈□□□□□□（崇信軍節度使）。□□□□（考諱繼宣），□□（供備）庫」使、恩州刺史，妣馮氏，封京兆邑君。

以父蔭，為三□□□（班奉直）。□□□□□□□□□，□」弟終鮮。既孤，養于仲父。開府公愛其風姿秀異，不□□□□□□□□□□□□□。」慶曆間，西邊有警。詔參政範文正公為陝西河東宣撫使，至河□□□□□□□□□□□□□」公一見奇之，因鄉老族人共稱君名。臣□□□□已有□□□□□□□□□□□」上聞，時方十二歲。乞不俟年，恪□□特，命」隸叔開府公為指使，給□全俸。

皇祐間，以」大享明堂，改右班殿直。嘉祐初，始去鄉，調官監並州倉草場□□□□□□□□□」。英宗登寶位，恩遷右侍禁，監代州倉」□□登□，轉左侍禁。治平初，任真定府平山縣警寇，換供奉官。年勞，改東供奉，任郴」州管界巡檢。熙寧三年十一月初七日，因疾終於官舍之正寢，享年三十八。

娶王氏，」繼室孫氏，生三男子：長可礪，三班奉職；次可適，未仕；次可易，早亡。女三人，長適莊宅」副使、河東第六副將李俊；次適侍禁高永堅；次適進士謝綬。孫男彥逸，孫女三人，並」在室。

君性識高明，器宇宏廓。生長富貴，未嘗驕矜。精於」書學，深得羲獻法。臨財好施，」樂善汎愛，與人交，能濟其危難。雖群居廣坐，眾品藻人物，辨析是非，君不少談人之」短，惟善是稱，世以為難能。君以將□子，□□智勇，當」仁宗朝，天下承平，二虜講好，□□□□□來遠人。君材無所施，不得奮見於功名，」□其所蓄，其心未嘗戚戚。京兆□□□□在堂，能盡其孝。時適意於杯酒，終日怡然。

太夫」人並繼室孫氏，皆後君十□□□亡。至政和改元，府守、四方館使於君為從弟，葬其」父開府公、母榮國太夫人，並君母、妻、幼子之喪。於是年十月二十日己酉，遷於將相」鄉天平山之原，附崇信之兆於恩州之墓，次序而葬焉。

其子可礪，以君行狀見屬。予」於君姻好有素，知君甚詳，義不可辭，遂為之銘。銘曰:」

允矣折氏，勳郁乃祖。世守靖康，為國禦侮」。烈烈恩州，實生艱甫。自幼而孤，壯負雄武」。材未獲施，天壽弗予。積善終報，聖訓于古」。有子有孫，慶流其所。厥行可銘，勒之方礎」。

絳州王立刻」

折可大墓志铭

碑石刻写时间不详，青石质，1976 年出土于府谷县杨家沟，残损严重，仅存碑石一角。残碑右侧阴刻花边，正面现存 9 字。今存拓片。

折可大（？—1116/?），北宋府州人，折克行之子，第十一任世袭府州知州。折可大生平事迹不详，元符二年（1099），为副将，领军抵藏才山，斩获千计。约崇宁四年（1105），率军击退西夏军对麟府的侵犯。约大观元年（1107）至政和六年（1116）间袭父职，知府州事。政和元年（1111），尽举族丧二百多人共葬；政和五年（1115），向徽宗进马。据《宋史·折惟忠传》，其赠官为“耀州观察使”。但《李夫人墓志铭》《折继闵神道碑》《折克行神道碑》《折克柔墓志铭》《折克俭墓志铭》和《折克禧墓志铭》均记其封赠为“崇信军节度使”，益知《宋史》本传记载有误。据 1976 年出土的《折继闵神道碑》载，获赠“耀州观察使”之号者，乃为折可大。此碑书法与《折继闵神道碑》接近，可能为同时刻立。

户，赠耀州观察使折公

折可存墓志铭

碑石刻写于南宋建炎四年、金天会八年（1130），1939 年出土于府谷县杨家沟。志文由折可存婿、华阳范圭撰写。现藏府谷县文物管理委员会。

碑石呈长方形，高 75 厘米，宽 78 厘米，厚 8 厘米。右侧题“宋故武功大夫河东第二将折公墓志铭”。共 26 行，满格 28 字。

折可存（1096—1126），字嗣长，北宋府州人，折克行子。以父荫补右班殿直，后为其兄统制官可求属官，主管机宜文字。夏人酋长女崖，侵扰边境十多年，可存领轻兵百人以计擒获，迁秉义郎、阁门祗候，升河东路第四副将。宣和元年（1119），升阁门宣赞舍人。二年（1120），浙江方腊起义，宋廷以童贯为“江淮荆浙宣抚使”，率秦晋兵镇压。折可存为河东第四将，率部南下，冒矢突阵，力擒方腊，升武节大夫。班师过汴，奉徽宗命，捕得横行京东一带的草寇宋江，升武功大夫，任河东第二将。七年（1125），金军南下，攻雁门；折可存赴援，驻守崞县，城破被俘，羁押应州（山西应县）。靖康元年（1126），逃归，投奔中山府（河北定县，靖康二年陷于金），九月四日病殁。

宋故武功大夫河

宋故武功大夫河东第二将折公墓志铭

华阳范圭书撰」

公諱可存，字嗣長，府州之折也。惟折氏遠有世序，茅土相紹，垂三百年，代」不乏賢豪。公為人剛直不撓，倜儻有大節，嘗慨然起功名之念，恥驕矜而」羞富貴，篤學喜士，敏於為政，名重縉紳間，果公家一代之奇才也。

曾祖簡」州團練使、贈崇信軍節度使諱惟忠，曾祖妣劉氏，彭城郡夫人。祖果州團」練使、贈太尉諱繼閔，祖妣劉氏，云安郡夫人；慕容氏，齊安郡夫人；郭氏，咸」安郡夫人。考秦州觀察使、贈少師諱克行，謚曰“武恭”，妣王氏，秦國夫人。

公」以武恭蔭補入仕，為右班殿直，俄遷左侍禁。官制行，改忠訓郎，充經略司」準備差使。公之仲兄、今節制承宣公也，時為統制官，辟公主管機宜文字。」

夏人女崖，來擾我邊，西陲不寧者十有五年。女崖，酋之桀黠者，伺吾虛實，」洞察無遺，邊民苦之。朝廷立賞禦逐，統制命公率所部捕之。眾不滿百，」公設奇謀以伏兵生獲女崖，逐奠西土。功奏，遷秉義郎、閤門祗侯，升第四」副將。

宣和初元，王師伐夏，公有斬獲績，升閤門宣贊舍人。方臘之叛，用第」四將。從軍諸人籍才互以推公，公遂兼率三將兵，奮然先登，士皆用命。臘」賊就擒，遷武節大夫。班師，過國門，奉御筆捕草寇宋江，不逾月，繼獲，」遷武功大夫。

張孝純帥太原，辟河東第二將。雁門索援，公受命不宿，曰：“固」吾事也。”即駐兵崞縣，城陷，被質應州。丙午歲，自應間道而南也。季秋四日，」終於中山府北寨，享年三十一。庚戌十月四日，葬於府州西天平山武恭」公域之東。

公娶吉州刺史張世景之女，封安人。一子彥深，保義郎，早亡。女」一人，許適蜀文忠公曾孫範圭。

圭嘗聞公之來中山，蓋今太安人張氏，乃」公所生母，尚在並門，公欲趨並拜母。無何數不少延，壽止於斯，哀哉！忠孝」兩不得盡，在公為深憾矣！於其葬也，圭受命於承宣公而為之銘。」銘曰：

既冠而仕，仕已有聲。女崖巨猾，舉不再征。」俘臘取江，勢若建瓴。雁門之役，為將治兵。」受命不宿，懷忠允勤。間道自南，憶母在並。」公乎雲亡，天道杳冥。誰為痛惜，昭昭斯銘。」

折可復墓志砖

陶砖质，1976 年出土于府谷县杨家沟，长 29.5 厘米，宽 24 厘米、厚 5 厘米。阴刻，行体。现存拓片。

折可復，史籍无传。《折克俭墓志铭》载，折克俭五男，长子折可復，政和元年（1111），官为左骐骥使、鄜延路第三副将。

武功大夫

四骐骥长子可復

男四人

陈氏墓志石

青石质，1976 年出土于府谷县杨家沟，长 29.5 厘米、宽 25 厘米、厚 5 厘米，阴刻，行体。现存拓片。

陈氏为折可復之妻，史籍无传。

四骐骥之长子
可復县君陈氏

折可适墓志铭

《折可适墓志铭》由宋代著名文学家李之仪撰文，写于北宋政和元年（1111）。本文录自文渊阁《四库全书》第1120册《姑溪居士后集》。

折可适（1050—1110），字遵正，北宋岢岚军人，官至淮康军节度使、泾原路经略安抚使、兼马步军都总管、兼知渭州军州事。折可适是折从阮五世孙，少小从军，一直活跃在鄜延路、泾原路等宋夏斗争最激烈的军事前沿阵地；戎马一生，既受过连降十三官的处分，也取得过天都山大捷、夜俘西夏统军嵬名阿埋及其部属、族帐三千人的辉煌战绩。折可适是一位儒将，有文集十卷，奏议三十卷，边议十篇。惜已佚失。次子折彦质，南渡后官至参知政事、签书枢密院事。

淮康軍節度蔡州管內觀察處置等使持節蔡州諸軍事蔡州刺史涇原路經略安撫使兼馬步軍都總管兼知渭州軍州事兼管內勸農使西河郡國侯食邑一千四百戶食實封四百戶上柱國折公墓志銘

夏人自元昊以來，服叛不常。雖朝廷務為優容，然疆埸未嘗馳備。熙寧初，出師鄜延。方時公年十六七，已能從軍斬獲。至四十餘年，無一日不在兵間，每戰必克，屢立奇功。恩威並行，諸將無復居其右。故能被遇上主，秉旄仗鉞，專制一路。既去復來，迄終於位。兵民懷之如父母，朝廷倚之如長城，信一時之豪也。

公諱可適，字遵正，其先與後魏道武俱起雲中，世以材武長雄一方，遂為代北著姓。後徙河西，有號太山公者，因其所居，人爭附之。李克用為晉王，知太山公可付以事，收隸帳下。凡力所不能制者，悉命統之，而能輯睦招聚，橫捍西北二虜，封上柱國。以其地為府谷鎮，又以為縣、為州、為節鎮。更五代，皆許之相傳襲。其世次至御卿入本朝，尤為太祖皇帝所信任，數下詔書獎慰，賜賚不貲。是生鄭國公從阮，生禮賓副使德源，德源生諱惟讓，贈左清道率府副率，則公之曾祖也。祖諱繼長，內殿承制、閤門祗侯，左千牛衛上將軍。考諱克儁，文思副使，贈左領軍衛上將軍。

公生數歲，尤羸弱，幾不能勝衣，獨千牛識之，曰："奇兒也，後未易量"。已而果聳拔絕類，沉厚有智略，敏決而斷，以功名為己任，馳射超軼，殆不習而能。郭逵率鄜延，見公而歎曰："真將種也"，遂薦之。試其藝於廷中，補披帶班殿侍，就充鄜延路經略司準備差使。從种谔出塞，遇敵於馬戶川。賊有以年易公者，公索與鬥，即斬其首，獲其所乘馬。追葭蘆川，輒大俘獲，遂有名行陣間。

朝廷既城綏德，夏人遣其親信楊己良者，分畫地界，經略司命領軍就收其要領，而以公從行。公語其間，共反復屢折之，己良至不敢仰視，立界堠、築中山堡而歸。即以領軍治綏德，而留公為之助。新造之區，營置多目，地壓賊境，所舉非一朝一夕。事凡巨細，公必參議而後定，至今不能改易。領軍捐館舍，乃出仕為烏波川堡把截。舊用漢番捉生戶更戍，然有力者，家居而自便；貧乏者，長上而無糧。公曰："弊難遽革，姑令居者月輸以餉上者，兩以為便"。辟安南安撫司奇兵隊將，勒所部過谿洞，肅然秋毫不敢犯。以便親，求為滋州永寧關。

元豐五年，鄜延追討，辟副軍，期為五隊將，戰三角嶺，收復米脂城，獲級為多。間自安定堡搯運糧草，以赴軍前。賊邀我於蒲桃山，公獨出擊敗之。東兵久不得食，數千人（聚）於盧堤門。或曰：“掩殺可有功”。公曰：“饑不任役，而苟為逃避者，非叛也”。單馬就詰，輒彀韃相向，公曰：“爾輩何為而至是？得不為父母妻子念，而甘心於異域之鬼耶！”遽回所向而諾，或至流涕，曰：“得公一言，遂有生矣！”公各遣歸所隸，遷第一部將。

從討金湯、白豹，戰六掌平，下葭蘆，入義合，皆先登斬級，辟環州洪德塞主，權第二副將，破訛子野雞塞。先是，平遠塞番兵多逃匿，及已勝兵而未系籍。公鉤索而籍之，得八百餘人騎，自是無敢蔽隱，遷第三將。破曲律、六掌平，又破安州川，改第七將。夏人將並兵入寇，公先得其守烽人姓名，乃紿為界外默烽首領，就以所得姓名呼出，而盡斬之，烽不傳，因卷甲倍道，大破尾丁硙，斬獲萬計。回過檉楊溝，輒下令：“第三溝下營”。皆曰：“日方午刻，漢界猶三百里，不即歸，可無後慮耶？”公笑而不答，復巡兵臨溝持滿，又分勁騎據山西。賊果躡吾後，與選兵遇，而山西騎乘之，腹背受敵，遂殲之。賊既衄，乃大舉而來，公所提兵才八千，自啟樓鋪逢遊騎，轉戰至馬嶺。公度賊未能深入，乃取他路趨洪德，邀其歸路，分遣二十騎屯肅遠，入洪德川，公設伏以待。伏發，賊前軍亂，後兵為肅遠所制，幾匹馬只輪不得返，偽國母踰山而遁，眾相蹂踐，赴崖洞死者不可勝計。輜重盡棄，雖帷帳、首飾之類，我皆得之。夏人之敗，莫此乃甚。進環慶兵馬都監，時元祐六年也。

移涇原第三將，擢知寧州，改岷州兼安撫。又改鎮戎軍，與帥臣議不合，朝廷是公。初到而未備也，亟屯羅山，以覘我兵，以麾下兵大敗之。由是累前後實功，積官至皇城使，成州防禦使，復知鎮戎軍。

紹聖二年，以公知簡州兼安撫。時已未冬，詔促公行，須河未凍到官，將委公以事。未幾，章楶帥涇原，請築石門峽好水川，而謂其地當鎮戎之沖，非公不能佐己以成其事，乃請公鎮戎，章再上而後可。詔以熙河、秦鳳、環慶三路兵，會涇原之師，無慮三十萬，而聽命於楶。近時出師之盛，未有其比。楶以總管王文振為統制，而以公為前軍而副之。令曰：“追賊不得踰一百里。”又曰：“事或警急，勢難稟議，聽行而後報。”

前軍伏路頭重而求援於公，公稟於文振，文振曰："好"。又恐一軍不足以蓄其鋭，再約文振發熙河兵，熙河兵驕而貪功，主將不能制。即報曰："已發二千矣"。偶失道，盡赴坑谷死。文振懼，為自全計，輒諱其"好"，而劾公以擅興違節制。粢得所劾，即下公吏。奏到，宰相亦懼，具惜熙河之失，乃歸罪於公而請行軍法。上曰："彼方治，俟案到未晚也。"案上，而公追賊才四十里餘，又得報而後行。宰相恚曰："誕也，請從京師遣官以治。"上難之，爭不已，即以審覆為名，實則再治也。既而不移前治，猶卒降公十三官而罷。粢請留公以收後効力，以公權第十三將，守蕩羌寨。賊兵出沒葫蘆川，公曰："此至在平夏城也。"日作築、享將士，使之不疑，夜出勁兵撓之，幾十餘日，賊遁去。

時賊中號統軍嵬名阿理，及監軍昧勒都逋，皆西界用事桀黠首領也，朝廷密詔公圖之。邂逅，以牧放為名，會境上，其意則瞰我，乘間也。公既知，即請出兵，以所部兵分兩路，銜枚以趨用，夜半叩其窠穴，圍匝，二酋始大驚，曰："天兵何自來?"又問曰："將之者誰?"曰："折安撫。"曰："我父也，倖免我死。"公即以上恩慰諭，俘其家屬族部凡三千餘人，皆許以不死。薄所得約十萬餘計，哲宗特禦前受俘，百官稱賀，即日遣中使賜公袍帶兵器，及以內庫白銀衣幣為籍，拜公西上閤門使，洺州防禦使，涇原路兵馬鈐轄。繼以賞不稱功，再遷東上閤門使。其所得地，即天都山也，詔就委公經理。

公以接連一帶秋葦為川、南牟會、地適熈河、秦鳳，形勝相控制，皆賊牧養要害處，若不乘利勢據之，異時不能無患。遂以秋葦為寨、南牟為州，詔以寨名臨羌、州名南安，而以公知州事兼安撫使。在治七年，止以所得部族丁壯為用，人人皆効死力以捍邊面。累遷引進客省使，正為和州防禦使，進明州觀察使，為涇原路副使、都總管。

崇寧三年，鐘傅將師涇原，以萬人出巡。賊出平夏州，圍鎮戎，分兵掠山外，傅不得歸。公以輕騎尋朱龍勝界，隨賊所向，而先奪其險。賊意初欲扼石佛峽以制官軍而縱兵大掠，聞公之出也，乃不復逞。既而至銀冶關，而公適頓兵瓦亭寨，遂一夕而遁。適上以傅奏不通，密以手詔問公而命公訪傅所在，仍許便宜從事。詔到而賊已遁，公條上其畧，上奏覽嗟賞。傅又請以本路兵直據靈州徐堡寨，以接聲援。上召公入覲，將面議，未行而環慶請乘西賊無功而歸、氣沮疲乏之餘際尾擊之。詔以涇原之師會於靈州川，帥司委選萬騎以往。然報到後時，公取捷徑由葫蘆川廣獨孤瀾漫抵岱嶺，掠靈州川。賊攜老幼趨靈州，時已半夜，火明如晝，門不得閉，城內外大擾，往往墮濠塹相枕籍而死。明日俘獲甚眾，牛馬槖駝、蔽川而下。環慶失約，我軍勢孤不可以留。命裨將當前，公以精騎為殿而還。賊果見襲，公令少憩食而後行，分兵迎戰。賊又以數百騎搗我於兩脅間，以邀中軍。公親率兵出其不意，賊果不利，將依山自保。官軍掩其後，得脫者才數十騎，俘斬幾千人而首領居三分之一。上即詔公入覲，既見，上慰諭甚欵，乃以傅所請質於公。公曰："傅知其一，不知其二。得之雖易，守之則難。若不先削其地、弱其勢、藩籬完固、饋運可以相接而後圖之，未見其可。"上曰："卿之言是也"。遂遷公武安軍節度、觀察留後，為步軍都虞候，賜賚有加。他日，再力陳開墾廣土進築要害之利，上皆嘉納。俄促公還以總其事，尋有旨先城蕭關。既與傅議不同，而凡所報應無不鉏铻，夏人知之，稍點集為備。傅又申前議，而同會未可築，公執不可。傅遣其辟客數輩強公，公曰："國事也，帥司將佐義均一本。苟情不通，則不無膠柱。頃自冒矢石，是等事皆在所志。其如勢有先後，設不審計，則噬臍何及！必欲如帥司所議，未見其便。"傅知公不可回，乃從蕭關之役，終怏反覆，而諸將皆觀望。傅亟雲："賊且至，不可不擊"。帥司檄公曰："不管不擊，意將冒此以伸其靈武之請?"徑以他將統兵，兼晝夜出界，賊覺，遽襲其後，所得不補其失。傅懼，反劾公為專輒故敗我事。乃罷公管軍，仍令條具以報。公以所得傅節制狀上之，朝廷悟，即還公舊物，而上益知公為可委寄也。乃以公為涇原路經略安撫使、馬步軍都總管、知渭州。

公謂減泊口、磨移隘、朱龍、烏雞、三岔、減井子，皆藩籬之要也，遂築五寨以控之，自是邊面呈闊遠而如在一堂之上矣。又展西安州，增置定戎寨，廣平夏城。為懷德、安興、定戎鹽池，歲得鹽七十萬石，從始事至成功，未嘗調發，而民間不知其役。輒更歎駭，曰："是何神耶!"兩被手詔褒諭，有"更期無擾，用副予懷"之語。在鎮二年，拜淮康軍節度使。又二年，公以守邊分事已就序，將求解罷少休與安逸，未及請，而轉運使有以邊面既開拓，糧餉不能無缺絕，請於平夏、通峽、鎮戎、西安四處，分置五百萬糧草倉場。公以所費大，難之曰："如不得已，止可用舊舍屋為用，而平夏、通峽，相距無二十裏，可省其一。"俄有詔，罷轉運使。又借帥司孫籍車戶為運，又欲以十萬斛助熙河之計，而以涇原隨軍中驢、駱駝致之。公不從，疊是數端，故造為可慮之謗以中公。於是，召公還朝，除佑神觀使，既而所造皆誣，上疑遂解。尋命公對，撫諭委曲。公泣曰："臣老以守邊無狀，致煩物議，以惑上聽，賴陛下終始保全，萬死何以報！"上無一語自辨，特賜錢三百萬，為京師居第之費。俄以其子煥文，除少府監丞。少日請歸省墳墓，有詔許其行。明年，召還，復以公帥涇原。比入對，上尤敦勉，公力辭不可得，即以少府丞煥貼直秘閣、書寫機宜文字。到鎮四月，感痰，遂告老，未報，而以十月二十九日薨，享年六十一，乃大觀四年也。後數日，御寶批所奏，不許公去位，賜靈寶丹二十粒，勉以自衛。報到，上嗟愴不已，命本路走馬承受問其家安葬之地及遺表陳乞恩例等。

公弟皇城使可通，知岢嵐軍，應副葬事，即以政和元年二月七日，葬公軍之北安仁鄉道生谷武家會領軍墓之西。公夫人趙氏、繼室王氏、梁氏皆先公卒。兩男子，彥野，西染院使，秦鳳路第一副將。次彥質，朝請郎，乃直閣君也。三女，左班殿直朱挺、李保，內殿崇班郭浩，其婿也。孫男宗丞，三班奉職。兩孫女，尚幼。

公平生不妄笑，望之若不可得而親，而即之彌溫，好學樂善，喜讀書，雖醫藥、占卜無不通貫。論議滾滾，愈叩愈無窮。其忠義仁恕，不苟而自信，蓋天得也。為文長於敘事，作詩有唐人風格。事親孝，友愛兄弟，宗族間一以恩意周旋，惟恐失其歡。丁內外艱，皆以邊制不許，終喪而請之，每至二四事間即請持餘服，亦不報。安南班師，遂歸營阡隴，蔬食廬於墓次。永樂之變，太夫人初不知，公徑歸，先見其弟，乃相與寧親。仲父早世，繼有六喪，皆在殯，悉舉以葬。又官其從弟，嫁其二女，雖顯貴，奉養不少加。不昵聲色，不飾廚傳以邀虛譽。歸鄉里，與親舅握手相盡，出入才以四人肩舁，遇輩行間長者，必下。輕財好施，所得賜予，必先族人，隨親踈緩急，以次而均。其尤不能自存者，分俸以給。保德陽沔有世遺產，諸父既離析，而推所得，分及公。公悉均入諸分，置別業於長安，以賙孤遺。又置義莊於岢嵐，以贍近親，而為松楸灑掃之奉。自始即戎，未嘗妄戮一人。接物遇下，一以誠意。所與遊談以長，而所去必見思。其罷鎮戎而待命於原州也，昔為將而駐扎，又嘗攝州事，聞公之來，扶攜出迎、不遠數千裏，至巷無居人，夜則望公所舍，焚香膜拜。其所履歷之地，皆家畫公像而生祠之，有至每食必禱者。

不事權貴，不為勢利所奪，不自矜伐，有言必踐，利害或不同，雖在人主前，亦必展轉開陳，期感悟。奏報往來，情不達已。靈武之議，鐘傳至出政府私書示公，而以語撼公曰："奈何舍節鉞而就竄逐邪？更不從，當以報政府。"公曰："所系甚大，非敢有所吝也。"尋已，言其密奏曰："臣只知以忠義事陛下，今政府不知臣為帥臣，又務邀近功，堅持所見。臣跡不安，願罷臣邊任。"上遣中使報公曰："我自主張"。夏人舉國以城為練泉，詔公以一路兵破之。公曰："眾寡不敵，難以奉詔。"又促公曰："若不行，當行軍法"。將佐亦勉公如詔？，公曰："我之首領不足惜，一有不虞，辱國為重。"亦以是報上曰："惟陛下幸察"。尋詔公曰："覽卿所奏，誠如是言"。又界外聚材植，將立保障。或詔公可引兵撲滅，公密遣人焚其所聚，彼但見煙焰屬天而不知其所自。嘗與人同領兵討蕩，已回軍而共事者方至，即推其功為先。與同僚約為婚姻，未定而同僚死，公往哭之，呼出其子而訂婚。每行軍，與士卒同甘苦，雖深入賊境，露宿不開壕。深達性命之理，視在官如傳舍，於死生禍福，略不少芥蒂。語子弟及戒將士，必曰："無貪賞、生事、妄開邊隙，重貽朝廷之憂。"又嘗語其子曰："三世為將，道家所忌，況家世為之耶！爾曹當以業加自勉，無以箕裘為累。"

有文集十卷、奏議三十卷，晚著邊議十篇，未及上而終。嗚呼！天都又腹心之地也，據險隘而地寬平，水草豐美、糧餉饒聚，所以邊地不敢中國抗者，益在於此。元豐中，之儀在鄜延幕下，親睹詔旨，觀先帝所以規畫必取之意，可謂深矣。俄而輟者，當時不副上意所在，曾不知上與天通，留遺聖嗣。故公既奉行天討，不血刃而取之，又復能隨所控扼，且城且耕，使之略不得內向而侵。尋未歸之地，追窺玉關，以還都護之舊矣。以是求當日之中輟難，乃在今日也。而公上成先志，增重國威，天人合符，君臣相濟，照映今古，於是為盛。銘曰：

天之降材，豈無所謂，若文若武，以時而至。乃聖乃神，有命承之，誰作規則，風後雲師。憬彼殘羌，遊魂未除。尚竊吾第，間輒睢盱，奮天之威，時哉折公。推陷恢拓，所向必功，天子曰咨，予肘予臂。公曰忠臣，舍帝何恃。高牙大纛，拊有全師。孰去孰來，天子之知。河西朔方，暨安西府。郡縣可期，公胡弗顧。軫帝之懷，漢蕃是悼。維其不亡，勒銘有詔。

曹氏墓志铭

碑石刻写于南宋建炎四年、金天会八年（1130）。1939 年出土于府谷县杨家沟。碑文由折彦质撰写，碑石现藏府谷县文物管理委员会。

碑呈正方形，高 74 厘米，宽 76 厘米，厚 17 厘米。右侧题“宋故谯国曹氏墓志铭并序”。楷书，共 16 行，满格 16 字。

曹氏（1103—1123），折彦文之妻。曹氏是皇亲，为宋仁宗皇后之弟曹佾曾孙女，是忻州知州曹普与折彦文姑母长女。曹氏十七岁嫁折彦文，二十一岁时因难产死亡。

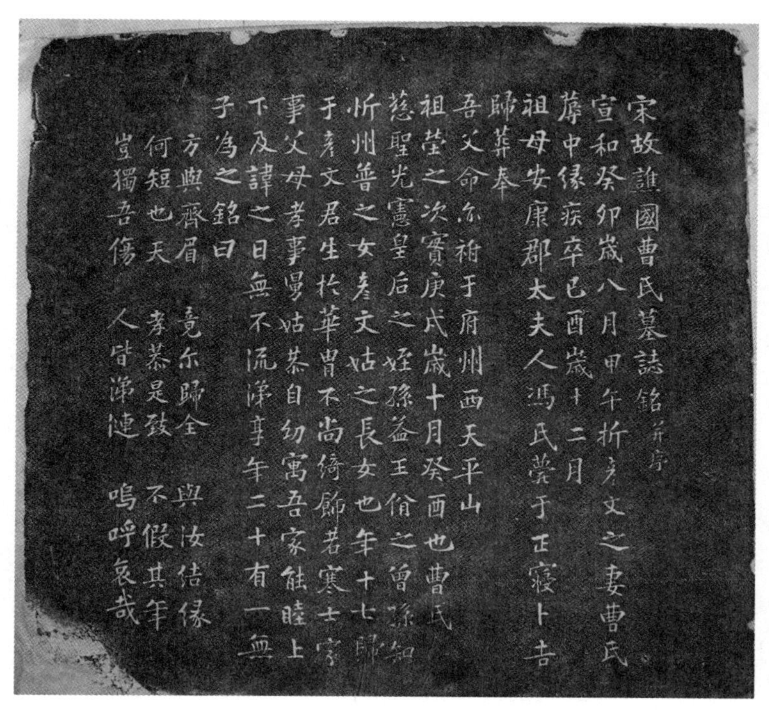

宋故譙國曹氏墓誌銘并序」

宣和癸卯歲八月甲午，折彥文之妻曹氏，」蓐中緣疾，卒。己酉歲十二月，」祖母安康郡太夫人馮氏薨於正寢，卜吉」歸葬，奉吾」父命，亦祔于府州西天平山」祖塋之次，實庚戌歲十月癸酉也。

曹氏，」慈聖光憲皇后之侄孫，益王佾之曾孫，知」忻州普之女，彥文姑之長女也，年十七歸」于彥文。君生於華胄，不尚綺飾，若寒士家。」事父母孝，事舅姑恭。自幼寓吾家，能睦上」下。及諱之日，無不流涕，享年二十有一，無」子。為之銘曰:」

方與齊眉，竟爾歸全，與汝結緣」，何短也天。孝恭是致，不假其年」，豈獨吾傷，人皆涕漣。嗚呼哀哉」。

张构墓志铭

《张构墓志铭》，全称《宋故皇城使持节宁州诸军事宁州刺史管勾麟府路军马公事清河县开国男食邑三百户张公墓志铭》，写于崇宁四年（1105），朝奉郎权通判麟州军州兼管内劝农事云骑尉赐绯鱼袋王审言撰文，皇城使开州刺史权知麟州军州兼管内劝农事飞骑尉王存书丹，皇城使河东路第十一副将岢岚军驻扎武骑尉贾烈篆盖。民国年间发现，今碑石、志盖均已不存，惟志文著录于民国《府谷县志》。

张构（1052—1101），字伯材，北宋府州人，官至皇城使、宁州刺史、管勾麟府路军马司公事。祖父张岊在庆历元年（1041）保卫府州城的战役中功勋卓著，府州张氏，自此兴盛。继有张世矩、张世永先后为管勾麟府路军马公事，是府州望族。

宋故皇城使持節寧州諸軍事寧州刺史管勾麟府路軍馬公事清河縣開國男食邑三百戶張公墓志銘

朝奉郎權通判麟州軍州兼管內勸農事雲騎尉賜緋魚袋王審言撰

皇城使開州刺史權知麟州軍州兼管內勸農事飛騎尉王存書

皇城使河東路第十一副將岢嵐軍駐扎武騎尉賈烈篆蓋

公諱構，字伯材，世為府之府谷人。曾大父諱義政，贈左清道率府率，大父諱岊，皇任洛苑使，贈左金吾衛上將軍。父諱世範，皇任東頭供奉官，贈左屯衛上將軍，延州綏德城馬兵監押，與夏人戰不勝，死之。朝廷舉恤典，補公左班殿直，充鄜延準備差使，召試射馭，中格，充殿前司教押馬軍。磨堪，轉左侍禁、麟州鎮川堡監押。

熙寧九年，交趾不恭，王師問罪安南，充奇兵先鋒馬軍隊將，被甲荷戈，率敢死之士三百人，首破其決里隘，戰富良江，奪其戰艦，斬首二十級，獲馬二匹，授西頭供奉官。

磨堪，轉東頭供奉官，火山軍管界巡檢管押先鋒踏白馬左第一陣，戰於寧星關，斬羌酋一人，授內殿承制。五年，充先鋒右騎部將，戰浪王城，斬首六十四級，獲馬六十八匹，器械不可勝數。授供備庫副使、麟府路準備將領，繼而權發遣豐州，復充河東第七將及第二將。

元豐八年，哲宗即位，恩轉西京左藏庫副使。磨堪，轉莊宅、宮苑副使、崇儀使，再知豐州，又知忻州、嵐州，務農積谷，兵械犀利。以太原府路兵馬都監，知石州。河東經略使、樞密直學士孫覺被詔，遣兵復取葭芦，命公為統領。以莊宅使、知嵐州王舜臣副之，帥四將兵以行。夏人陰遣酋魁嵬名那正率步騎數萬，及選十二監軍首領勇於戰鬥者大小數百人，設伏於明堂川以待。而公殊不為懼，兵出吳堡，倍道疾馳，甫三日至葭芦。昔之廢壘，已為夏人竊據，備守甚堅。督兵破其門以入，遂興版築，功未半而那正合至，恃眾輕我，直抵城下。公一戰敗之，虜墜崖谷以就死，驍將逮盡，獲甲馬兵器萬計。奏功，即授莊宅使、寧州刺史、太原府路兵馬鈐轄。

朝議以葭芦僻在大河之西，形勢孤絕，欲修列障以通鄜延，以本路總管王文振為統制，公實佐之。即徑之葭芦，伐木開山，由西峰嶺進師，控賊人□浪之南榆木川，城神泉寨；西據雙榆嶺，築三交堡；烏龍川北嶺城

烏龍寨。由是，河東疆界始與鄜延接，佔據荷葉等九川，皆膏腴上田，邊食因此遂豐。始，文振欲城臨水峰，眾皆阿附，以為當然。公獨以謂臨水峰地高無水，不可以守，烏龍川之北嶺為便，卒從公議。

經略使、資政殿學士林希建議，欲自葭芦通麟府，朝廷從之。命公親入虜境相視地形，期十日圖上方略。時新城烏龍之後，夏人懼我進築未已，陰聚黑山、左廂、石州三監軍步騎數萬屯於近邊，伺我隙。諸將聞檄，皆蹙額而難其事。公獨喜曰："此誠大丈夫報國之秋也。"即日率第九副將李□領百餘騎，徑抵土渾河，遍視川谷，往返□三百□，得寨地四，積五日而後還。由是，人皆服其勇。始，夏人見公以輕騎深入，徘徊山谷間，無顧避意，皆疑設伏為誘，遂不敢前。翊日出兵，由青沙嶺路北據屈薛原，城寧河寨；西北包板浮圖，占哥崖，築寧河堡；南趨昇羅嶺，城通秦寨；次北控薛川，建通秦堡。虜人掠取樵汲者，問我所向。公知之，即命俾將□溫選敢死士百人，逆於七栢嶺，潛伏山谷間，俟其半過橫擊之，遂斬其酋領並背嵬二十一級，獲甲馬百餘匹，眾遁走，甫二十日而四寨畢功，遂與麟之彌川相通，就移管勾麟府路軍馬公事。

今上即位，覃恩轉內園使。未幾，轉皇城使。建中靖國元年孟月十八日，終於官舍，享年五十。

妻王氏，故熙河經略使文郁之長女，封蓬萊縣君，先公而卒。子三人，二早亡。一曰子奇，今為右班殿直。女三人，二早亡，一適右班殿直王琳。

以崇寧四年四月初三日，葬於府州之北團城里□羅會先塋之次，以蓬萊王夫人祔焉。

始，公之祖能以少擊眾，大破西賊於建寧之間，廟食至今。叔父世矩討朔方、擊交趾，克有戰多。厥父不畏義死，諸父皆以材力進。公又能繼踵戎績，享有爵位，顯名於當世，張氏由此遂為河西大家。富良之捷也，人有欲公增虜獲者，公正色拒之，曰："是可為邪?"卒不從。神泉之還也，或有讒公於帥府者，及見人勸，□少遜謝之。公進曰："構非有過也，直不能奉公左右爾。"聞者為之縮頸而公亦不屑也。

幼好學，博讀史書，間論古今成敗，皆有條理。能為詩，往往有警句。性鯁直，外雖可犯而終不可屈以非理。結發從仕，洗手刮垢，未嘗有一毫之私。奉親睦族，尤盡孝謹善，與人交，始終如一。先計後戰，無敗岬，治更數郡，尤精聽斷，勤恪不倦。未亡前一日，尚坐府治文書決事，人亦不知其已疾也。

公之將葬也，其母崇仁縣太君折夫人見於麟守王存，曰："若深知吾兒者也，葬而無銘，免以塞吾垂白之悲子，其為我謀。"存曰"諾"。告於其貳王審言，曰"子為銘之"。再辭，不獲。乃為銘曰：

張氏始功自建寧，巍然諸子皆有名。乃孫奮起廣厥聲，彎弓馳馬宣王靈。斬伐克獲羌塵清，邊寨不聞夜柝鳴。吾國倚之若長城，宜壽而貴今促齡。天乎難與力命事，德則多有視斯銘。

汾陽陳士安刻

张括墓志铭

《张括墓志铭》，全称《宋故修武郎知麟州建宁寨兼本地分巡检及汉蕃私市墓志铭》，写于宣和五年（1123）。免解进士孙觉民撰文，修武郎麟州静塞城兵马都监王禹臣书丹，武翼郎雅州兵马都监兼管经县尉王舜臣篆额，武功大夫果州刺史河东第十三将折可致填讳。清代道光十八年（1838），发现于府谷县北二十里高粱田中。今碑石已不存，惟志文著录于民国《府谷县志》。

张括（1068—1124），字存中，北宋府州人，官至修武郎、麟州建宁寨知寨。府州张氏自骁将张岊起家，自张世矩、张世永、张构先后管勾麟府路军马公事，历三世而为府州望族。

宋故修武郎知麟州建寧寨兼本地分巡檢及漢蕃私市張公墓志銘並序

免解進士孫覺民撰

修武郎麟州静塞城兵馬都監王禹臣書

武翼郎雅州兵馬都監兼管經縣尉王舜臣篆額

武功大夫果州刺史河東第十三將折可致填諱

張氏世家府州，縣曰府谷，邦鄉素號巨族，後世子孫各以功名奮立取美仕、建奇勳，或統帥方面而總兵權，或列鎮要藩而安民社，任軍政、涖城寨者不可勝數。自國家興師以來，一切兵機計畫之謀、邊防便宜之務，悉付張氏昆季。由是疆埸綏静、羌戎慴伏，外弭跳梁之患，内寬旰食之憂。在朝公卿，更相為慶，咸謂得人。詵詵之盛，未有倫擬。至修武公尤蹈前規，未嘗少替，乃所謂"善嗣績者"欤！

公諱括，字存中。曾祖諱義政，贈左清道率府率。祖諱秘，累贈左監門衛上將軍。父諱世京，贈武節大夫，母賈氏，贈太安人。生三子，公其長也。幼負大志，不群於俗。常慨然曰："大丈夫處世，當以功名自顯，齷齪隱忍，吾弗為也。"於是挺然特立，鋭意從事，欲成厥志。

以元祐六年，隸本路經略司效用籍。紹聖、元符之間，夏賊數寇鄜延，朝廷命將徂征，以牽其勢。是時，統制軍馬張公、知府州折防禦屢帥王師深入虜庭。公每預行，凡遇敵，常先奮身鼓勇士氣，連獲甲士四人，俘馘以獻。帥閫聞於朝，用是補充三班借差。累因軍功勞績，遷至西頭供奉官。政和三年，會改官制，换秉義郎。兩因酬奬，遷修武郎。自登仕版，戰功居多。一任河東第十一將隊將，兩任第十三將部將，所至有聲，仍得衆心，前後列將，咸器其材。凡軍中之政，事無巨細，一委辦焉。及領兵出塞，分部伍、明號令，乘機應變，所向奔潰，而卒收戰勝之名。當途權貴聞其能，以此故多薦者。

元符二年，进築寧邊、彌川、太和等堡寨，擢公董役。所部之役，不勞不擾，工首就緒，數被茶葉、銀合、繒彩之賜有加。

政和四年，經略錢公奏公知麟州静羌寨。至是會未逾月，弊者以振，壞者以新。嘗謂同僚曰："夏賊素恃狡猾，况今擾攘之際，居是職者苟恬然自安，不留心於急務，萬一寇至，頓兵城下，窺伺吾壘，臨事欲保無虞，不可得矣。"自是，日加其勤，開間道、創限隔，居民安堵，至今

便之。

宣和二年，經略張公又奏知建寧寨。到任未幾，以當年七月初六日忽感疾，終於所任之公舍，享年五十有五。

娶王氏，封孺人。子男二人，長曰洙，次曰泳，皆好學能文，將有所立為。女一人，適秉義郎、府州寧邊寨監押王稷臣。

公賦性剛直，湛靜有謀，言笑以時，動作中禮，敦厚願慤人也。凡所友者，無不愛其智謀，以為今之士大夫，罕能及之。惜乎天不與壽，不得展盡底蘊，亦可悲也。

夫卜以宣和五年七月初十日，歸葬於先父大人之塋。一日，公子洙不遠數舍惠然見臨，徐謂予曰："吾父葬期有日，然而平昔之志，吾友素知之矣。"乃出示行狀以請，愿有紀也。乃為之論次，而系之以銘。銘曰：

偉哉張氏，族盛且顯。世多哲人，公行彌善。嗟嗟修武，溫溫其德。行繩而正，志剛以直。不厲而嚴，不勇而武。從容有謀，敵莫□侮。嗚呼令德，宜錫爾壽。匪天之嗇，慶貽厥後。先人之阡，其室奕奕。作此銘詩，永紀幽石。

徐德墓志铭

碑石刻于政和五年（1115），2010年出土于神木市杨家城。上舍张仲愈撰文，学正王天祐书丹，将仕郎行兵曹事李及时题额。现藏神木市博物馆。

碑石呈方形圭首，青石质，高62.3厘米，宽56.1厘米，厚7.7厘米。额题“宋故秉义郎徐君墓志铭”，楷书；右题“宋故秉义郎徐君墓志铭”，楷书。共27行，满格22字。

徐德（1034—1114），字淂之，北宋麟州人，官至西头供奉官。徐德少年从军，以军功升迁，先后任府州威远军的都虞候、保德军沙谷渡的巡检。

宋故秉義郎徐府君墓誌銘」

上舍張仲愈撰」

學正王天祐書丹」

將仕郎行兵曹事李及時題額」

君諱德，字淂之，世為麟州新秦縣人也。父智，故贈率府副」率。君起家微賤，奮身行伍，善騎射，精擊刺，勇冠軍中，人」以驍銳稱之。

自朝廷用兵西南，君無一戰不在其間。」富良之役、宥州之師、青崗、斯羅之戰，龍横、青鱼之討，君」用命鬪賊，摧鋒奪隘，累以功遷府州威遠都虞候。崇寧四」年，換授右侍禁，差充保德軍沙谷渡巡檢。在任，賊股栗」不敢入境，嘗以夾岸有江鄉雅趣，秩滿，遂謀居焉。大觀元」年，朝廷以君有兆和川斬馘之功，轉左侍禁。大觀二」年，該八寶赦恩，轉西頭供奉官。政和三年改授秉義郎。」

君向從軍富良江日，嘗冒瘴氣，幾於不救。後以年老，舊瘴」再發，醫不能療，政和四年十一月二十六日卒於家之正」寢，享年七十一。

君先娶劉氏，内殿承制劉公之女也，故」贈崇德縣君。繼娶董氏，今封永壽縣君。男五人：長為僧，法」名道隱，受業於府州天寧寺；次曰知常，武藝精絕，宛有父」風；次亦為僧，法名惠淨，落髮於保德軍承天院，係名表白;」次曰衡幼，居学校，升为外舍生；次曰徽尚。穉女一人，早亡,」皆劉氏所出也。孫二人。卜以政和五年正月初一日，葬于」麟州新秦縣石堡嶺之原，妻劉氏祔焉。

君之行事，余熟」知之，其子有請，義辭不克，因走筆為之銘云:」

猗歟徐公起寒微，門閭高大生光輝」。战功屡立闻帝闱，榮曳朝服脫戎衣」。赤心报国天弗违，壽踰七十人亦稀」。就葬先茔浔其归，慶流子孫有所依」。

白智墓志铭

碑石刻写于北宋宣和七年（1125），1980 年代发现于府谷县王家墩乡马家墕村。新秦免解进士孙觉民撰文，成忠郎前开州兵马监押黄询书丹，奉议郎前偕州通判军州事同管勾神霄玉清万寿宫赐绯银鱼袋种温题额。现存府谷县王家墩乡马家墕村。

碑石呈方形圭首，高约 1.5 米，宽约 0.5 米。额题“宋故武经郎白公墓志铭”，楷体，左右刻有缠枝花纹。左题“宋故赠武经郎白公墓志铭并序”，楷体，共 36 行，满格 40 余字。凡遇“国”“朝廷”“天子”等字空两字书写。

白智（1036—1123），字公亮，北宋麟州人，官至内殿崇班，以太子左千牛卫上将军致仕，因子赠武经郎。白智以“良家子有材武”应募从军，屡获战功，先后任麟州神堂寨、阑干堡兵马监押。曾平叛，单骑射杀多人；又奏请在银城乡小没遮原之处设堡护民，受到当地官民歌颂。

宋故贈武经郎白公墓志铭并序

新秦免解進士孫覺民撰」

成忠郎前開州兵馬監押黄詢書」

奉議郎前偕州通判軍州事同管勾神霄玉清萬壽宫賜緋銀魚袋种溫題額」

公諱智，字公亮，麟州新秦人，銀城其鄉也，闔境獨稱巨族者數世矣。曾祖諱進，晦跡不顯；祖諱用住，承□」郎；父諱真，贈武功郎。公自廿歲來，嘗為兒童戲，出語有法，父母奇之。及冠，善騎射，多謀略，每語人曰："士之□也，富□□」名自激。苟身有所立，有所伸，則上可以為國而興利，下可以為民而除害。適事變之機，明利害之原，斯□矣，□□」碌碌與眾人群，吾弗也。"

先是，夏賊斡侵擾邊□，朝廷患之，詔下諸路募良家子有材武者，得充效用□□□」。熙寧中，始□是籍，從征有功，補右選。自殿侍入侍，軍功居多，以戰功勞績遷之者八次，□□加者二，凡十遷，□官□□」殿崇班，以太子左千牛衛上將軍致仕，因數贈武經郎。屢曆城寨，所至稱治。

元豐中，軍賊王沖為叛，□□永興帥劉公□□□」公討之。公一日單騎進襲王沖等一十六人，至杜管鎮南山，親呼射傷王沖以下數人，公傷中流矢腳馬□死，公□□□」公奮厲潰散群黨。不數日，又獲渠魁十有八人。一日，公在他處追捕，忽報□倅為賊所戮。公乃由間道疾趨□□□□□」隘征，親手格殺數人。當時之功，昭然可見。已而提舉胡公遽聽流言，劾公謂怯懦。朝旨下本路□吏治之，公□□□□」人就勘，凡所供答，公悉代之，詞理明辨，法官無不嘆服。中間餘黨未盡殘滅，劉公詢諸使臣欲使平之，眾皆無□□□」者。劉公獨謂曰："唯汝可委。"公告以制勘事。劉公曰："但平其賊，吾與汝供答，況前日事情理可白。"公遂行，盡□□□」而無遺類矣，其所勘事亦寢。未幾，朝廷遣使撫問，使者獨召公謂曰："天子知公用命，非讒必加□官□□□。"」數月，仁廟上仙，終不獲顯擢，亦命矣。

元祐六年，本路經略司差公權神堂寨監押。明年，經略範公又奏公權闌干□□」兵馬監押。公先任神堂寨日，政事之暇，留心邊務。時方進築

沿邊諸壘以據要害之地。公之桑梓盡在闌干一處□□□」素嘗□寇，每語人曰："方今之民，散居四野，萬一夏賊入寇，四野之民西向，則遠諸壘而有近敵之虞。棄□□□□□□」覆溺之患。吾嘗熟視小沒遮之原，□勢險□，□□城堡以備不虞。設使寇至，四野之民有所歸□。"□□□」析利害以聞，有□，遂上其事於朝，得從其請。因命公董其役，漢蕃居民爭輸其力，不勞不擾，未□□□」而功告畢焉。於是，散居之民輻輳而往，入占廬舍之地者唯恐其後。戴白之老□□之童□相慶而為歌，曰："偉哉白公兮，裨我有室廬；非公為之兮，困窮而無儲；西絕寇攘之□兮，坦然而居東；無阻□之□兮，亦免□」濡。"皆曰："吾屬被公之惠，可謂博矣。"自堡城逮今三十餘歲，農樂且業，民安其居。一時之內，被公之惠者□□」皆是，茲所謂著功於民者矣。嗚呼，異日將見繪公之像而立其祠，春秋祀之者位焉。

公自致政，優□里閑，從」容幾杖，雖孺子愚童、農夫販父，悉與之交歡，而無貧富貴賤之擇。公稟性剛毅，生而敢為，□而不撓，見□官僚無不取則，不敢少為非法。公之鯁諤端亮有如此者，宜乎享五福之全也。

公四娶，先曰王氏，次柴氏、劉氏，皆封孺人；王氏，未封。子男四人，長曰延勳，武略郎，前任西京第一副將；次延滋、延浩，先於公卒。延旼，承信郎，見任河」東第三將隊將。女四人，皆適豪右大姓。孫男十人，曰子倫，承節郎，本路轉運司□使；子儀、子任，並承信郎；子仕、子」僅、子伶、子傑、子佺、子偉、子佺，子孫詵詵然咸有立志矣。覩公之所積，其後必有高大其門閭、榮權其鄉里者，皆白氏」之子孫焉。

公享年八十有八，宣和五年十二月二十日夜，與家人環坐語笑悉如平日，翌日無疾而終。卜以宣和七年八月二十一日，」葬於小沒遮蒿□之原。公子延旼遣人持書丐餘為銘，固辭不獲，乃為之銘。銘曰：

猗歟白氏，世稱巨族。自公皇祖，始食厥祿。公方廿歲，志向不群。觀時之變，挺然奮身。潛伏叛軍，矢無虛發。」賈勇士氣，渠魁殲滅。嗚呼公德，勁直不回。沉謀果斷，其剛也哉。誠慤端亮，可為規鑒。時僚取則，不違是範。」蒞官臨民，惟公惟患。進言設堡，朝命是從。以公董之，力□功信。民免困□，四方來聽。陰報之厚，子孫□昌。」後必有顯，慶流彌長。公之所享，五福俱備。今之逝矣，英魂無愧。葡以高原，藏以新阡。銘詩所紀，永示萬年。」

杨琪墓志铭

《杨琪墓志铭》全称《供备库副使杨君墓志铭》，写于北宋皇祐三年（1050），撰文者为宋代名士欧阳修。志文首次以墓志铭形式追溯了麟州杨家将世系。

杨琪（969—1049），字宝臣，北宋麟州人，官至供备库副使、同提点淮南路刑狱公事。杨琪是杨家将第四代成员，以父荫入官，弃武从文。子杨畋，进士及第，《宋史》有传。

供備庫副使楊君墓誌銘

君諱琪，字寶臣，姓楊氏，麟州新秦人也。新秦近胡，以戰射為俗，而楊氏世以武力雄其一方。其曾祖諱宏信，為州刺史。祖諱重勳，又為防禦使。太祖時，為置建寧軍於麟州，以重勳為留後。後召以為宿州刺史、保静軍節度使。卒，贈侍中。父諱光扆，以西頭供奉官監麟州兵馬，卒於官，君其長子也。君之伯祖繼業，太宗時為雲州觀察使，與契丹戰，歿，贈侍中、中書令。繼業有子延昭，真宗時為莫州防禦使，父子皆為名將，其智勇號稱"無敵"，至今天下之士，至於里兒野中，皆能道之。

君生於將家，世以武顯，而獨好儒學，讀書史。為人材敏，謙謹沉厚，意恬如也。初以父卒於邊，補殿侍。後用其從父延昭任，為三班奉職。累官至供備庫副使，階銀青光禄大夫，爵原武伯。李溥為發運使，以峻法繩下吏，凡溥所按行，吏皆先戒以備，而溥至多不免，其黜廢者數百人。其聞溥來，輒惶惶自至於投水死者。君時年最少，為奉職，監大通堰，去溥治所尤近。溥嘗夜拿輕舟猝至，按其文簿，視其職事，如素戒以備者，溥稱其才。

君所曆官，無不稱職。其後同提點河東、京西、淮南三路刑獄公事。君歎曰："吾本武人，豈足以知士大夫哉？然其職得以薦士，亦吾志也。"其所舉者二百餘人，往往為世聞人。嘗坐所舉一人罰金，君喜曰："古人拔士，十或得五；而吾所薦者多矣，其失者一而矣。"

君少喪父，事其母韓夫人以孝聞。後以恩贈其父左驍衛將軍，母夫人南陽縣太君。初娶慕容氏，又娶李氏。有子曰畋，賢而有文武材，今為尚書、屯田員外郎、直史官。君以皇祐二年六月壬戌卒於淮南，年七十有一。皇祐三年十月甲申，畋以其喪合慕容氏之喪，葬於河南洛陽杜澤原。銘曰：

楊氏初微自河西，彎弓馳馬耀邊陲。桓桓侍中國屏毗，太師防禦傑然奇，名聲累世在羌夷，時平文勝武力衰。溫溫供備樂有儀，好賢舉善利豈私。愷愷君子神所宜，康寧壽考順全歸，有畋為子後可知。

杨宗闵墓碑

《杨宗闵墓碑》全称《宋故武功大夫贵州刺史永兴军路马步军副都总管特赠右武大夫光州防御使累赠太师魏国公杨公墓碑》，写于南宋初期，刘一止撰文，现存《苕溪集》。

杨宗闵（1062—1128），字景贤，北宋代州人，官至武功大夫、贵州刺史、永兴军路马步军副都总管。武举出身，喜读史，熟兵法将略。崇宁以后长期驻守麟府，防御辽夏。靖康元年（1126），知麟州。金军灭宋，杨宗闵南下关中，与陕西经略使唐重同守关中，城破，战亡。

宋故武功大夫貴州刺史永興軍路馬步軍副都總管特贈右武大夫光州防禦使累贈太師魏國公楊公墓碑

楊氏出姬姓晉大夫羊舌氏，至叔向食邑於楊，其子食我以邑為氏。食我黨於祈盈，得罪於晉，子孫或逃居華陰山谷中。戰國時，有名章出焉，實始為華陰人，族望至漢乃大。魏晉隋唐，冠冕蟬聯，代不乏人，在唐為尤盛。其任於朝者，居第列於三坊，曰靖恭、曰修行、曰新昌。子孫分為四院，曰關西、曰蜀中、曰淮南、曰浙中。今散居麟府、雁門等郡，皆關西院子孫也。在江南閩越者，皆浙中院子孫也。名卿才大夫、將帥相臣，以勳德著見於史，名字不可疏舉。

公諱宗閔，字景賢，代州崞縣人也。曾大夫倍，以儒學稱於鄉，值五季之亂，晦跡不仕。大父日新，明經上第，仕至承奉郎，賜五品服。父仲臣，舉明法科，仕至宣德郎，贈中大夫，累贈太師、代國公。

公少而氣節，嘗語人曰："丈夫處世，要以功名自見，不能為章句儒。"豐髯長身，以絕倫科試藝殿庭，與衛士較騎射，皆莫及。奏功第一，進秩二等。時神宗皇帝特授三班借職，調雁門縣巡教傑甲，演習《孫吴兵法》、《星宿孤虛》之書，且喜聞史，熟古今方略。尋置通遠軍茶場，改授兼通遠軍鎮公事。州薦，升湟川管界巡檢。嘗會獵野食，公兵不滿百，夏人騎千餘奄至，公連射，三騎皆僕，賊阻卻，乘勝擊之，斬獲甚眾。解圍湟部，以多受賞。

崇寧初，朝廷復以湟賜青唐羌，改授岢嵐軍兵馬都監，再錄前功，進秩三等。任滿，徙濵判管界沿河淪水陸巡檢，再調慶州兵馬都監，改知環州興平城。未幾，擢為河東第四副將，駐汾州。公請易極邊自效，移涇原第七將，就遷河東第三副將，駐烏龍寨。

夏人叛盟，寇麟府，御筆特遷第三將，護大和、神堂、惠銀、寧城等寨及靜塞城。敵復謀大入，朝廷知之，以鄜延路副總管劉延慶為都統制，擣其腹心，以麟府路軍馬來承慶為河東路統制，折可求副之。延慶深入失道，息於叢薄沮洳之間，賊盡得其幟，立之。公時為統領殿后，距二里餘，疑不進，遣騎往覘之，果賊也，伏旗誓師，以短兵力戰，曰："吾為爾先。"縱馬趨阜堆兒，見於橫掉賊十餘輩呼而下。公躍馬上，手殺數人，士卒爭奮，大破之，斬首十餘，獲牛畜十餘萬計。

其後，李遇昌又以兵二十萬北，一道將圍麟府州，且盡略河西諸城，公偵知，曰："虜畜死矣。"乃以橐駝二千運糧於塞，令胥雄駐兵以待，曰"寇必出此。"既而果來，公命他將運之，獨提輕騎一萬，由石州監軍路攻夏州。且入蒐武境，遇昌日夜馳驅百里，奔救其國。公設伏橫擊之，斬獲不可計。後二歲，戎王命遇昌以數萬騎再入寇，且大言曰"可持四鐵環舁神堂寨來。"公預知之，詭遠遊獵，伐木盡塞其所當出之路，才通單騎兵，賊果入，至魚貫度隘，公乘其未定擊之，四戰四克。一日，神堂寨奏報賊至，公不介而出，羌人呼噪，曰："將使先擊賊矣。"踰城越塹，從公者萬餘，賊遁去。或問之，公曰："寇已薄城，待擐甲整軍而出，且孫而去，後當複來。彼猝至，兵必不多。"

宣和初，夏人寇西邊，有旨，麟府路軍馬黨萬、知府州事折可求為之牽制，率步騎三萬，自右廂軍道入寨。二百餘里無所遇，二帥結營自固，獨命公以萬騎深入。又百餘里，見空寨二，公曰："是不可複進。"會大風，塵沙蔽野，公意賊且至，退據福慶川二澗以待之。賊騎二萬餘，將涉澗薄我，公乘其半渡，鳴鼓鏖戰，斬首千餘級。比還，二帥府出勞公。公請自左廂軍道以歸，地雖遠，無掩代之虞。既歸，聞賊帥李遇昌來，以鐵騎數萬扼故道，可擊而走也，聞著欽服。朝廷以極邊不可無公，就升太原府路兵馬都監，暦三任不徙。

其後，議興燕山之役，以公統領麟府路軍馬，駐兵武州之偏頭、獨建。獨建者，契丹梟將小護虜之故居也，護虜極力以爭屢矣。後復以契丹騎八千、步二萬，據釜竈山，以書約戰。公遣二部將以兵當之，二將敗還。公知其堅，命曳柴以進，揚塵亙天，以勁卒由山背蟻登直下。護虜驚逸潰亂，公夾擊，斬首甚眾，護虜奔於西戎，招集散亡西北雜胡羌。後二年，以眾三萬復至，圖報釜竈山之役。公再命部將往擊，戒曰："賊少則擊，多則避。"公登樓望之，謂其下曰："吾料賊且置獨建，直出蜴蜥川，趨西寨，已設伏待之。"語未卒，塵埃坌起，蜴蜥川賊果悉眾超西寨。伏兵迅發，賊首尾斷絕，追擊三十餘里，斬首二千級。可求以公數勝護虜，西北千里貼然，奏乞不次賞之，未報。

淵聖皇帝登極，特加貴州刺史，徙知豐州，未赴，移知麟州。時金人破我，圍太原，朝廷命折可求節制麟府路軍馬往救。公告可求曰："朝廷命公解圍，顧安出耳？今由汾陽進，以步兵當突騎，不見其利。願節制建

上將之旗，鼓行而東，聲言救晉。假我精騎二萬，攻其必救之所，則太原之圍自解。”論秘不傳。可求雖心善之，卒不能用，以至失律，僅以身免。可求以便宜升公為前軍統制軍馬、河東路兵馬鈐轄。

靖康初載，西戎乘間攻取，諸城無援而降者半。長子震時知麟州建寧寨，虜攻其城。公聞之曰：“吾子忠勤類我，必不免。”已而果然。自是朝廷遣聶山再割三鎮，金人以麟府豐啗西夏。可求命公之保德訓議，尋棄城由河西入晉寧。公至保德傳舍，悟可求紿己，亟走晉寧，四日不火食。既至，誚責可求，且勸合勤王。可求以公為河東路統制軍馬，中道為鄜延經略使張深所止，令保境上，駐軍南頭平，為鄜延中路統制軍馬。

今上即位南京，除京兆府路軍馬鈐轄，尋升兵馬副總管。公始至，與經略使唐重謀曰：“今河東諸州皆非吾有，距此才一水。而本路兵弱，宜急繕城塹，為守禦計，以待外援，舍此無策。”重以秦民驕，不欲擾之。公退語所親，曰：“事危矣！”

建炎元年冬十二月，金人大軍乘水渡河西，騎數萬趨永興，永興無避。或勸公去，公曰：“我結發從戎，蒙國厚恩，行年六十有七，惟有死耳，他非所知。”明年正月十日，公血戰而死。

公自三班借職，以平勞賞功，及徽宗皇帝登極、八寶恩赦等，前後官至武功大夫。以死節聞，特贈左武大夫、光州防禦使，官其孫三人。以孫存中貴，累贈太師、魏國公。母宜人檀氏、雍氏，俱贈秦國夫人。娶賈氏，繼室劉氏，皆贈秦國夫人。公四男子：震，敦武郎，即死事建寧寨者也；霖，鄉貢進士；雲，承信郎；霆，承節郎，皆早卒。女三人，適同郡鄉貢進士王仲舉、靳亮、何充。孫七人，存中，見任少傅、寧遠軍節度使、兼領殿前都指揮使職事；居中、執中，皆早卒；師中，右奉議郎、新添差通判嚴州軍州事；彥中，未仕；安中，右儒林郎、添差充兩浙西路安撫使司幹辦公事；守中，右從事郎、添差兩浙西路安撫使司差備差遣。孫女二人，長適鄉貢進士王公宏，次未行。曾孫男三人，偰，登紹興十五年進士第，任左奉議郎、知大宗正丞；倓，右承奉郎；㥿，右承事郎。曾孫女五人，尚幼。

公天性純孝，事繼母雍氏如事檀氏，及死，不食者數日。持身清約，嫉惡如仇，曆事五朝，忠勤一節，料敵應變，智略縱橫，出入數等。禦下有恩，士卒樂為之死，故能以少擊眾，轉敗為功。勇於為義，不見所難。

劉延慶之敗，公既勝虜而還，行並茂林，聞號呼聲，執事皆以柳貫其體，枝連數人，皆以橐馳之上，殆千餘，蓋延安綏德軍米脂城人也。公駐師命脫之，將士以去我境尚二百餘里，有難色，公護卒以歸。他日道過延安綏德，郡人皆出迎，炷香遮拜，曰："此楊髯耶？非阿父，我輩安得生！"其急人之難類此。帥守、部使者薦公凡五十餘人，以謂有古良將之風。及其歿也，識與不識者，皆嗟惜之。

公平居教子孫，未嘗不以忠孝兩言為軌軸，故子孫遵行之弗失。公既歿若干年，少傅公以某年某月某日，葬公於某郡縣某鄉某山之原。以某昔者嘗銘先秦國夫人劉氏墓，更以見屬。某雖不敏，既不獲命，則退而思之，自昔忠孝之家，子孫相承，以功名始終無愧者百不一二。柳宗元作《平淮西雅》，美李愬之功，曰："西平有子，朕亦有臣。"於是知世濟其美，為時焜燿，匪直其家，繄國是賴。今少傅公翊衛天子，備殫忠勤，忠肅孝恭，克紹家法，上所眷禮，隱然為中興名臣，位望之隆，於前有光。然而功成不矜，寵厚益誠，獨拳拳焉以先世名節不白於將來是懼。某雖陋，其何敢卒辭！銘曰：

楊為顯姓，世澤以滋，由漢及唐，別派分枝。公家雁門，奕奕有聞，儒學相授，位徵德尊。公曰大夫，志尚各異，我必以功，自見於世。維時夏童，跳梁於紀，躪我西陲，幾無寧歲。公初即戎，氣以蓋眾，雙帶兩鞬，射則命中。鏖戰腥膻，深踐邱鹵，固敵是求，計不反顧。公身居先，將士內激，凡師所臨，當百以一。料敵制勝，不愧古人，機變橫出，捷若鬼神。晚佐永興，遭時艱虞，連城不守，援絕勢孤。人或謂公，子盍去諸，公曰國恩，必報以軀。帝為嗟悼，告第疏榮，孰慰忠魂，公有孝孫。孝孫翼翼，位在九棘，勳名孔昭，恭順靡忒。先打厥家，未見窮已，天其賚公，孫又有子。

杨震墓碑

《杨震墓碑》全称《宋故敦武郎知麟州建宁寨累赠太师秦国公杨公墓碑》，写于南宋初期，刘一止撰文，现存《苕溪集》。另，景印文渊阁《四库全书》收录此文时，将其与杨震之母《宋故恩平郡夫人刘氏墓碑》相混。杨震墓碑碑文在第234页“兼驿”一语后混入刘氏墓碑碑文，至第235页“远缴”一语后止；杨震碑文此段又混排在刘氏碑文第236页“星驰”至第237页“敌情”之间。

杨震（1083—1126），北宋代州人，官至承武郎、麟州建宁寨知寨。杨震以明经科入仕，改武职。曾参与宋夏臧底河战役、宋平方腊战役。靖康元年（1126），金军破丰州，攻建宁寨。城破，杨震及二子俱亡。

宋故敦武郎知麟州建寧寨累
贈太師秦國公楊公墓碑

楊氏望於關西，由漢魏隋唐以至於國朝，世胄聯延，列第分坊，博龜襲紫，人物門第之盛，莫與比倫，支分派別，散居四方。自公曾高而上，皆葬代郡，遂為代之崞縣人。

公諱震，字某。以明經上第，曆保定、清源二縣主簿。已而踰冠，恬養邱園，終承武郎，賜五品服諱日新者，公之曾大父也。年少有聲，九上禮部，再舉明法，中第，曆臨晉、盂、太谷三縣主簿，賢而有吏能，為忠宣範公所器，以宣德郎致仕，累贈太師、代國公諱付臣者，公之大父也。公之考諱宗閔，少讀書有志者，嘗曰："吾祖居鄉閭，歲饑，發倉粟粒價速售，俾糴者自撿鬥斛不問。相陽闢邑牽，延鄉先生教授邑子。論者以為功利及人，宜自有後。吾意丈夫當以功名自見，章句之學不足以發身成業。"既而，以材武絕倫，試藝殿庭，出衛士右。仁宗皇帝偉之，補三班借職。曆事五朝，名聞西北二邊。建炎中，金人犯長安，守節以死，終武功大夫、貴州刺史、永興軍路馬步軍副都總管，累贈太師、魏國公。

公勵於學，能文善書，精騎射，質貌魁偉，沈塞有謀，魏公在諸子中特奇之。既冠從戎，以斬馘功補三班差使，調河東經略司指教。遇其下有恩，且誨且勉，閱世中程者多，部刺史交薦之。秩滿，改授慶州監酒。繼授安邊城巡檢。太原帥薛嗣昌遣將自豐州寧遠、保寧等寨進討西夏，公隸嵐石路軍馬來承慶，至爬沙流遇敵，斬首三百餘級。進至傾吳堆盤，生擒酋長屈鬧，復斬級二百，以功轉三班借職。官制行，改承信郎。人有致饋於公者，公謝之，饋者曰："我輩願效之，何嫌？"公曰："吾父命之名，實慕漢安平侯。公以清白遺子孫，且曰'爾勉之，無爽四知之戒。'自是，我守此言如護頭目。今爾以無名之賜加吾，其可乎？"及代城，或褢金以贐，曰："微公，我輩無噍類。"公一無所受。

政和中，朝廷議復減底河，命河東帥任熙明會合諸軍，自晉寧、綏德兩界，分諸將校，驍勇者咸在，公居選中。賊據山為城，下瞰我師，動息輒為所得，諸將三卻。尋募能土工者穴城，師再進，角樓自墮，公率數輩拔劍先登，斬擊千百人，大軍乘勝平其城。上功第一，遷成忠郎。

宣和初，河東帥奏公充平定軍訓練軍馬。三年，方臘盜據杭睦，朝廷

姚平仲為都統制征之。公從折可存自浙東追擊，至三界河鎮，與賊遇，斬首八千餘級。追襲至剡、上虞、天臺、樂清四縣，取韋羌、朝賢、六遠三洞。至黄岩，賊帥吕師囊據斷頭山，扼險拒我，前輒下石，死傷者眾，累日不能進。可存問計安出？公以輕兵緣山背上，乘高鼓噪矢石交發，賊大驚潰，復縱火自衛。公曰："機不可失也。"乃被重鎧及袴褶，與敢死士履火突入，生得師囊，乃斬首三千餘人。復有號余大翁者，以萬眾圍永嘉踰月，公從平仲、可存兼驛星馳斛之，且曰："太師貸"。協從無知之民，不可以數計。師還，諸將請優加褒異，特進五階，至修武郎，敘遷敦武郎，知麟州建寧。户雜蕃漢，嚚訟難以理曉，公剖决曲當，上下悦服，主不忍欺。

初，契丹驍將小護虜奔於西戎，居清肅、河清軍，招集散亡，雜西北胡羌，眾十數萬，破豐州，攻麟府城寨。魏公統領麟府路軍馬，屢摧敗之，盡得其父母妻子。靖康初，金人圍太原。冬十月，驅幽燕叛亡與夏人、奚人等，與大至建寧。既合圍，護虜扣城語公曰："爾父奪吾偏頭、獨建之居，又敗釜竈山，掩我骨肉，吾忍死至今。爾舉城降，我全活汝軀命，不然皆韲粉矣。"時寨兵精鋭悉從折可求死於交城之戰，所餘僅老弱百數，眾守匆堅。公毅然曉眾曰："汝等父兄俱死於敵，於汝為仇，不待吾言而後喻也。上報國恩，下雪親冤，在此時矣。"眾乃聽命，日夜奮勵，縋城擾賊，斬獲甚眾。賊怒，濟師急攻。閲旬，城中矢盡，公向麟府再拜訣曰："兒報國以身，不得復為孝子矣。"左右皆泣下，不忍仰視。頃之，城陷，公揮短兵力戰，歿於闤闠。時十有八日也，年四十有四。二子死之，合門俱陷於城。

初，魏公聞圍建寧，曰："吾兒死矣，其忠勁類我。"已而果然。公熟故將方略，能洞敵情，每從魏公出征，决策取勝，其功居多。志在立名，不苟求富貴。浙東賊平，所帥奇其材，欲以子女通婚，公謝之。或曰："折氏求子，非子求折氏。"公曰："不然，吾祖皆以器業自奮，安能倚姻家幸進，取非偶之譏？"嘗自謂："吾平時所為，未嘗有一事不可語人者。"其刻勵堅正若此。

建寧之禍，公之子存中從征河朔，獨免於難，今為少傅、寧遠軍節度使、兼領殿前都指揮使職事、秦國公。累贈公之太師、秦國公。公祖妣檀氏、雍氏，妣賈氏、劉氏，配董氏、繼室張氏，俱贈秦國夫人。男四人，少傅長也，居中、執中從父戰歿，彥中未仕。女二人，長適鄉貢進士王公宏，次未行。孫男三人：偰，左奉議郎、知大宗正丞；倓，左承奉郎；惧，右承事郎。孫女六人，長曰洞元，嘗適右宣教郎、直秘閣、通判湖州軍州事劉正卒，夫歿，棄俗為道士，年十九卒，詔贈沖妙錬師；餘在室。少傅以某年某月某甲子葬公於吳興武康縣崇仁鄉楊村翔鳳山之麓，張夫人祔焉。

一日，偰以少傅公嘗來請銘，某得公行實，讀之三，復慨歎。嘗觀韓愈為田洪正作廟銘，載詔語曰："維洪正父子繼忠孝，予維寵嘉之，是以命汝愈銘。"文辭至今焜燿簡冊，今魏公與公挺身許國，出萬死一生之計，英烈凜然，精爽如在，與日月爭光可也，豈田氏父子所得比耶？宜得一世名儒，發揚遺懿，宏大俊傑，與韓子相後先。而少傅屬銘，乃逮不敏，非理所宜。既辭謝不獲，則又惟念少傅身衛社稷，為世寶臣，南渡以來，首挫強敵，以寬主憂，幽閨婦女，皆能道之。祖孫三世勳德之茂，前古所無。及茲升平，帝眷有加，位列九棘，寵數優異，蓋事之稱，抑又知天之所以報公父子者在茲也。降及諸孫，俱勵於學。偰以藝文取高第，兄弟彬彬，以切以磋，以光其宗，光大未艾，豈人力也哉。豈人力也哉！某誠固陋，然此而不銘尚誰銘！銘曰：

嶽嶽惟公，慷慨即戎。沈毅偉傑，益習文業。急病遜夷，不見所難。與敵周旋，人後身先。爬沙滅底，摧鋒陷堅。義勇冠軍，威名乃宣。東南承平，驟罹寇警。既蹂杭睦，連成巷哭。公佐主帥，往靖東浙。披山剔洞，破其蟻結。維時黃岩，別酋固拒。憑高下石，士卒反顧。公以輕騎，出賊之背。揚雄噪呼，賊大驚潰。乃被重鎧，蹈火突入。生致渠魁，窘不得逸。逮居建寧，虜啣宿冤。搏虛麇至，叩城有言。爾父迫我，掩我骨肉。亟以城降，尚貸爾僇。公曰此身，惟國是許。不以膏血，為爾釁鼓。於時寨兵，僅餘老穉。感激聽命，有死無二。人誰不死，公死何尤。有臣若斯，不為國羞。天監在下，報爾子孫。世公世帥，有耀其門。我作銘詩，大書深刻。用侈厥慶，詔於罔極。

后　　记

2015 年，上海古籍出版社出版了《党项西夏碑石整理研究》，作者杜建录先生开篇即指出，“本书讨论的党项西夏碑石刻由西夏前身夏州拓跋政权碑石刻、西夏碑石刻以及元明时期西夏遗民及其后裔碑石刻三部分组成，不包括宋朝境内府州折氏碑石刻”。这句略带遗憾的言语成了笔者编纂本书的因由之一。府州折氏虽然隶属于宋，若依族属而言却是党项，一度还是党项八大姓氏之一。折氏家族据守府州近三百年，留下一批内容丰富、可靠的碑石史料。杜先生当时已知我正在搜集府州折氏家族的碑石史料，因此留下这么一方安静的学术田地。

折氏家族碑石史料是我步入学术研究领域发现的第一桶金。以此为基础，我完成了博士论文的写作，也陆续发表了一系列研究文章。从 2012 年最早发表《北宋〈折克柔墓志铭〉考释》，到最近的《宋代边贸中的一位牙商——〈宗延英墓志铭〉考释》，已经有八九个年头过去了。可是，作为一个一脚踏入宋史、西夏史研究领域的门外汉，我明白自己这些文章存在不少的问题。为弥补这些缺陷，我将几年来精心搜集的几十方碑石图版、原文作了附录，以便时彦俊贤见笑之余，可直接翻阅原文批评指正。

不过，我并没有局限于府州折氏家族的碑石文献。近年来，翻书之余，自己也经常作田野调查，“动手动脚找东西”。既换换工作环境，用脚步衡量那一片天天研究的历史空间，也收获着意想不到的快乐。比如与白智、徐德、高世忠三人墓志铭的缘分就是这样出现的。白智的墓志铭我是早就知道的，后来去看了两次。碑文中说他生活的地方为“小没遮之原”——调查中得知，当地仍然以白姓为主，上年纪的村民仍将该地称为

"小 mo";村民不知道"mo"怎么写，我告诉他们碑上就有呢——那时，他们的眼中泛着奇异的光彩！自己也很高兴，后来查方志，《元一统志》、乾隆《府谷县志》记有"小没村""小木渡"，应该是一回事儿。这么一个不起眼的名字，竟然能流传千年之久，令人倍感意外。高世忠的墓志铭是榆林市考古工作队发掘而得，志石完好，内容丰富。据志文可知，他是一位党项人，是宋朝一名地地道道的"蕃官"。他的工作不只是像多数党项人那样去拦羊，偷空还要递送军情，充当谍探。因为军功，他还曾见过宋朝的神宗皇帝，御赐"世忠"之名。他的家族也获得升迁，第四个儿子高永年在宋朝开拓青海的战役中战死沙场，还被列入《宋史》之中。总之，高世忠的墓志铭提供了丰富的、史书缺载的信息；而他充满紧张感的人生经历，竟然让我产生了写一个电影脚本的冲动。可惜的是，研究文章还在待稿，只能先将图版、志文附上，以便学林共享。在田野调查基础上，本书也从传世文献中摘录了张构、张括、杨琪、杨宗闵、杨震等人的墓志铭。二张是宋代府州骁将张岊的后代，志石是民国时期从府谷发现的，可惜碑石无存；三杨的墓志文是撰文者文集中留下的史料，虽然不是录自碑石，却是碑石志文的前身，也是碑石史料。其中，杨琪祖籍麟州，是杨家将传人；杨宗闵、杨震系父子，与麟州的杨家将无关，可是二人长期任职麟州，为宋金战争付出生命代价，志文提供了北宋末期麟府路军政局势不可多得的史料信息。

因此，这本小书是以宋代麟府路地域为主，以府州折氏家族碑石史料为主体，兼收了几方（篇）同时期、同地域的碑石史料。论及此处，需要提及 2003 年出版的《榆林碑石》，该书是第一本有关榆林地区碑石史料的汇编，内容丰富，史料价值巨大。相形之下，本书并非简单地缩小了地域范围，而是采取了宋夏时期对麟州、府州名称的用法；同时，在志文数量方面，也做出了积极增补。

本书的出版得到多个单位和博雅之士鼎力相助。首先，感谢榆林市文物和广电、文化和旅游局将本书付梓印刷，感谢府谷县文物管理委员会办公室提供所藏折氏墓志图版；其次，感谢西北大学王善军教授、延安市百货集团沙张明先生和府谷县折氏文化研究会折吾彦先生，他们为本人的研究提供了学术帮助、为本书前期研究提供了部分经费和折克行神道碑及其背阴的图版；最后，感谢中国社会科学出版社编审宋燕鹏先生，他的辛苦付出使得本书顺利出版！当然，还应感谢过去九年中曾与我相识的每一个人，感谢你们的信任与鼓励！

2020 年 12 月 30 日

记于青城桃李湖畔